STARK

ABITUR-WISSEN
Ethik

Recht und Gerechtigkeit

Ingrid Roßner · Sieglinde Kutter

© 2020 Stark Verlag GmbH
www.stark-verlag.de
1. Auflage 2017

Das Werk und alle seine Bestandteile sind urheberrechtlich geschützt. Jede vollständige oder teilweise Vervielfältigung, Verbreitung und Veröffentlichung bedarf der ausdrücklichen Genehmigung des Verlages. Dies gilt insbesondere für Vervielfältigungen, Mikroverfilmungen sowie die Speicherung und Verarbeitung in elektronischen Systemen.

Inhalt

Vorwort

Rechtsvorstellungen und Gerechtigkeitstheorien 1

1 Rechtsempfinden und Gerechtigkeit 1
   1.1 Subjektives Gerechtigkeitsempfinden kontra objektives Recht 1
   1.2 Gerechtigkeit als notwendige Bedingung eines
        geordneten Zusammenlebens 2
   1.3 Die Allegorie der Gerechtigkeit 2

2 Recht 4
   2.1 Der Begriff des Rechts 4
   2.2 Naturrecht (Recht als Vernunftbegriff) 6
   2.3 Positives Recht 9
   2.4 Der Rechtspositivismus 12
   2.5 Die Funktionen des Rechts 13

3 Recht und Sittlichkeit 15
   3.1 Sittliche Vorstellungen und positives Recht 15
   3.2 Grenzen der Kodifizierbarkeit ethischer Normen 17
   3.3 Umweltschutz als Rechtsgut 18
   3.4 Familie und Partnerschaft 20

4 Gerechtigkeit 28
   4.1 Begriffsdefinition 28
   4.2 Gerechtigkeit als Tugend 29
   4.3 Allgemeine Systematik der Gerechtigkeitstheorien 29
   4.4 Philosophische Gerechtigkeitstheorien 30

5 Der Maßstab der Gerechtigkeit 36
   5.1 Austeilende und ausgleichende Gerechtigkeit 36
   5.2 Gerechtigkeit im Randbereich der Gesetze 37
   5.3 Gerechtigkeitsformeln 39

6 Die Verwirklichung von Gerechtigkeit im Staat 43
   6.1 Staatstheorien 43
   6.2 Das Spannungsverhältnis zwischen Gerechtigkeit und Freiheit 54
   6.3 Das Rechtsstaatsprinzip 57
   6.4 Rechtsstaatliche Verfahrensweisen 63

	6.5	Ungerechte Rechtsordnungen	69
	6.6	Die ethische Bedeutung des Widerstandsrechts	73
7	Recht und Gerechtigkeit im Spannungsverhältnis: Gerechtigkeit gegenüber Benachteiligten		76
	7.1	Ursachen sozialer Konflikte	76
	7.2	Das Gemeinwohl	78
	7.3	Versuche gesellschaftlichen Zusammenlebens	79
	7.4	Das Sozialstaatsprinzip	90
	7.5	Reformen und Revolutionen zur Verwirklichung sozialer Gerechtigkeit	91
	7.6	Gerechtigkeit gegenüber Benachteiligten	95

Menschen- und Grundrechte … 102

1 Historischer Ursprung und Entwicklung der Menschenrechte … 102
  1.1 England … 102
  1.2 Amerika … 103
  1.3 Frankreich … 103

2 Die Wertgebundenheit der Menschenrechte … 107
  2.1 Geistesgeschichte … 107
  2.2 Rechtsgeschichte … 108
  2.3 Sozialgeschichte … 110
  2.4 Alternative Menschenbilder … 112

3 Die Grundwerte im Grundgesetz der Bundesrepublik Deutschland … 115
  3.1 Die Verankerung der Grundrechte im Grundgesetz … 115
  3.2 Die Grundwerte der bundesdeutschen Verfassung … 116
  3.3 Grundkonsens als Bedingung menschlichen Zusammenlebens … 125

Kriminalität, Strafe, Resozialisierung … 128

1 Der Verantwortungsbegriff … 128

2 Straftheorien … 130
  2.1 Strafrecht und Rechtsstaatlichkeit … 130
  2.2 Strafe im allgemeinen und im rechtlichen Sinn … 130
  2.3 Grundlegendes zu den Straftheorien … 131
  2.4 Die absolute Straftheorie … 132
  2.5 Die relativen Straftheorien … 134
  2.6 Die Vereinigungstheorie … 137
  2.7 Das Jugendstrafrecht … 139
  2.8 Der Täter-Opfer-Ausgleich … 141

3	Schuld	143
	3.1 Moralische und rechtliche Schuld	143
	3.2 Die Problematik der Trennung von moralischer und rechtlicher Schuld	144
	Exkurs: Besonderheiten des Schuldbegriffs der christlichen Ethik	145
4	Strafe und Gnade	146
	4.1 Die Geschichte der Strafe	146
	4.2 Der Sinn des Strafens	147
	4.3 Strafen im modernen Rechtsstaat	150
5	Der Strafvollzug	154
	5.1 Vollzugsziele	154
	5.2 Die Entwicklung der Deliktstruktur im allgemeinen Strafvollzug	155
	5.3 Die innere Ausgestaltung des Strafvollzugs	156
	5.4 Rückfallquoten	158
	5.5 Die „Mitbestrafung" Dritter	158
6	Resozialisierung	160
	6.1 Stationäre und ambulante Resozialisierung	160
	6.2 Die „elektronische Fußfessel" als Sonderform des kontrollierten Hausarrests	161
7	Kriminalität	164
	7.1 Lagebild der Kriminalität	164
	7.2 Die Ursachen von Kriminalität	165
	7.3 Möglichkeiten der Gewaltprävention	170
8	Berühmte Prozesse der Weltgeschichte	172
	8.1 Der Prozess des Sokrates	172
	8.2 Der Prozess des Jesu von Nazareth	173
	8.3 Der Prozess der Jeanne d'Arc	174
	8.4 Prozesse des 20. Jahrhunderts: die Hauptkriegsverbrecher-Prozesse	176

Friedenskonzepte in Theorie und Praxis ... 179

1	Krieg	179
2	Friedensethik	182
3	Konzepte für einen dauerhaften Frieden	184

Stichwortverzeichnis ... 187
Bild- und Textnachweis ... 191

Autorinnen: Ingrid Roßner, Dr. Sieglinde Kutter

Vorwort

Liebe Schülerinnen und Schüler,

das **Recht** erscheint uns im Allgemeinen als abstrakter und ferner Begriff, es hat einen Anklang an „Gericht" und an Dinge, mit denen man lieber nichts zu tun haben möchte; und doch wollen wir in jeder Diskussion gern recht haben oder recht behalten.

Sehr viel näher liegt uns das Empfinden für **Gerechtigkeit**. „Das ist ungerecht!", sagt sich sehr schnell; doch die Dichterin Marie von Ebner-Eschenbach hat einmal gesagt: „In der Jugend glauben wir, das Geringste, was die Menschen uns gewähren müssten, sei Gerechtigkeit. Im Alter erfahren wir, dass es das Höchste ist."

Das Spannungsverhältnis zwischen Recht und Gerechtigkeit behandelt dieses Buch umfassend. Es stellt einen Zusammenhang her zu philosophischen Begriffen wie **Sitte**, **Moral** und **Tugend** sowie den entsprechenden Äußerungen bekannter Philosophen, aber auch zu den Befugnissen des **Staates**, den dahinterstehenden **Theorien**, den dazugehörenden **rechtsstaatlichen Verfahrensweisen** sowie zu **Unrechtsordnungen** und Ausnahmesituationen wie **Gnade** oder **Widerstand**.

Die Suche der Menschen nach einem konfliktarmen Zusammenleben ist Gegenstand der Untersuchung von **sozialer Gerechtigkeit** und der Lage von **Benachteiligten** in der Gesellschaft.

Ein ausführliches Kapitel beschäftigt sich mit den **Menschenrechten**, ihrer Entstehung und Umsetzung als **Grundrechte im Grundgesetz** der Bundesrepublik Deutschland.

Im Kapitel „**Kriminalität**, **Strafe**, **Resozialisierung**" kommt – ausgehend von der Vorstellung moralischer und rechtlicher Verantwortung – den verschiedenen Straftheorien besonderes Gewicht zu. Überlegungen zu Schuld, Strafe und Gnade münden ein in konkrete Informationen über Strafvollzug und Resozialisierung. Erkenntnisse der Wissenschaft zur Entstehung von Kriminalität sollen diese erklären, können sie aber nicht rechtfertigen. Die Darstellung berühmter Prozesse der Weltgeschichte schließt das Kapitel ab. Immer wieder dienen **Beispiele** der Veranschaulichung, insbesondere wenn es um theoretische Ausführungen geht.

Die Beschäftigung mit **Krieg und Frieden** schließt den Bogen, den wir um die rechtlichen und verfassungsmäßigen Grundlagen des menschlichen Lebens gezogen haben.

Dass Recht und Gerechtigkeit unser tägliches Leben ständig beeinflussen, wird bei der Lektüre dieses Buches immer wieder deutlich. Das Buch weist über den bloßen Wissensstoff einer Abiturprüfung in Ethik hinaus und will durchaus konkrete Lebenshilfe im Sinne einer sozialpolitischen Grundbildung bieten. Wenn Sie es nach bestandenem Abitur gelegentlich zum Nachschlagen wieder in die Hand nehmen, hat es über die Abiturhilfe hinaus seinen Zweck erfüllt.

Ingrid Roßner   Sieglinde Kutter

Rechtsvorstellungen und Gerechtigkeitstheorien

1 Rechtsempfinden und Gerechtigkeit

1.1 Subjektives Gerechtigkeitsempfinden kontra objektives Recht

Der Großvater bringt seinen beiden Enkeln Marie, 6 Jahre, und Max, 3 Jahre, eine Tüte Bonbons mit und gibt diese an Marie mit dem Auftrag, als Ältere die Süßigkeiten gerecht unter den Geschwistern aufzuteilen. Wenige Minuten später kommt Max weinend zum Opa gelaufen, weil er genauso viele Bonbons haben will wie seine Schwester. Auf Befragen antwortet das Mädchen: „Ich bin doppelt so alt wie Max; da ist es nur gerecht, wenn ich auch doppelt so viele Bonbons bekomme wie er." Natürlich hatte der Großvater unter „gerecht" wohl verstanden, dass die Süßigkeiten zu gleichen Teilen für die Kinder bestimmt waren – doch Maries **subjektives Gerechtigkeitsempfinden** ließ sie zu einer anderen Verteilung greifen.

Laura freut sich über ihr Jahresabschlusszeugnis – insbesondere, weil sie ihre Deutschnote noch durch eine Facharbeit verbessert hat. Anna ist eigentlich auch zufrieden mit ihrem Zeugnis, vor allem aber ist sie froh, jetzt in den Sommerurlaub zu fahren. Erst nach ihrer Rückkehr stellt sie fest, dass in ihrer Deutschnote die Facharbeit, die sie angefertigt hat, nicht berücksichtigt worden ist. Dagegen will sie sich wehren, indem Sie Widerspruch gegen das Zeugnis einlegt.

Während im ersten Fall Marie mit ihrer Einschätzung von Gerechtigkeit noch eine gewisse Berechtigung beanspruchen könnte, wird man im Fall von Anna sicher auch unter dem Gesichtspunkt der **objektiven Gerechtigkeit** von einer ungerechten Situation sprechen müssen. Gleichzeitig besagt aber das **Schulrecht** in ihrem Bundesland, dass gegen ein Zeugnis nur einen Monat lang nach dessen Ausgabe Widerspruch eingelegt werden kann. Weil diese Frist bei Anna schon verstrichen ist, kann ihr leider nicht geholfen werden.

1.2 Gerechtigkeit als notwendige Bedingung eines geordneten Zusammenlebens

Die Güter der Erde sind nicht von Natur aus so verteilt, dass die Bedürfnisse aller Menschen erfüllt werden könnten; im Großen wie im Kleinen gilt in der Gesellschaft daher das Ziel der **Verteilungsgerechtigkeit** für Ressourcen wie Nahrung, Wohnraum, Erholungsräume, aber auch Bildungschancen und berufliches Fortkommen. Die unausgewogene Verteilung der Güter führt dazu, dass sie zwischen den Menschen gehandelt werden, und zwar nicht nur im Austausch von Geld gegen Ware, sondern auch z. B. von Arbeit gegen Lohn oder von sozialem Engagement gegen soziale Anerkennung. Wichtig ist hierbei eine ausreichende **Tauschgerechtigkeit** in allen Lebensbereichen – die natürlich wiederum vom subjektiven Empfinden abhängig ist.

Im Bemühen um ein möglichst gutes, gesichertes Leben befinden wir uns in ständiger Konkurrenz zu anderen, und jeder Einzelne versucht, seine Interessen bestmöglich durchzusetzen.

Damit nicht das pure Recht des Stärkeren herrscht, muss es in der Gesellschaft verlässliche und ausgewogene Regeln des Umgangs mit Gütern geben **(strukturelle Gerechtigkeit)**, die von deren Mitgliedern anerkannt und eingehalten werden müssen **(personale Gerechtigkeit)**.

1.3 Die Allegorie der Gerechtigkeit

Iustitia, die römische Göttin der Gerechtigkeit, und nach ihr bis heute die Allegorie der Gerechtigkeit, hat in fast allen Darstellungen drei Attribute:

- Sie trägt eine **Augenbinde** als Zeichen, dass sie die Personen nicht unterscheidet, also unparteiisch richtet, ohne auf Stellung, Ansehen, Geschlecht o. Ä. zu achten.[1]

Justitia mit Waage, Schwert und verbundenen Augen

---

[1] Gelegentlich fehlt diese Augenbinde; dies soll dann die Notwendigkeit unterstreichen, mit Scharfsinn und Hellsichtigkeit die Wirklichkeit möglichst genau zu erfassen und die Wahrheit zu ergründen.

- Sie hält in einer Hand eine **Waage** zum Zeichen des genauen Abwägens von Wahr und Falsch, Recht oder Unrecht.
- Sie trägt in der anderen Hand ein **Schwert**, welches zeigt, dass sie die Machtmittel besitzt, um zu schützen und zu strafen.

Zusammenfassung: Rechtsempfinden und Gerechtigkeit

Nicht immer stimmen **subjektives Gerechtigkeitsempfinden** und **objektives Recht** überein.
Ziel einer Rechtsordnung ist u. a. die Herstellung von **Verteilungs- bzw. Tauschgerechtigkeit**, die von der Justiz **unparteiisch abgewogen** und gegenüber dem Bürger **durchgesetzt** werden soll.

2 Recht

2.1 Der Begriff des Rechts

Grundsätzlich sind auch beim Begriff des Rechts zu unterscheiden:

- **Subjektives Recht:** die individuell empfundene Berechtigung, eine Sache, Zuwendung, Handlung oder Unterlassung für sich zu beanspruchen (also das Recht **auf** etwas).
  Hier unterscheidet man weiter **absolute Rechte**, die gegenüber jedermann wirken (also Leben, Freiheit, Eigentum), **relative Rechte** – nur gegenüber bestimmten Personen gültig (z. B. Erbanspruch, Anspruch auf Rückzahlung eines Darlehens) – und **subjektive öffentliche Rechte**, die man gegen den Staat hat (wie den Anspruch auf eine Baugenehmigung oder die Ausstellung eines Reisepasses).

- **Objektives Recht:** Jede Gesellschaft besitzt ein anerkanntes System von Verhaltensnormen, die für jedes Mitglied dieser Gesellschaft in bestimmter Weise gelten.
  Das objektive Recht wird unterschieden nach den Rechtsquellen, in denen sich die jeweilige Norm findet, nach dem Inhalt und nach den Rechtssubjekten. Die Rechtsquellen sind in strenger Hierarchie absteigend geordnet nach **Verfassungsrecht** (betrifft Artikel des Grundgesetzes oder einer Landesverfassung), **Gesetzesrecht** (Paragrafen eines Gesetzbuches, z. B. Bürgerliches Gesetzbuch) und **Recht aus Rechtsverordnung** (z. B. die Bestimmungen der Straßenverkehrsordnung).
  Inhaltlich trennt man **materielles Recht**, welches die Rechte der Einzelnen untereinander sowie gegenüber dem Gemeinwesen regelt (also das Bürgerliche Gesetzbuch oder das Strafgesetzbuch) vom **formellen Recht**, das den Gang der Rechtsdurchsetzung regelt, also bestimmt, welches Gericht in welcher Weise und Reihenfolge in Anspruch genommen werden muss oder kann (die Zivil- bzw. Strafprozessordnung).
  Bezüglich der Rechtssubjekte existiert eine weitere Unterscheidung in **privates Recht**, das die Beziehungen der Einzelnen untereinander zum Gegenstand hat (das Bürgerliche Gesetzbuch), und **öffentliches Recht**, welches die Beziehungen des Bürgers zu staatlichen Hoheitsträgern sowie das Verhältnis dieser Institutionen untereinander regelt (in diesem Falle steht das Strafgesetzbuch auf der anderen Seite, aber z. B. auch das gesamte Verwaltungsrecht); diese letztere Trennung ist nicht so klar zu treffen wie die beiden ersten, da einige Rechtsgebiete – insbesondere das Arbeitsrecht – Normen aus dem privaten wie auch dem öffentlichen Bereich enthalten.

Rechtsvorstellungen und Gerechtigkeitstheorien

Einteilung des Rechts

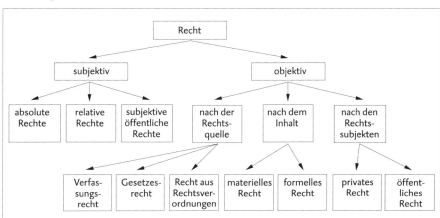

Recht und Macht

Von anderen gesellschaftlichen Normen wie Sitte oder Moral unterscheidet sich das Recht dadurch, dass es untrennbar mit dem Begriff der **Macht** verbunden ist: Seine Einhaltung wird durch eigens dafür bestimmte Institutionen mit äußerem Zwang durchgesetzt bzw. die Nichteinhaltung bestraft. Diese Tatsache brachte z. B. die Sophisten im antiken Athen zu der Auffassung, Recht sei, was der jeweils Mächtige darunter verstehe. So lässt Platon im ersten Buch seiner „Politeia" einen Thrasymachos sprechen, der darstellt, dass die demokratische Regierung demokratische, die aristokratische Regierung aristokratische und die tyrannische Regierung tyrannische Gesetze gebe und diese dann, weil die jeweiligen Machthaber sie durchsetzen können, als Recht gültig seien.

Wann ein Vergehen nur als Verstoß gegen die **gute Sitte** betrachtet wird oder aber als Verstoß gegen die **machtgebundene Rechtsordnung** hängt von der jeweiligen Staats- und Gesellschaftsform ab. Im Spätmittelalter musste eine Ehebrecherin bei-

Das Eselreiten (aus: „Trachtenbuch" des C. Weiditz)

spielsweise zur Strafe rückwärts (und in manchen Gegenden auch nackt) auf einem Esel reiten, in manchen islamistisch geprägten Staaten droht ihr heute noch die Steinigung, d. h., hier wird ein solcher Verstoß öffentlich geahndet und mit festgelegten Sanktionen belegt. Nach heutiger westeuropäischer Gesetzeslage wird ein Ehebruch hingegen als Privatsache zwischen zwei Menschen betrachtet und allenfalls durch Ächtung im unmittelbaren gesellschaftlichen Umkreis bestraft (hier vielleicht: Freunde wenden sich ab), d. h., die Strafe vollzieht sich nur auf persönlicher Ebene. Sie wird nur zur Strafe, wenn der Betreffende sie auch als eine solche empfindet.

In der modernen westlichen Gesellschaft existiert zur Durchsetzung des Rechts ein **Gewaltmonopol des Staates**. Während in früheren Zeiten und auch in anderen Gegenden der Welt der Einzelne sein Recht noch selbst durchsetzen durfte (bzw. darf) – man denke nur an das Fehderecht des Mittelalters oder die in manchen Gesellschaften heute noch geltende Verpflichtung der Familie zur Blutrache –, kann nach aufgeklärt-demokratischen Vorstellungen nur eine von jeglichen Einflüssen weitestgehend unabhängige Justiz Recht sprechen, und allein die gesondert befugten staatlichen Organe dürfen dieses gesprochene Recht vollziehen.

Recht und Moral

Trotzdem hat Recht durchaus noch etwas mit **Moral** zu tun: Vor allem der Stärkere in der Gesellschaft muss sich dem Recht freiwillig unterwerfen und darf seine größeren Machtmittel nicht zu seinen Gunsten (oder zum Nutzen seiner Freunde) einsetzen, um das Recht zu beugen. So hat etwa jeder Richter die Verpflichtung, die Übernahme eines Verfahrens wegen Befangenheit abzulehnen, wenn Verwandte, Verschwägerte oder Freunde darin verwickelt sind oder er selbst mit dem Fall in Beziehung steht; berühmtestes literarisches Beispiel ist der Richter Adam aus Kleists „Der zerbrochene Krug", der über eine Straftat zu Gericht sitzt, die er selbst begangen hat, und am Ende dafür bestraft wird.

2.2 Naturrecht (Recht als Vernunftbegriff)

Bereits das in 2.1 genannte Beispiel zum Ehebruch zeigt, dass von Menschen gesetztes Recht („Gesetz") sich im Wandel der Zeiten und Einstellungen ändert. Schon früh entstand aber der Gedanke, dass es ein Recht geben müsse, das dem menschlichen Wankelmut nicht unterworfen sei; es entstand die Lehre vom Naturrecht, die drei Hauptrichtungen ausbildete:

Die Offenbarung als Quelle des Rechts

Die frühesten Rechtsetzungen galten noch als unmittelbare Eingebungen göttlichen Ursprungs: Auf der berühmten Stele von Babylon (siehe S. 9) überreicht ein Gott dem König Hammurabi die ältesten schriftlich erhaltenen Gesetze der Welt, und der Gesetzgeber der Juden, Moses, hat die Zehn Gebote ebenfalls unmittelbar von Jahwe bekommen.

Die antiken Traditionen bereits einarbeitend, geht Augustinus davon aus, dass der Schöpfergott Urheber des Weltgesetzes – *lex aeterna* – sei. Das Naturrecht – *lex naturalis* – gilt als Reflex des Schöpfungsplans im menschlichen Bewusstsein (der Mensch reagiert in seiner Seele auf Gottes Gesetz) und bringt das weltliche Recht hervor – *lex temporalis, humana, positiva*.

Thomas von Aquin

Thomas von Aquin verbindet diese Gedanken bereits mit dem **Prinzip der Vernunft**: Für diese seien die obersten Prinzipien des Naturrechts einsehbar. Thomas stellt der Dreiteilung des Augustinus die *lex divina* der jüdisch-christlichen Offenbarung gegenüber und vereinigt sie zum umfassenden *ordo*-Gedanken: Die *lex aeterna* als notwendige und unveränderliche, übergreifende Ordnung der Welt spiegelt sich in der *lex naturalis*, der dauerhaften Ordnung des Naturzustandes. Die *lex humana*, das gesetzte menschliche Recht, kann insofern nur verbindlich sein, soweit sie mit dem göttlichen Recht übereinstimmt.

Die Natur des Menschen als Quelle des Rechts

Schon die ionische Philosophie seit den Vorsokratikern (Thales von Milet, Anaximander, Demokrit, Heraklit) nimmt an, dass entweder die Welt – *kosmos* – oder die Natur – *physis* – ursprünglich normsetzend tätig war, ehe das menschliche Gesetz – *nomos* – entstand.

Demgegenüber behaupteten die Sophisten, für die der Mensch das Maß aller Dinge ist (und denen es durchaus auch darum geht, den bestehenden Staat zu kritisieren), der **Selbsterhaltungstrieb** und das Bedürfnis, seine Triebe weitgehend ausleben zu können, setze ein der Natur des Menschen gemäßes Recht; für Protagoras ist Recht einfach eine Mehrheitsentscheidung. Diese Auffassung, die Natur des Menschen sei die Quelle des Rechts, wird als „**voluntaristische Naturrechtslehre**" bezeichnet (von lat. *voluntas*: der Wille).

Nach Aristoteles ist der Mensch von Natur aus ein Gesellschaftswesen; außerdem sind auch die Verhältnisse zwischen den Menschen (Herr und Sklave, Mann und Frau) naturgegeben, das Gesetzesrecht verwirklicht das Naturrecht. Dieses wiederum wird von einer **teleologischen** (also auf ein positiv zu bewertendes Ziel gerichteten) Naturgeschichte bestimmt.

Nachdem mittelalterliche Philosophen sich auch mit dieser voluntaristischen Rechtslehre auseinandergesetzt hatten, widerspricht Martin Luther in seiner Zwei-Reiche-Lehre der Dreistufigkeit des Rechts, indem er behauptet, dass dem sündigen Menschen der Zugang zur *lex aeterna* unmöglich sei, und leitet damit eine **Enttheologisierung des** Rechts ein: Recht und Religion sind zwei verschiedene Gebiete im menschlichen Dasein.

Zur Pervertierung des voluntaristischen Naturrechts-Begriffs kam es schließlich im **Rechtspositivismus** (vgl. S. 12).

Die Vernunft (ratio) als Quelle des Rechts

Platon leitet den Ursprung des Rechts in Auseinandersetzung mit den Sophisten von der Idee der Gerechtigkeit her, die das Vernunftwesen Mensch in Gesetze ausforme.

Die Stoa unterscheidet erstmals die *lex aeterna* (das für den gesamten Kosmos absolut gültige Weltgesetz) von der *lex naturalis* (als auf der vernünftigen Natur des Menschen beruhendes Naturrecht), gemäß derer das konventionelle Recht beurteilt wird.

Die Schule von Salamanca (die für die Rechtsphilosophie des 16. und 17. Jahrhunderts richtungweisende Universität) greift den erstmals bei Wilhelm von Ockham (um 1300) aufgetauchten Begriff der drei *iura naturalia* (der natürlichen Rechte), nämlich Leben, Freiheit und Eigentum, auf und befreit das Naturrecht endgültig von theologischen Bezügen.

Francisco Suárez

Nach Francisco Suárez (1548–1617), einem der wichtigsten Lehrer dieser Universität, ist das Recht gleichmäßig auf alle Menschen, Völker und Nationen verteilt, woraus sich nicht nur das Völkerrecht (wenig später durch Hugo Grotius begründet), sondern auch die Volkssouveränität und ein Widerstandsrecht des Volkes gegen ungerechte Herrscher ableiten lässt.

Die Vereinigung der voluntaristischen mit der rationalistischen Naturrechtslehre geschieht durch die Philosophie der **Aufklärung** (vgl. S. 102–106). Das neue Wissenschaftsideal führt dazu, dass man versucht, von obersten Prinzipien aus ein vollständiges, alle Rechtsgebiete umfassendes, abstraktes System von exakten, absolut gültigen Gesetzen abzuleiten.

2.3 Positives Recht

Positives Recht im Wortsinne ist **gesetztes**, von Menschen **erstelltes Recht** (von lat. *ponere:* setzen, stellen, legen; spätlat. *positivus:* gesetzt, gegeben). Die Rechtswissenschaft definiert **positives Recht** als **staatlich oder überstaatlich gesetztes Recht**, das in einem in der Verfassung oder durch zwischenstaatliche Verträge geregelten Verfahren von hierfür eigens bestimmten staatlichen oder internationalen Einrichtungen beschlossen und von gesondert hierzu ermächtigten Institutionen für Recht erklärt und veröffentlicht (und damit in Kraft gesetzt) wird. Das heißt nur Legislativorgane (im Allgemeinen ein Parlament, bei internationalen Organisationen wie der UNO auch manchmal die Vollversammlung) dürfen Recht setzen, also Gesetze geben.

Der im täglichen Sprachgebrauch übliche Gegenbegriff „negativ" ist hier nicht anwendbar (positives Recht kann im Inhalt selbst durchaus negativ wirken – vgl. dazu „ungerechte" Rechtsordnungen, S. 69–73), vielmehr wäre das Gegenstück zum einen die **außerrechtliche Norm** (z.B. das Sittengesetz, vgl. S. 5 f.), zum anderen das **überpositive Recht** oder **Naturrecht** (s.o. S. 6–9).

Eine Zwitterstellung nimmt das (ungeschriebene) sogenannte **Gewohnheitsrecht** ein, welches nicht gesetzt ist, aber durch langjährige tatsächliche Ausübung entsteht, die von der Rechtsüberzeugung der Beteiligten getragen wird; gültig

Gesetzes-Stele aus Babylon; in die untere Hälfte des Steins sind die Rechtsvorschriften des Landes eingemeißelt.

ist es hingegen nur, solange der Staat es „duldet". Nachdem heutzutage immer mehr Lebensbereiche immer genauer von Gesetzen erfasst werden, gibt es kaum noch Gebiete, die durch Gewohnheitsrecht geregelt werden. Einen erheblich höheren Stellenwert als bei uns hat diese Rechtsform in allen Ländern, die sich zum **Common Law** bekennen – der angelsächsisch beeinflussten Rechtsentwicklung in weiten Teilen der Erde.

Darüber hinaus existiert das sogenannte **Richterrecht,** die Fortbildung des positiven Rechts durch die ständige und anerkannte Rechtsprechung, welche zunehmend als Rechtsquelle betrachtet wird. Selbst in den „Guter-Rat"-Spalten von Publikums-Zeitschriften wird immer wieder auf Urteile von Bundes- oder Oberlandesgerichten zurückgegriffen. Das angelsächsische Rechtssystem hingegen überlässt ganze Rechtsgebiete der richterlichen Rechtschöpfung.

Motive der Rechtsetzung und deren schriftlicher Niederlegung waren vom frühesten bekannten Codex des Hammurabi von Babylon (um 1500 v. Chr.) an
- die Absicht, die Schwachen der Gesellschaft vor Übergriffen der Starken zu schützen *(archaische Zeit)*,
- eine Vereinheitlichung der Sanktionen für Rechtsbrüche *(römisches Recht)*.

Später traten folgende Gedanken hinzu:
- Schutz der bürgerlichen Freiheitssphäre vor staatlichen Übergriffen *(Aufklärung)* sowie
- Lenkung und Planung der gesellschaftlichen Entwicklung *(Sozialismus)* (vgl. hierzu die Funktionen des Rechts, S. 13 f.).

Gemäß dem jeweils zugrundeliegenden **Menschenbild** unterscheidet man:
- **Archaisches Recht:** Der Mensch ist einheitlich ausgerichtet und sieht einen geradlinigen Zusammenhang zwischen Tat und Strafe; Rechtsetzung gilt prinzipiell als durch die Gottheit gegeben. Typisch für diese Rechtsordnungen sind drastische Strafen wie etwa das Abhacken der Hand bei Diebstahl.
- **Patriarchalisches Recht:** Der mit Rechten Versehene besitzt ein an Sitte und Religion gebundenes Pflichtgefühl, das nicht letztgültig kontrolliert werden kann (und muss). Als Beispiel ist der römische *pater familias* zu nennen, der über seine ganze Großfamilie einschließlich der Sklaven frei verfügen konnte und lediglich durch die Tradition der Vorfahren, also hergebrachte Rechtsauffassungen, gebunden war. Aber auch in späteren Epochen kam dem Vater stets eine besonders starke Stellung in der Familie zu.

- **Absolutistisches Recht:** Der individuelle Mensch zeigt egoistisches Streben (*homo homini lupus*, „Der Mensch ist dem Menschen ein Wolf" – Thomas Hobbes) und ist durch den Monarchen vor sich selbst zu schützen. Um dem Kampf aller gegen alle vorzubeugen, regelt der Monarch von einer „höheren Warte" aus die rechtlichen Bedingungen für alle Untertanen.
- **Liberales Recht:** Der Mensch ist aufgeklärt, klug, selbstbewusst im Streben nach eigenem Nutzen und sucht aktiv sein Glück; die Gesellschaft regelt sich selbst, wenn man ihren Mitgliedern möglichst weitgehende Freiheiten zugesteht und sie vor staatlichen Eingriffen schützt. Typisch hierfür sind die Rechtssysteme der nordamerikanischen Staatenwelt, die relativ weit gefasste Bestimmungen im Einzelfall durch Auslegung seitens des Richters oder – bei Strafverfahren – von Geschworenen, also Laienrichtern, entscheiden lassen.
- **Soziales Recht:** Es ist Aufgabe der Rechtsetzung wie des Staates allgemein, die ungleichen Startchancen in der Gesellschaft durch Bevorzugung der Schwachen vor den Starken auszugleichen. Das Prinzip der Progression im Steuerrecht (wer viel verdient, zahlt einen höheren Prozentsatz des Einkommens) findet hier seine Begründung.

Jeder **Rechtssatz** besteht aus
- einer **Rechtsquelle** (Wer hat diesen Satz gesetzt?),
- einem **Tatbestand** (Worauf trifft dieser Rechtssatz zu?) und
- einer **Rechtsfolge** (Welche **Norm** ist damit verbunden?).

Daraus ergibt sich, dass jedes öffentliche Verhalten sich auszeichnen kann durch
- **Rechtmäßigkeit** (Handeln entsprechend der Norm) oder
- **Rechtswidrigkeit** (Normverstoß).

Aus dem positiven Recht ergeben sich auch die **Rechtsverhältnisse**. Jeder Mensch hat
- **Rechtspflichten**, die ihm das positive Recht in **Geboten** vorschreibt (z. B. die Verpflichtung der Eltern zur elterlichen Fürsorge gegenüber ihren Kindern), sowie
- **subjektive Rechte**, die es ihm gewährt (z. B. das Recht auf ein ordentliches Gerichtsverfahren).

2.4 Der Rechtspositivismus

Im 19. Jahrhundert entwickelte sich aus der reinen Vernunftlehre im Bereich der Rechtsphilosophie die sogenannte **historische Schule**, die anstelle einer abstrakten Rechtstheorie eine historische Betrachtungsweise forderte und die Frage nach der Begründung des positiven Rechts neu beantwortete: Dem Staat als rechtsetzender Institution könne keine Grenze etwa durch ein vorstaatliches Naturrecht oder das Sittengesetz gezogen werden. Allein die Tatsache, dass durch die Formulierung von Gesetzen Rechtssicherheit geschaffen wird, wie auch die faktische Möglichkeit der Staatsmacht, ihren Normen Geltung zu verschaffen, genüge als deren Rechtfertigung und dürfe nicht hinterfragt werden – kurz gesagt: Die Macht stehe über dem Recht. Ein grundlegender Rechtssatz des Rechtspositivismus lautet: Gesetz ist Gesetz! Dies bedeutet, dass ein Richter nur hinterfragen darf, ob ein Gesetz auf dem verfassungsmäßig vorgesehenen Weg zustande gekommen ist; den Inhalt darf er nicht beurteilen. Diese Einstellung gipfelte in Äußerungen wie der folgenden:[2]

> Für den Richter ist es Berufspflicht, den Geltungswillen des Gesetzes zur Geltung zu bringen, das eigene Rechtsgefühl dem autoritativen Gesetzesbefehl zu opfern, nur zu fragen, was rechtens ist, und niemals, ob es auch gerecht sei. […] Wir verachten den Pfarrer, der gegen seine Überzeugung predigt, aber wir verehren den Richter, der sich durch sein widerstrebendes Rechtsgefühl in seiner Gesetzestreue nicht beirren lässt.
>
> Gustav Radbruch: Rechtsphilosophie, S. 178.

In der Weimarer Zeit hing die juristische Lehre in Deutschland überwiegend dem Rechtspositivismus an, sodass es für den Nationalsozialismus ein Leichtes war, den Begriff des Naturrechts umzudefinieren in ein „aus der Natur des Volkskörpers geborenes ewiges Recht" (Hans Fehr). Da nach dem Ermächtigungsgesetz von 1933 auch die Regierung und damit Hitler persönlich offiziell zur Gesetzgebung befugt war, wehrten sich die meisten Juristen nicht, seine Gesetze anzuwenden. In einem Nachkriegsprozess wurde ein früherer Richter des Volksgerichtshofs gefragt: „Und wenn es ein Gesetz gegeben hätte, das alle Brillenträger mit dem Tode bedrohte?" Er antwortete: „Es wäre ein Gesetz gewesen, ich hätte nichts daran ändern können." Das heißt, wenn ein solches Gesetz erlassen worden wäre, hätte er jeden Brillenträger zum Tode verurteilt – und dabei in der festen Überzeugung gehandelt, das Rechte zu tun!

---

2 Gustav Radbruch war einer der bedeutendsten Rechtsphilosophen des 20. Jahrhunderts und wandelte sich nach 1945 vom Rechtspositivisten zum Vertreter der modernen demokratischen Rechtslehre. Er hat viele Begründungen für die Rechtsordnung des Grundgesetzes geliefert.

2.5 Die Funktionen des Rechts

Letztlich sind die Funktionen des Rechts wie eine Kette ineinandergreifender Glieder, die alle gemeinsam die Gesellschaft und den Staat umfassen; ganz scharf kann man sie nicht voneinander abgrenzen, die Übergänge sind fließend. Unterscheiden lassen sich aber die folgenden Funktionen:

Ordnungsfunktion (Steuerungsfunktion)

Das Recht bietet einen Orientierungsmaßstab für alle Mitglieder der Gesellschaft; es setzt fest, was erlaubt bzw. verboten ist, zeigt den Einzelnen ihre Rechte und Pflichten auf und beugt dadurch der Entstehung von Konflikten vor. Das Verhalten der Menschen zueinander wird berechenbar; so kann man sich im Straßenverkehr darauf verlassen, dass man an der Ampel bei „Grün" fahren darf, da die anderen Verkehrsteilnehmer bei „Rot" anhalten werden.

Sicherheitsfunktion (Schutzfunktion)

Das Recht erlaubt dem Einzelnen, weitestgehend seine individuelle Freiheit zu genießen, schützt ihn vor Übergriffen sowohl anderer Bürger wie auch des Staates und bietet ihm im Falle auch der bloß subjektiven Rechtsverletzung eine umfassende Rechtssicherheit. Jeder Bürger genießt umfassenden Rechtsschutz (vgl. Persönlichkeitsrechte) bis hin zum Pflichtverteidiger für mittellose Straftäter.

Integrationsfunktion (Erziehungsfunktion)

Das Recht erzwingt bestimmte erwünschte Verhaltensweisen, sorgt dafür, dass alle sich der vorgegebenen Ordnung unterwerfen – etwa die Schulpflicht beachten – und nicht auf eigene Faust oder gar gewaltsam versuchen, zu dem zu kommen, was sie für ihr Recht halten.

Gemeinwohlfunktion

Das Recht regelt umfassend die Struktur des Gemeinwesens, gestaltet das Zusammenleben der Menschen und steuert gesellschaftliche Prozesse. So werden etwa Anreize für gesellschaftlich erwünschte Handlungen geschaffen, indem der Wohnungsbau steuerlich begünstigt oder ein Erziehungsurlaub gewährt wird.

Zugleich passt sich das Recht stets den gesellschaftlichen Entwicklungen an, treibt sie voran und **gestaltet** so das Gemeinwesen; deshalb spricht man auch von seiner **Innovationsfunktion**.

Friedensfunktion

Das Recht hindert den Stärkeren an der rücksichtslosen Durchsetzung seiner Interessen und sorgt für einen friedlichen Interessenausgleich – etwa durch Mietvertragsregelungen oder Bestimmungen des Arbeitsschutzes.

> **Zusammenfassung: Recht**
>
> Wir unterscheiden **subjektives** und **objektives Recht**, das mit **Macht** verbunden und von **guter Sitte** und **Moral** gestützt ist.
> Das **Naturrecht** leitet sich her aus der Offenbarung eines höheren Wesens, der Natur des Menschen oder der Vernunft. Es fließt ein in das vom Menschen gesetzte **positive Recht**, das vom jeweils zugrunde liegenden Menschenbild abhängig ist. Pervertiert wurde das positive Recht im **Rechtspositivismus**.
> Heute kennen wir fünf **Funktionen des Rechts**: Ordnungsfunktion, Sicherheitsfunktion, Integrationsfunktion, Gemeinwohlfunktion und Friedensfunktion.

3 Recht und Sittlichkeit

3.1 Sittliche Vorstellungen und positives Recht

Im alltäglichen Gebrauch verbinden wir mit dem Wort „sittlich" häufig einen Bezug zum sexuellen Verhalten. **Sittlichkeit** im philosophischen Sinn bezeichnet jedoch eine allgemeine Lebenshaltung des Menschen in seinem gesamten Denken und Handeln. Das Sittliche als solches ist in allen Kulturen und Zeiten gleich: Es meint eine Haltung, die das Gute anstrebt und das Böse meidet – was immer die jeweilige Gesellschaft darunter verstehen mag. Der Rechtswissenschaftler Gustav Radbruch hat sogar behauptet, Sittlichkeit und Recht seien nicht vergleichbar:

> Recht ist ein Kulturbegriff, Sittlichkeit ein Wertbegriff. Wie die Idee der Gerechtigkeit im Rechte, so wird die Idee der Sittlichkeit in der Moral, d. h. in der psychologischen Tatsächlichkeit des Gewissens, zur Kulturwirklichkeit. Vergleichbar sind nur entweder zwei Wertbegriffe: Gerechtigkeit und Sittlichkeit oder zwei Kulturbegriffe: Recht und Moral.
>
> Gustav Radbruch: Rechtsphilosophie, S. 41.

Sittlich handeln kann man nur aus freien Stücken, aus dem Streben nach einem guten Gewissen heraus – niemals jedoch aus Furcht vor Sanktionen. Viele Verbrecher wissen zwar genau, dass ihr Handeln gesetzwidrig ist; fehlt ihnen aber dabei das Unrechtsbewusstsein, so versagt ihr Empfinden für Sittlichkeit.

Das Verhältnis von Recht und Sittlichkeit ist mit konzentrischen Kreisen dargestellt worden – das Recht als kleiner Kreis inmitten des großen Kreises der Sittlichkeit; schließlich umfasst die Sittlichkeit ein größeres Spektrum von Bezügen.

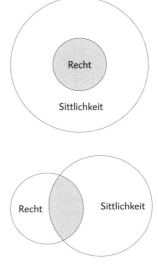

Heute hingegen wird auch darüber nachgedacht, ob Recht und Sittlichkeit sich möglicherweise nur überschneiden; das würde bedeuten, dass es Gebiete des Rechts gibt, die von der Sittlichkeit nicht erfasst werden. Spätestens seit den krassen Unrechtsgesetzen der Nationalsozialisten in Deutschland, die dennoch positives Recht waren und auch angewendet wurden, ist dies nicht mehr zweifelhaft; allerdings werden sich die Kreise in der Größe unterscheiden müssen.

Ein Vergleich sittlicher und rechtlicher Normen in tabellarischer Form zeigt die Unterschiede zwischen beiden:

	Sittliche Normen	Rechtliche Normen
Ausrichtung	Einflussnahme auf die Gesinnung, die hinter dem menschlichen Verhalten steht → Ausrichtung auf das sittlich gute Handeln	Einflussnahme direkt auf äußeres menschliches Verhalten → Regelung und Sicherung des sozialen Zusammenlebens
Normquelle	Quelle ist z. B. das Gewissen des Menschen	Festsetzung durch den Gesetzgeber
Funktion	Entlastungsfunktion, Verhaltenssicherheit: Es muss nicht in jeder Situation neu geprüft werden, welche Handlungsweise die richtige ist.	Herstellung von Rechtssicherheit: Garant persönlicher Freiheit, Sicherung und Stabilisierung des Zusammenlebens, Förderung des Gemeinwohls
Fixierung	keine schriftliche Fixierung (Ausnahme: Grundrechte, Menschenrechte)	fixiert in Gesetzen, Rechtsverordnungen und Satzungen
Gültigkeit	Anspruch auf universale und unbegrenzte Gültigkeit; generelle Gültigkeit, auch bei Nichtbeachtung durch die Mehrheit	fest umrissener örtlicher und personaler Geltungsbereich; Geltungszeitraum ist festgelegt, ständiger Verstoß dagegen durch viele kann ein Hinweis auf Änderungsbedürftigkeit sein
Durchsetzbarkeit	keine Durchsetzung möglich; Einflussnahme durch Ermahnung, Missbilligung, gesellschaftliche Ächtung („schlechtes Gewissen")	Durchsetzung erzwingbar durch staatliche Maßnahmen (Geldstrafen, Freiheitsstrafen usw.)
Einklagbarkeit	nicht einklagbar	einklagbar

Dabei werden rechtliche Normen immer von den Vorstellungen von Sittlichkeit beeinflusst: Noch in den 50er-Jahren, als es um den Wiederaufbau nach dem Zweiten Weltkrieg ging, dachte niemand darüber nach, wie weit man mit der modernen Technik die Natur ausbeutete; erst Ereignisse wie die Ölkrise Anfang der 70er-Jahre oder wenig später das Waldsterben brachten den Gedanken des Umweltschutzes ins öffentliche Bewusstsein; daraufhin wurden auch Gesetze zum Schutz der Umwelt erlassen (vgl. dazu S. 18 f.).

3.2 Grenzen der Kodifizierbarkeit ethischer Normen

Zunächst muss zwischen **Rechtsnorm** und **Rechtswirklichkeit** unterschieden werden: Recht haben und recht bekommen ist im Leben häufig zweierlei (denn nicht jeder kann den jeweiligen Richter von seinem Rechtsstandpunkt überzeugen), aber auch das Recht kennen und sich daran halten wird durchaus nicht immer zur Deckung gebracht (welcher Autofahrer ist noch nie bei „Gelb" in die Kreuzung eingefahren?). Dabei ist es durchaus vorstellbar, dass ein Gesetz der gesellschaftlichen Norm nachfolgt, dass es initiiert wird, weil die Gesellschaft es für notwendig hält. So folgten z. B. Gesetze über die Güterverteilung bei der Auflösung einer nicht ehelichen Gemeinschaft den sich entwickelnden Gepflogenheiten nach.

Immer jedoch kann man bei der Rechtsnorm feststellen, dass sie als solche existiert, und auch, von welchem Moment an sie einzuhalten ist: Ein Gesetz tritt an einem bestimmten Tag in Kraft, und wenn es ein vorhergehendes Gesetz ersetzt, so erlischt dessen Gültigkeit mit diesem Datum.

Ethische Normen jenseits des Rechts hingegen lassen sich zeitlich nicht genau eingrenzen: Der Tag, von dem an ein Zusammenleben ohne Trauschein gesellschaftlich akzeptiert wurde, ist nicht feststellbar. Gleichzeitig dokumentiert sich die moralische Norm letztlich in ihrer Existenz nur dadurch, dass die Mitglieder der Gesellschaft sich an sie halten – ein Gesetz hingegen, das allgemein nicht beachtet wird, behält deshalb formal durchaus seine Gültigkeit. Mit anderen Worten: Nicht jedes Gesetz wird eingehalten; dies ist das Problem der **Durchsetzbarkeit** von Normen; andererseits ist aber auch nicht alles, was eingehalten wird, Gesetz: In keinem Gesetzbuch findet sich ein Gebot, älteren, gebrechlichen Menschen die Tür aufzuhalten – trotzdem wird es jeder tun, der nur einigermaßen ein Gefühl für den Mitmenschen hat. Der gesamte Bereich zwischenmenschlicher Beziehungen wie Solidarität, Mitleid, Liebe, Treue usw. entzieht sich einer gesetzlichen Regelung und kann nur im übergreifenden Verfassungsrecht (Menschenrechte) sehr allgemein als Rahmen, in dem das Verhalten der Bürger ablaufen soll, gefasst werden. Wiederum besteht Kultur neben dem Recht auch noch aus Sitte, Moral, Wissenschaft, Kunst und meistens auch Religion – nicht alle Regeln, die sich in diesen Gebieten eingebürgert haben und eingehalten werden (sollen), können gesetzlich erfasst werden.

Die Fortentwicklung des Rechts in Gesetzgebung und Rechtsprechung moderner Staaten wird sowieso vielfach für problematisch gehalten: Die sogenannte **Normenflut** (in Deutschland ca. 2 000 neue Gesetze bzw. Gesetzesänderungen pro Jahr) führt dazu, dass der Einzelne sein Recht nicht mehr selbstständig ermitteln oder verfolgen kann.

Überhaupt hat die Einhaltung ethischer Normen in vielen Fällen mehr mit dem **Gefühl für den Mitmenschen** zu tun als mit rechtlich kodifizierbaren Tatsachen. Ernst Bloch hat hierzu eine Abhandlung über „das sogenannte Rechtsgefühl" verfasst, in der er darauf hinweist, dass vor Gericht meist derjenige, der unterlegen ist, sich ungerecht behandelt und moralisch dafür umso mehr im Recht fühlt – auch, wenn er unterschwellig sehr genau spürt, dass er in Wirklichkeit im Unrecht war.

3.3 Umweltschutz als Rechtsgut

Das Verhältnis von Mensch und Umwelt als ethische Herausforderung

„Macht euch die Erde untertan!", spricht Gott im Alten Testament, und bis weit ins 20. Jahrhundert hinein haben die Menschen dies immer so verstanden, als dürften sie (oder sollten gar) sich nach Gutdünken an dem bedienen, was die Natur in ihrer Umwelt für sie bereithielt.

Bereits in der Antike wurden im Kern des Römischen Reiches die Wälder des Apennin so nachhaltig abgeholzt, dass sie durch nachmalige Erosion für immer zerstört blieben; mit den technischen Möglichkeiten der Industrialisierung und dem Know-how der modernen Naturwissenschaften wurde und wird vom Abbau von Bodenschätzen bis hin zur Abholzung des Regenwaldes weiter die Umwelt zerstört.

Der Abwurf der ersten Atombomben auf Hiroshima und Nagasaki und seine Folgen brachten erstmals eine große Anzahl von Menschen zum Umdenken, doch erst, als sich von Menschen verursachte Umweltkatastrophen in mehreren Teilen der Welt ereigneten (das Giftunglück von Seveso, das Waldsterben in den deutschen Mittelgebirgen, der GAU von Tschernobyl usw.), als sich Warnungen seriöser Wissenschaftler häuften (z. B. die Warnung vor dem sich ausweitenden Ozonloch), kam in breiten Bevölkerungsteilen die Idee des Umweltschutzes zum Tragen.

Philosophisch untermauert hat diesen Gedanken Hans Jonas (1903–1993) in seinem Buch „Das Prinzip Verantwortung", in dem er 1979 den Zusammenhang zwischen der heute möglichen Beherrschung der Natur durch den Menschen und der Verantwortlichkeit herstellt, die wir für die Bewohnbarkeit unseres Planeten auch durch künftige Generationen haben. In Anlehnung an den kantschen kategorischen Imperativ formuliert er mehrere moderne Imperative wie: „Handle so, dass die Wirkungen deiner Handlung verträglich sind mit der Permanenz echten menschlichen Lebens auf der Erde" oder „Gefährde nicht die Bedingungen für den indefiniten Fortbestand der Menschen auf Erden".[3] Anders ausgedrückt: Wir dürfen unsere Freiheit nie verwirklichen auf Kosten anderer Menschen – also auch nicht auf Kosten künftiger Generationen.

Die Prinzipien des Umweltschutzes
- **Verursacherprinzip:** Wer die Umwelt belastet, muss die dadurch entstehenden Kosten tragen – sowohl die für vorbeugende Maßnahmen zur Vermeidung von Umweltbelastung wie auch jene, die bei der Beseitigung von entstandener Umweltverschmutzung entstehen. Unternehmen dürfen diese Kosten über die Produktpreise auf ihre Kunden abwälzen. So brannte 1986 in Basel das Chemiewerk eines großen Arzneimittelherstellers; das Löschwasser vergiftete den Oberrhein, und die Firma musste hohe Beträge an Ausgleichszahlungen leisten.

- **Gemeinlastprinzip:** Die Gemeinschaft übernimmt Kosten für die Erhaltung oder Verbesserung von Umweltbedingungen und tritt auch dann ein, wenn der Verursacher einer Umweltschädigung nicht festgestellt oder nicht haftbar gemacht werden kann bzw. wenn die Kosten das Firmenkapital weit übersteigen. Ein Beispiel war die Chemische Fabrik in Marktredwitz, ehemals ältester Standort der chemischen Industrie in Deutschland, auf deren Firmengrundstück zu Beginn der 80er-Jahre eine so tief gehende Quecksilber-Verseuchung festgestellt wurde, dass der Boden meterhoch abgetragen und das gesamte Firmenareal mit Milliardenaufwand saniert werden musste; die Firma ging in Konkurs, und für die Kosten kam letztlich der bayerische Steuerzahler auf.

- **Vorsorgeprinzip:** Der Staat ist verpflichtet, sein gesamtes Handeln so einzurichten, dass Belastungen und Gefahren für die Umwelt vermieden werden; dies betrifft alle Bereiche des Umweltschutzes, also Luft, Wasser, Boden, Artenschutz, Gesundheit der Menschen (z. B. mögliche Lärmbelastung). Er soll aber prinzipiell auch in einem ausgewogenen Verhältnis zu Belangen der Ökonomie stehen (im Idealfall sollen die Interessen der Wirtschaftsbetriebe berücksichtigt werden). Hier müssen Politiker immer wieder schwierige Entscheidungen treffen: Soll eine Umgehungsstraße gebaut werden, um die Lärm- und Abgasbelastung im Ort zu vermindern, auch wenn dafür z. B. eine Talaue mit altem Baumbestand verbaut werden müsste? Wie weit die Verpflichtung des Staates hier geht, wird seit der Jahrtausendwende stark diskutiert – insbesondere in Bezug auf die Frage, wie die klimapoli-

---

3 Hans Jonas: Das Prinzip Verantwortung, Frankfurt a. M. 1984, S. 36.

tisch notwendige Senkung des CO2-Ausstoßes realisiert werden kann: Wie schnell soll der Ausstieg aus der Verstromung von Kohle umgesetzt werden, wenn dadurch tausende von Arbeitsplätzen bedroht sind? Wie genau soll die Bepreisung des CO2-Ausstoßes vor dem Hintergrund ausgestaltet werden, dass dadurch z. B. die Produktion verschiedener Güter teurer wird?

3.4 Familie und Partnerschaft

Konstanz und Veränderung

Das Zusammenleben der Menschen hat im Laufe der Zeiten viele Formen angenommen: Lebten in der Altsteinzeit noch Horden fast nach Art eines tierischen Rudels zusammen, so bildeten sich mit der Sesshaftwerdung Gemeinschaften aus, die geprägt waren von der Notwendigkeit, für das tägliche Überleben zusammenzuwirken. Bereits von der ägyptischen Hochkultur wissen wir, dass weitgehend die heute als „Kleinfamilie" bezeichnete Gemeinschaft von lediglich Eltern und Kindern mit ihren Sklaven (so vorhanden) einen Hausstand bildete, während später im Römerreich die *familia*, die einem *pater familias* unterstand, über den Hausstand des Familienvaters hinaus auch noch jenen der Söhne umfasste und einer sehr weit gehenden Verfügung durch diesen unterlag (bis hin zur Entscheidung über Leben und Tod). Auch im europäischen Mittelalter umfasste das Haus neben Frau und Kindern des Hausvaters dessen unverheiratete Geschwister und ggf. Schwägerinnen sowie das Gesinde, und in Bauern- und Handwerkerfamilien gehörten ganz selbstverständlich auch die versorgungsbedürftigen Alten mit zum Hauswesen.

Struktur des vorindustriellen Haushalts

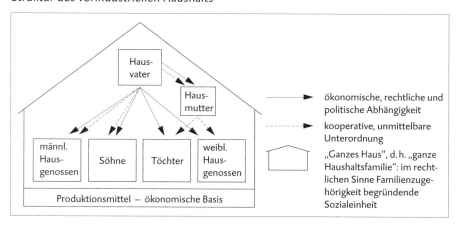

Erst mit der Industrialisierung zerfielen diese Gemeinschaften, und die heutige Kleinfamilie bis hin zur „Restfamilie" mit einem (getrennt lebenden) Elternteil und Kind bzw. Kindern bildete sich heraus.

Immerhin – „Blut ist ein ganz besonderer Saft" sagt Mephisto in Goethes „Faust" – messen wir auch heute noch der Verwandtschaft besonderen Wert bei; das Erbrecht berücksichtigt automatisch die Verwandten des Erblassers, wir laden zu „Familienfesten" ein, und die teilweise jahrelange und mühsame Suche von Kindern, die in einer Pflegefamilie aufgewachsen sind, nach ihren leiblichen Eltern beweist, dass auch heute noch die Bande des Blutes einen hohen Stellenwert im Denken der Menschen haben.

Während also die Tatsache einer Zusammengehörigkeit von Blutsverwandten (**Familie** im weiteren Sinne) durch alle Zeiten nicht wirklich infrage gestellt wurde, hat sich an der rechtlichen Beziehung zwischen Verwandten wie auch Partnern sehr viel geändert.

Wir wissen nicht genau, wann sich die Sitte herausgebildet hat, dass menschliche Paare sich in monogamen Ehen zusammenfanden; in manchen Religionsgemeinschaften wie dem Islam ist die Vielehe heute noch prinzipiell denkbar. Auch matriarchalische[4] Gesellschaften hat es gegeben, doch in der überwiegenden Mehrzahl der bekannten Kulturen herrschte das **Patriarchat**: Der Mann bestimmt vorrangig über die Geschicke der Familie. Die Form dieser Herrschaft und ihre Ausdehnung sowohl in der Quantität als auch der Qualität wechselte stark im Laufe der Zeiten wie auch der geografischen Räume, doch bis in die neueste Zeit hinein stellten nur wenige die herausragende Stellung des Mannes in Familie und Staat infrage. Erst seit der Französischen Revolution kam allmählich der Gedanke der Gleichberechtigung der Frau auf. Er wurde Anfang des 20. Jahrhunderts im Frauenwahlrecht erstmals wirksam, ist aber letztlich in den Gesellschaften der meisten Länder der Erde immer noch nicht verwirklicht. Immerhin ist in westlich-demokratischen Gesellschaften die *Munt*[5] eine längst vergessene historische Tatsache und die Gleichstellung der Frau in rechtlicher wie sozialer Hinsicht schon wegen der Veränderungen im Familienleben zur Notwendigkeit geworden.

---

4 Das Matriarchat ist eine Gesellschaftsform, in der die Frauen das herrschende Geschlecht sind und rechtlich wie sozial Vorrang vor den Männern haben.
5 Munt: die mittelalterliche Vormundschaft des Hausherrn über alle weiblichen Mitglieder seiner Familie.

Grundzüge des Familienrechts

Während die hergebrachte gesetzliche Regelung des Familienlebens im Bürgerlichen Gesetzbuch (BGB) von 1900 durch drei Grundsätze gekennzeichnet war – Vorherrschaft des Ehemannes[6], Festlegung der „Hausfrauenehe"[7], Dominanz einer bestimmten sozialen Gruppe[8] –, haben mehrere Reformen seitdem zu einer weitgehenden rechtlichen Gleichstellung beider Ehepartner geführt. Im Einzelnen lässt sich die Gleichstellung aufgliedern in:

- Die **besondere Stellung von Ehe und Familie** im Grundgesetz: Art. 6 GG stellt Ehe und Familie unter den besonderen Schutz der staatlichen Gemeinschaft (Abs. 1). Dies bedeutet, dass der Staat diese nicht nur vor Beeinträchtigungen von außen bewahren muss, er ist darüber hinaus verpflichtet, sie zu fördern – durch Maßnahmen wie steuerrechtliche Bevorzugung, Kindergeld, Erziehungsgeld und -urlaub sowie Anrechnung von Erziehungszeiten auf den Rentenanspruch.

  Den Eltern obliegt die Pflege und Erziehung der Kinder, worüber die staatliche Gemeinschaft wacht (Abs. 2); nur bei Versagen der Eltern oder gar direkter Gefährdung der Kinder („Verwahrlosung") darf der Staat Eltern und Kinder gegen deren Willen trennen. Allerdings hat der Staat nach Art. 7 GG einen eigenständigen Erziehungsauftrag und kann insofern den Schulbesuch der Kinder von den Eltern erzwingen.

- **Ehe und Scheidung:** Die Ehe ist eine grundsätzlich auf Lebenszeit bestimmte Gemeinschaft, die dadurch geschlossen wird, dass die Verlobten vor dem Standesbeamten gleichzeitig und persönlich ihren Willen zum Eingehen der ehelichen Gemeinschaft erklären. Ehehindernisse (wie enge Blutsverwandtschaft der Verlobten oder Bigamie) müssen vorher ausgeschlossen sein, die Ehegatten sollen (müssen aber nicht) einen gemeinsamen Namen führen.

  Wenn kein Ehevertrag vorliegt, der etwas anderes bestimmt, leben Eheleute im **Güterstand der Zugewinngemeinschaft**, was bedeutet, dass das vor der Eheschließung vorhandene wie auch das von jedem Einzelnen erwor-

---

6 So entschied z. B. früher bei Meinungsverschiedenheiten der Eltern ganz selbstverständlich der Ehemann und Vater über Wohnort und Wohnung der Familie, aber auch über die schulische Laufbahn der Kinder und über vermögensrechtliche Fragen.

7 Man ging grundsätzlich davon aus, dass der Ehemann durch seine Berufstätigkeit den Lebensunterhalt der Familie einbrachte, während die Ehefrau zu Hause für Mann und Kinder sorgte; selbst das Gleichberechtigungsgesetz von 1958 gestand der Ehefrau das Recht auf Berufstätigkeit nur zu, „soweit dies mit ihren Rechten und Pflichten in Ehe und Familie vereinbar ist" (§ 1356 BGB).

8 Nur die wohlhabende Bürgerschicht konnte im Kaiserreich vor 1914 diese Bestimmungen überhaupt verwirklichen: So sieht das alte BGB den „Ehemann als Verwalter und Nutznießer des Vermögens der Frau" – aber welche Frau brachte z. B. in der Arbeiterschicht schon Vermögen mit in die Ehe?

bene Vermögen der Eheleute prinzipiell auch das Eigentum des Einzelnen bleibt, jeder aber über sein gesamtes Vermögen nur mit Zustimmung des Ehepartners entscheiden darf; bei Scheidung wird der sogenannte Zugewinn errechnet und hälftig aufgeteilt (Zugewinnausgleich). Vereinbaren die Eheleute **Gütertrennung**, so werden sie vermögensrechtlich wie Unverheiratete behandelt, und bei einer Scheidung behält jeder sein Vermögen.

Scheidungsraten in Deutschland

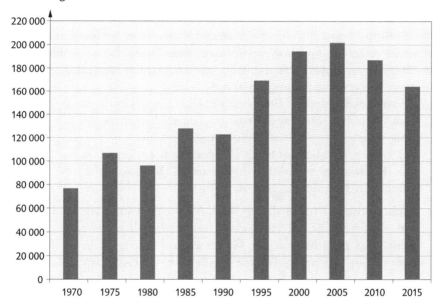

Bis 1990 beziehen sich die Daten auf das frühere Bundesgebiet.

Bis zum Inkrafttreten des zurzeit gültigen Scheidungsrechts am 1. Juli 1977 galt für Ehescheidungen grundsätzlich das **Schuldprinzip**, d. h. einer der Ehepartner wurde „schuldig" geschieden, weil er etwa einen Ehebruch oder sonstige schwere Verfehlungen begangen hatte. Waren sich die Eheleute einig über die Scheidung, musste einer von beiden die Schuld auf sich nehmen. Heute wird eine Scheidung ausschließlich nach dem **Zerrüttungsprinzip** ausgesprochen; das bedeutet, die beiden Ehegatten sind sicher, dass ihre Ehe unheilbar zerrüttet und ein Zusammenleben keinesfalls mehr möglich ist. Bei einvernehmlicher Scheidung geht man bereits bei einer einjährigen Trennung der häuslichen Lebensgemeinschaft von dieser Zerrüttung aus, will ein Ehepartner an der Ehe festhalten, beträgt die nötige Trennungszeit drei Jahre. Die sogenannten **Scheidungsfolgen** werden gleichzeitig mit der Trennung der Ehe vor dem Familiengericht verhandelt und betreffen neben der Entscheidung über die eventuelle elterliche Sorge vor allem die eventuelle **Unterhaltspflicht**[9] eines Ehegatten gegenüber dem anderen sowie den **Versorgungsausgleich**[10].

- Das **Verhältnis zwischen Eltern und Kindern:** Für **eheliche Kinder** üben beide Eltern bis zu deren Volljährigkeit die **elterliche Sorge** aus, die die persönliche Betreuung, die Sorge für das Vermögen des Kindes und dessen Vertretung in allen rechtlichen Angelegenheiten umfasst; nur das Vormundschaftsgericht kann bei schweren Verfehlungen der Eltern[11] dieses elterliche Sorgerecht einem der beiden Eltern oder beiden entziehen und einen anderen Vormund bestimmen. Jedes Kind hat gegenüber seinen Eltern einen **Unterhaltsanspruch**, der auch eine seinen Fähigkeiten angemessene Berufsausbildung umfasst.[12]

  Bei einer Scheidung der Eltern geht das Familiengericht heute grundsätzlich vom Weiterbestehen der gemeinsamen elterlichen Sorge aus, d. h. die Eltern einigen sich gütlich über die Wohnung, Ausbildung und sonstigen Belange des Kindes; lediglich im Streitfall oder wenn ein gemeinsames Sorgerecht dem Kindeswohl vermutlich nicht zuträglich wäre, weicht der Familienrichter von diesem Grundsatz ab.

- **Nichteheliche Kinder** sind in ihren Ansprüchen auf Pflege und Unterhalt den ehelichen seit Juli 1998 gleichgestellt; lediglich das elterliche Sorgerecht steht zunächst nur der Mutter zu, auf Antrag kann es aber beiden Elternteilen übertragen werden.[13] Auch im **Erbrecht** sind nichteheliche Kinder, die nach dem 1. April 1998 geboren wurden, den ehelichen vollkommen gleichgestellt. Zwischen dem 1. Juli 1949 und 31. März 1998 Geborene werden gemäß dem Erbrecht der ehemaligen zwei deutschen Staaten unterschiedlich behandelt:

---

9 Diese besteht, wenn eine „ehebedingte wirtschaftliche Abhängigkeit" eines Ehepartners vorhanden ist, also etwa ein Ehepartner gemeinsame minderjährige Kinder betreuen muss und deshalb keiner Erwerbstätigkeit nachgehen kann.
10 Die während der Ehe erzielten Anwartschaften auf Alters- und Invaliditätsversorgung (also Rente, Pension, private Lebensversicherung usw.) werden dadurch ausgeglichen, dass der Ehepartner mit den geringeren Anwartschaften die Hälfte des Überschusses des anderen erhält.
11 Vernachlässigung des körperlichen, geistigen oder seelischen Wohls des Kindes, in letzter Zeit immer wieder angesprochen etwa sexueller Missbrauch o. Ä.
12 So kann unter Umständen ein Gymnasiast seine Eltern auf Finanzierung seines Unterhalts bis zum Abitur oder gar bis zum Ende des Studiums verklagen, wenn diese ihm keinen höheren Bildungsabschluss zugestehen wollen, er aber entsprechende Fähigkeiten nachgewiesen hat.
13 Das Bundesverfassungsgericht hat in einem Urteil von 2003 den Gesetzgeber allerdings beauftragt, zu beobachten, ob nichtehelichen Kindsvätern, die mit dem Kind zusammenleben, von Seiten der Mutter regelmäßig dieser Antrag gewährt wird, um ihnen ggf. den Zugang zur gemeinsamen Sorge zu erleichtern.

Kinder in den alten Bundesländern haben lediglich einen Erbersatzanspruch, d. h., sie müssen nur wertgleich am Erbe beteiligt werden, haben aber keinen Anspruch auf einen entsprechenden Anteil etwa an einem Familienunternehmen oder an Immobilien.
Für Kinder in den neuen Bundesländern gilt dasselbe, wenn sie nach der Wiedervereinigung geboren sind; noch in der DDR Geborene sind gemäß deren damaligem Recht bereits den ehelichen vollkommen gleichgestellt.
Wer vor dem 1. Juli 1949 als nichteheliches Kind geboren wurde, hat keinerlei Erb- oder Pflichtteilsansprüche; hier kommt aus Gründen der Rechtssicherheit des Erblassers das in der Zeit vor dem Grundgesetz geltende Recht zur Anwendung.

- **Nichteheliche Lebensgemeinschaften:** Immer mehr Paare leben dauerhaft zusammen, ohne eine Ehe einzugehen. Rechtlich ist diese Lebensgemeinschaft jedoch fast nicht geregelt und der Ehe in keiner Weise gleichgestellt. So besteht z. B. keine wechselseitige Unterhaltspflicht, und beim Tod des einen Partners erbt der andere nur, wenn ein Testament vorhanden ist, und wird steuerlich wie ein völlig Fremder behandelt (zahlt also den höchsten Erbschaftssteuersatz). Auch bei Auflösung dieser Gemeinschaft bestehen grundsätzlich keine gegenseitigen Ansprüche etwa für Aufteilung gemeinsam angeschafften Eigentums, soweit nicht eine vertragliche Regelung getroffen wurde.
Allerdings behandeln einige Sozialgesetze solche Lebensgemeinschaften so, als wären die Partner einander unterhaltspflichtig (was sie rechtlich gesehen nicht sind!), und betrachten sie z. B. im Falle von Arbeitslosigkeit als Bedarfsgemeinschaft[14].
Als Folge der geänderten Einstellungen in der Gesellschaft beschloss die rot-grüne Mehrheit Anfang 2001 im Bundestag das **Lebenspartnerschaftsgesetz**, nach dem seit dem 1. August 2001 gleichgeschlechtliche Paare eine sogenannte „Eingetragene Partnerschaft" schließen können (im Volksmund „Homo-Ehe" genannt); eine Klage der damaligen Opposition wies das Bundesverfassungsgericht 2002 ab. Mitte 2017 ist die **Ehe** schließlich auch für **Homosexuelle geöffnet** worden: Seit dem 1. Oktober 2017 sind sie daher in rechtlicher Hinsicht heterosexuellen Paaren gleichgestellt. Die gleichgeschlechtliche Ehe ermöglicht es homosexuellen Paaren beispielsweise, Kinder zu adoptieren.

---

14 Vgl. die Bemerkungen zu den Folgen der Arbeitslosigkeit, S. 100 f.

Wandel der Moralvorstellungen aufgrund äußerer Einflüsse

Der zuletzt behandelte Punkt zeigt deutlich zwei Formen zwischenmenschlicher Kontakte auf, die im Laufe der Geschichte einem deutlichen Wandel der Moralvorstellungen unterworfen waren:

- **Gleichgeschlechtliche Beziehungen:** Im antiken Griechenland wurde eine das Geschlechtliche einschließende Beziehung zwischen einem Mann und einem Knaben *(Päderastie)* als für die Entwicklung des Jüngeren zuträglich angesehen. Besonders durch den Einfluss des Christentums, welches sexuelle Beziehungen nur zum Zweck der Fortpflanzung gestattet, unterlag die gleichgeschlechtliche Zuneigung jahrhundertelang einer gesellschaftlichen Tabuisierung, im Nationalsozialismus sogar der Kriminalisierung als „sexuelle Perversion". Die moderne Psychologie hat jedoch nachgewiesen, dass viele Menschen in ihrer Jugend eine gleichgeschlechtliche Phase erleben. In den USA veröffentlichte ein Wissenschaftler namens Kinsey in den 1960er-Jahren eine Untersuchung, nach der bis zu 16 % der Männer und ca. 3 % der Frauen Amerikas homosexuell seien. Die allgemeine Liberalisierung des Sexuallebens brachte auch hier eine größere Bereitschaft der Gesellschaft zur Toleranz mit dem Ergebnis, dass es in einigen Ländern, z. B. in Deutschland oder auch in den Niederlanden, gleichgeschlechtlichen Paaren bereits erlaubt ist, zu heiraten und Kinder zu adoptieren (vgl. oben).

- **Nichtehelicher Sexualverkehr:** Die Weltliteratur ist voll von Beispielen, die sich mit der „missbrauchten" Liebe eines Mädchens zu einem Mann beschäftigen, besonders mit der, die durch eine Schwangerschaft offenbar wurde. Bis in die jüngste Vergangenheit wurden – nicht nur im christlichen Kulturkreis – außereheliche sexuelle Beziehungen gesellschaftlich diskriminiert und lediglich im Rahmen der Prostitution in einer Tabuzone am Rande der Gesellschaft zugelassen. Frauen, die sich vor der Verehelichung einem Mann „hingaben", verfielen der allgemeinen Verachtung, Ehebrecherinnen einer strengen Strafverfolgung. Hintergrund dieses Denkens war vor allem die soziale Kontrolle zur Verhinderung illegitimen Nachwuchses; selbst im Tierreich trifft das männliche Tier teilweise die absurdesten Vorkehrungen, um sicherzustellen, dass der Nachwuchs wirklich aus seinem Samen entsteht – und je höher eine Gesellschaft Besitz und Erbfolge einschätzt, desto wichtiger wird ihr die Frage nach der Legitimität der Nachkommenschaft sein. Auch hier hat die gesellschaftliche Umwälzung der 60er-Jahre zumindest in der westlichen Welt verkrustete Strukturen aufgebrochen. Nach einer Phase des Umkippens in die entgegengesetzte Richtung bei einigen vor allem jungen Leuten (die in „Kommunen" zusammenlebten und ganz offen den Partnertausch propagierten) wurde das Zusammenleben ohne Trauschein („Probe-Ehe", nichteheliche Lebensgemeinschaft) gesellschaftlich akzeptiert. Dies hatte sicher nicht zuletzt darin einen gewichtigen Grund, dass mit der Antibabypille die Möglichkeit erheblich anstieg, unerwünschten unehelichen Nachwuchs zu verhindern. Heute, im Zeitalter des genetischen Vaterschaftsnachweises, entfällt die Notwendigkeit, unehelichen Sexualkontakt zu verhindern. Wo noch vor wenigen Jahrzehnten Eltern, die ihren Kindern im eigenen Heim Sexualkontakte erlaubten, der „Kuppelei" bezichtigt werden konnten und junge Mädchen ängstlich darauf achteten, dass der Freund sie nicht unter den Augen des Lehrers vor der Schule mit einem Kuss begrüßte, werden nun in Jugendzeitschriften offen Tipps zu sexuellen Erfahrungen gegeben, und die wenigsten Vermieter fragen nach einem Trauschein. Beliebiger Partnertausch *(Promiskuität)* hingegen ist nach wie vor in keiner Gesellschaft sittlich anerkannt.

Zusammenfassung: Recht und Sittlichkeit

Sittliche Normen beziehen sich auf einen erheblich größeren Bereich des menschlichen Lebens als das Recht, sind aber weniger zwingend **sanktioniert**.
Auch **Rechtsnorm** und **Rechtswirklichkeit** klaffen häufig auseinander. Zwei Beispiele sind der **Umweltschutz**, welcher heute gemäß dem **Prinzip Verantwortung** nach drei Prinzipien rechtlich geregelt ist, sowie **Familie und Partnerschaft**, wo das Verhältnis zwischen den Geschlechtern bzw. Eltern und Kindern heute völlig anders aussieht als noch vor 60 Jahren.
Moralvorstellungen ändern sich aufgrund äußerer Einflüsse.

4 Gerechtigkeit

4.1 Begriffsdefinition

Wenn man Schüler befragt, welche Eigenschaften eine Lehrkraft vorrangig haben sollte, wird mit am häufigsten genannt, ein Lehrer müsse gerecht sein. Trotzdem lassen sich Ungerechtigkeiten – z. B. bei der Notengebung – letztlich nicht vermeiden.[16] Warum ist es so schwer, seine Mitmenschen gerecht zu behandeln? Und wie definiert man überhaupt „Gerechtigkeit"?

Zunächst ist festzustellen, dass ideale Gerechtigkeit unter Menschen sicher nicht zu verwirklichen ist. Einerseits müssten wir alle Menschen in der gleichen Beziehung völlig gleich behandeln; zum anderen wünscht sich aber jeder, dass in seinem speziellen Fall die jeweils spezifisch auf ihn zutreffenden Umstände berücksichtigt werden – er also eben nicht mit anderen über einen Kamm geschoren wird.

Einen weiteren Aspekt spricht Thomas von Aquin an mit dem Satz „Gerechtigkeit ohne Barmherzigkeit ist Grausamkeit". Wenn wir uns bei der Beurteilung einer Sache nur darum kümmern, was gerecht wäre, würde wieder die Betrachtung des Einzelfalls außen vor bleiben.

Was beide Punkte letztlich beinhalten ist der Unterschied zwischen der abstrakten, typisierenden und generalisierenden sogenannten **Normgerechtigkeit** und der konkreten, individualisierenden (Einzel-)**Fallgerechtigkeit**.

Grundlegend unterscheidet man:

- Die **Idee der Gerechtigkeit:** Sie bezieht sich auf eine Ordnung innerhalb einer Gesellschaft, kann als solche weiter untergliedert werden und schlägt sich als **strukturelle Gerechtigkeit** dieser Gesellschaft in rechtlichen Normen nieder.
- Die **subjektive oder personale Gerechtigkeit:** Sie betrifft das Bemühen des Menschen um die Verwirklichung dieser Idee und ist dadurch gekennzeichnet, dass der Einzelne darauf verzichtet, andere zu übervorteilen. Dies gilt natürlich vor allem für den Stärkeren, den Mächtigen in der Gesellschaft, der darauf verzichtet, seine Vorteile zum eigenen Nutzen auszuspielen.

---

16 Vgl. das zweite Beispiel zum Rechtsempfinden auf S. 1.

4.2 Gerechtigkeit als Tugend

Im subjektiven Sinn ist Gerechtigkeit eine menschliche Tugend, also eine ethische Gesinnung, aus der heraus der Mensch denkt und handelt. Für Platon ist sie unter den vier **Kardinaltugenden**[17] die wichtigste: Die **Besonnenheit** stellt Begierden und Triebe unter die Leitung der Vernunft, die **Tapferkeit** ordnet der Vernunft das Lustempfinden und den Willen unter, die **Weisheit** schließlich regiert die Vernunft selbst, die *Gerechtigkeit* aber fasst alle Tugenden zusammen und orientiert sie auf das sittlich Gebotene hin; sie ist die Rationalität des Menschen selbst, sie strukturiert und ordnet alle Beziehungen.

Für **Augustinus** ist Gerechtigkeit *(iustitia)* neben Voraussicht *(providentia)*, Mäßigkeit *(temperantia)*, Tapferkeit *(fortitudo)* und wahrer Frömmigkeit *(vera pietas* – wahre Verehrung des wahren Gottes) Teil der wahren Tugend und Trefflichkeit *(vera virtus)*, denen er noch zwei weitere „Güter des Geistes" hinzufügt: Klugheit *(prudentia)*, die wachsam Güter von Übeln unterscheidet und Irrtümer über das, was zu erstreben bzw. zu meiden ist, verhindert, und Weisheit *(sapientia)*, welche den Willen hervorbringt, Dinge klug zu unterscheiden, tapfer zu ertragen, maßvoll zu beschränken und gerecht zu verteilen. Über diesen Tugenden aber stehen für Augustinus und in seiner Nachfolge für die gesamte scholastische Sittenlehre die christlichen Tugenden **Glaube, Liebe, Hoffnung**, welche erst die platonischen Tugenden – also auch die Gerechtigkeit – ermöglichen und den Menschen zum sittlichen Handeln befähigen.

4.3 Allgemeine Systematik der Gerechtigkeitstheorien

Die Geschichte der Philosophie ist auch eine Geschichte der Theorie der Gerechtigkeit: Da jeder Philosoph über den Sinn menschlichen Daseins nachdenkt, beschäftigt er sich automatisch mit dem Zusammenleben der Menschen in Gesellschaften – damit wird er zwangsläufig auf die Frage der Gerechtigkeit stoßen. Je nach dem grundlegenden Ansatz seiner Philosophie leitet er dann die Gerechtigkeit von verschiedenen Ordnungskriterien her.

Die antiken Philosophen (Platon, Aristoteles u. a.) sahen den Menschen in eine vorhandene Ordnung der Natur gestellt und orientierten ihre Theorie der Gerechtigkeit am **Naturbegriff**. Die nachfolgende christliche Philosophie (Augustinus u. a.) sah den Ursprung der Gerechtigkeit wie aller menschlichen Bezüge selbstverständlich in **Gott**. Mit der Aufklärung (neben vielen anderen

---

17 Von lat. *cardinalis:* wichtig, hauptsächlich; die Grund- oder Haupttugenden, die alle übrigen Tugenden in sich schließen.

Kant) entstand die Haltung, die **Vernunft** als Grundlage allen Denkens zu sehen, während im angelsächsischen Kulturkreis auch die **Natur des Menschen** (Adam Smith u. a.) als prägendes Element zwischenmenschlicher Beziehungen galt. In neuerer Zeit wird die Theorie der Gerechtigkeit auch lediglich an **Verfahrensweisen** festgemacht (John Rawls u. a.); man nennt sie „prozedurale Gerechtigkeitstheorien".

4.4 Philosophische Gerechtigkeitstheorien

Platon

Auch Gerechtigkeit ist eine jener Ideen, die beim Menschen als Abbild in seiner Seele vorhanden sind und als Maßstab für sein tägliches Handeln dienen. Bei Platon (428/427–348/347 v. Chr.) ist die Idee der Gerechtigkeit untrennbar verbunden mit ihrer propagierten Umsetzung: dem idealen Staat.[18] In ihm verbinden sich die Kardinaltugenden, die der Philosoph jeweils einem Seelenteil zuordnet, mit den jeweiligen gesellschaftlichen Ständen, dominiert von der Gerechtigkeit als übergreifender und allumfassender Tugend.

Dabei weist Platon mehrfach darauf hin, dass die Güterordnung – also die Verteilung der Ressourcen dieser Erde – zwar eine Sache der Gerechtigkeit wäre, das eigentliche Problem der Gerechtigkeit aber erst beginne, wenn man nicht die äußeren, sondern die seelischen Güter betrachte. Gerechte Verhältnisse herstellen heißt für ihn vor allem, die wahre Zumessung des Wünschenswerten, also die Verhältnisse der Seelenordnung der Menschen gerecht zu gestalten. Hintergrund dieser Äußerung ist, dass Platon das Erstreben der äußeren Güter des Lebens (Reichtum, Ansehen usw.) als minderwertig ansieht gegenüber dem Streben nach Weisheit und philosophischer Erkenntnis des wahren Guten (der Ideen). Wenn also Politiker das Gute für den Menschen allgemein, das **Allgemeinwohl**, erstreben, so müssen sie den Menschen Erziehung *(paideia)* zukommen lassen, ihnen das Streben nach dem wirklich Erstrebenswerten, der Ausbildung der Seelenkräfte beibringen. Deswegen wird im idealen Staat, den die Philosophen führen, auch Gerechtigkeit herrschen.

Solange dies nicht Wirklichkeit geworden ist, soll wenigstens die zweitbeste aller Herrschaftsmöglichkeiten vorhanden sein: die Herrschaft der Gesetze

---

18 Platon geht davon aus, dass nur diejenigen einen Staat gerecht und gut lenken können, die zur Erkenntnis des Guten gelangt sind, nämlich die Philosophen. Diese sollen in einem strengen Auswahlverfahren nach ihrer Befähigung aus allen Bürgern eines Staates ausgewählt werden und einen langen Bildungsweg (bis über das 40. Lebensjahr hinaus) durchlaufen, um schließlich als Philosophen-Könige zu herrschen. Die anderen Menschen werden je nach ihren Fähigkeiten in die anderen Stände eingewiesen.

(Nomokratie); wenn schon nicht die Idee des Guten Gesetz werden kann, so sollen wenigstens Gesetze herrschen, die das Allgemeinwohl als Ziel festlegen und alle Bürger binden.

	Gerechtigkeit alles umfassende Tugend	
vernünftige Seele *Logistikon* (Kopf) Sitz der Vernunft	Erkenntnis / Weisheit	**Lehrstand** Philosophen-Herrscher
wollende Seele *Thymoides* (Herz) Sitz des Mutes	Tapferkeit	**Wehrstand** Wächter Hüter
begehrende Seele *Epithymetikon* (Bauch) Sitz des Begehrens	Mäßigung	**Nährstand** Erwerbstätige Bauern / Handwerker
Seelenteil	**Tugend**	**Idealstaat**

Aristoteles

Unter den **ethischen Tugenden**[19] ist für Aristoteles (384–322 v. Chr.) die Gerechtigkeit die höchste, denn sie bildet die Grundlage des menschlichen Zusammenlebens. Während alle anderen Tugenden sich am Einzelmenschen orientieren, bezieht die Gerechtigkeit als Einzige bei der Festlegung der Mitte zwischen den Extremen (hier: zwischen Unrecht tun und Unrecht leiden) andere Menschen mit ein. Sie ist in dieser Hinsicht die vollkommene Tugend und schließt jede andere in sich ein, denn sie bringt die Glückseligkeit der staatlichen Gemeinschaft hervor und erhält diese auch. Durch die Gerechtigkeit führt Ethik direkt zur Politik, der dem Menschen ureigensten Lebenshaltung; andererseits bindet sie aber auch umgekehrt die Politik an diese.

Aristoteles unterscheidet bereits mehrere Formen der Gerechtigkeit: Zunächst sind zu unterscheiden die allgemeine Gerechtigkeit *(iustitia universalis)* bzw. legale Gerechtigkeit *(iustitia legalis),* die die Verpflichtung des Einzelnen

---

19 Aristoteles geht davon aus, dass die menschliche Seele einen vernunftbegabten, rationalen *(logos)* sowie einen nicht rationalen, vernunftlosen *(thymos)* Seelenteil besitze; der Erstere bildet intellektuelle, *dianoethische* Tugenden aus (Kunst, Wissenschaft, Klugheit, Weisheit, Geist), der Letztere formt mit den *ethischen* Tugenden (Gerechtigkeit, Besonnenheit, Weisheit, Tapferkeit sowie die bürgerlichen Tugenden der *Mesotes,* der Einhaltung der Mitte zwischen den Extremen) den Charakter des Menschen.

gegenüber Gesellschaft und Staat zu Gehorsam und zur Ausrichtung aller Handlungen auf das Gemeinwohl umfasst, von der besonderen Gerechtigkeit *(iustitia particularis)*, die den Einzelnen von anderer Seite her betrifft. Die *iustitia particularis* enthält die austeilende Gerechtigkeit *(iustitia distributiva)* und die ausgleichende Gerechtigkeit *(iustitia retributiva)*. Diese ist erneut unterteilt in Tauschgerechtigkeit *(iustitia commutativa)*, Wiedergutmachungsgerechtigkeit *(iustitia restitutiva)* und Strafgerechtigkeit *(iustitia vindicativa)*.

Verwirklicht ist die Gerechtigkeit nach Aristoteles in dem Gemeinwesen, in dem alle Glieder der Gemeinschaft die Glückseligkeit *(eudaimonia)* erreichen.

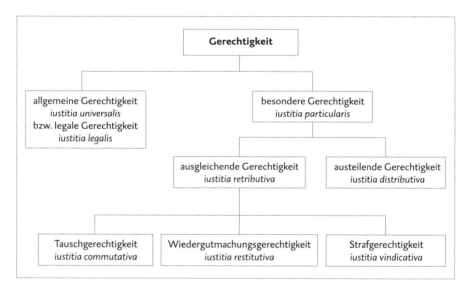

Augustinus

Der Weg des Einzelmenschen zum *summum bonum* (dem höchsten Gut, also dem Eingehen der Seele in Gott) geht bei Augustinus (354–430) über die *virtus*, die Trefflichkeit des Geistes, welche man nicht durch Herrschaft, Ruhm und Ansehen in der Welt erlangt, sondern nur durch Streben nach Gott als alleiniger Quelle der Seligkeit *(fons beatitudinis)*. Erfahrungsgemäß schaffen es die Menschen nicht, zugunsten des *summum bonum* auf das Streben nach menschlichem Lob und irdischem Ruhm zu verzichten; deshalb sollte diese Begierde wenigstens von der Liebe zur Gerechtigkeit *(dilectio iustitiae)* überragt werden, um das wahrhaft Gute und Rechte auf Erden so weit wie möglich zu verwirklichen. Im staatlichen Bereich schlägt sich der Gedanke, dass der Mensch durch göttliche Offenbarung zur Teilhabe am höchsten Gut gelangen könne, was die Gerechtigkeit betrifft, nieder im Gedanken der **Theodizee**[20], dem Versuch einer Rechtfertigung Gottes angesichts des alltäglich zu erlebenden Bösen in der Welt: Das Böse ist für Augustinus ein bloßer „Mangel an Gutem"; Gott könnte es zwar beseitigen, denn er ist allmächtig, aber er lässt es zu aus Respekt vor der Freiheit des Menschen, sich für das Gute zu entscheiden. Frieden unter den Menschen ist nicht das Ergebnis von Machtandrohung oder Befehl, sondern eine direkte Folge der Gerechtigkeit. Die Verwirklichung der Gerechtigkeit in der menschlichen Gesellschaft ist der Sieg über das Böse auf dem Weg hin zum Guten, zu Gott.

Aurelius Augustinus

Immanuel Kant

Für Immanuel Kant (1724–1804) ist Gerechtigkeit die Grundlage des sittlich-moralischen Handelns und des vernünftigen Zusammenlebens in der staatlichen Gemeinschaft. Sie ist ein essenzielles Ordnungsprinzip, ohne das der Mensch als höheres Wesen wertlos wäre. Das im **kategorischen Imperativ**[21] formulierte **Sittengesetz** bedingt und garantiert gerechtes Handeln und gerechte staatliche Ordnung. Grundlegend geht Kant von der Würde der menschlichen Person aus, die im Verhältnis zu ihren Mitmenschen einen Anspruch auf Freiheit hat. Diese Freiheit unterscheidet er in **Freiheit der Willkür**, also solcher, sich auf eigenen Wegen Glück zu suchen, und **Freiheit des Willens** – der, sich selbst ein Gesetz zu sein. Diese Freiheit bedingt Gerechtigkeit als Prinzip der Sicherung des Rechts auf Freiheit: Die Freiheit der Willkür ist prinzipiell gegeben, solange sie nicht mit den allgemeinen Regeln des vernünftigen Zusammenlebens in Konflikt gerät. Gleichzeitig bedingt Gerechtigkeit die Gleichheit aller wegen der strengen Allgemeinheit der Gesetze. Gerechte Urteile müssen jeder Veränderung der Zeitverhältnisse standhalten; deshalb dürfen sie auch nicht (etwa durch Begnadigung) aufgehoben werden.

Adam Smith

Adam Smith (1723–1790) geht davon aus, dass die Natur des Menschen geprägt sei von **Sympathie**. Darunter versteht er aber nicht eine durchgängig

---

20 Von Griechisch *theos:* Gott und *dike:* Gerechtigkeit; der Begriff wurde zwar erst von Leibniz 1710 in die Philosophie eingeführt, trifft aber in einer seiner Bedeutungen für Augustinus zu.
21 „Handle so, dass die Maxime (subjektive Verhaltensregel) deines Willens jederzeit zugleich als Prinzip einer allgemeinen Gesetzgebung gelten könne!"

positive, wohlwollende Einstellung gegenüber jeder anderen Person. Sympathie ist vielmehr Ausfluss des Vorstellungsvermögens, wenn wir uns wie ein Zuschauer ein Bild von den Empfindungen eines Handelnden oder Betroffenen machen. Der Mensch reagiert gefühlsmäßig auf die Affekte anderer, ist also kein rein egoistisch auf sich selbst ausgerichtetes Wesen wie bei Hobbes. Gerechtigkeit will Smith verwirklichen, indem er das zu seiner Zeit noch allgemein übliche Wirtschaftssystem des Merkantilismus[22] angreift und darauf hinweist, dass das Volkseinkommen und die Produktivitätssteigerung eine bessere Grundlage zur Bewertung des Reichtums eines Landes seien. Nicht wo Eigennutz zur Beschränkung der Möglichkeiten der anderen führt, sondern wo jeder uneingeschränkt seinen Interessen nachgehen kann, wird volkswirtschaftlich das Beste erreicht. Deshalb plädiert Smith nachdrücklich für **Wirtschaftsliberalismus**, wobei nach seiner Ansicht das Streben des Menschen nach Eigennutz zu einem Aufschwung von Arbeitsteilung und Handel führen muss.

Utilitarismus

Ausgehend von dem Ziel, das größtmögliche Glück der größtmöglichen Zahl zu verwirklichen, setzt der Utilitarismus als Prüfkriterium für Gerechtigkeit den Gesichtspunkt der Nützlichkeit. Dies bedeutet, dass keine allgemeingültigen Normen aufgestellt werden können, sondern der Handelnde sich in jeder Situation überlegen muss, wie er dem Ziel des allgemeinen Wohls am besten nützt.[23] Das generelle Gebot, stets die größtmögliche Zahl zu beglücken, lässt im Utilitarismus allerdings die Benachteiligung von Minderheiten ethisch zu.

John Rawls

John Rawls (1921–2002) war Professor für Philosophie an der Harvard-Universität. Er wurde geprägt vom liberalen Politikverständnis, also dem Bestreben, jedem Menschen so viel Entscheidungsfreiheit wie möglich zu gewähren. In seiner Gerechtigkeitstheorie greift er zurück auf einen Urzustand (*original position*), in dem alle Menschen eine **faire Haltung** einnehmen, d. h., jeder Mensch verfolgt rational und frei sein eigenes Interesse, billigt dieses Recht der Interessenverfolgung den anderen ebenso zu und akzeptiert soziale und wirt-

---

22 Der Merkantilismus ist die für den *Absolutismus* typische Wirtschaftsform, bei der ein Staat versucht, durch möglichst lukrativen Export von Fertigwaren oder gar durch Monopolhandel möglichst viele Devisen ins Land zu holen, also eine aktive Handelsbilanz zu erlangen. Rohstoffexport wird verboten, die Grundversorgung der arbeitenden Bevölkerung subventioniert, das Manufakturwesen ausgebaut, um möglichst rentabel produzieren zu können.
23 Sogenannter *Handlungsutilitarismus;* demgegenüber leitet der *Regelutilitarismus* aus dem Nützlichkeitsprinzip allgemeine Regeln ab.

schaftliche Ungleichheiten nur dann, wenn alle und insbesondere die schwächsten Mitglieder der Gesellschaft Nutzen daraus ziehen. In diesem Urzustand findet eine fiktive Wahl der politischen Verfassung statt unter der Prämisse eines **Schleiers der Unwissenheit**, was bedeutet, dass kein Mensch zum Zeitpunkt dieser Wahl weiß, welche soziale Stellung (Status, Vermögen usw.) und welche Begabungen (Intelligenz, Körperkraft usw.) er haben wird. Aus dieser Wahl soll eine Gesellschaftsordnung hervorgehen, in der die von allen zu befolgenden Gerechtigkeitsgrundsätze auch von allen akzeptiert werden können. Nach dem sogenannten **Differenzprinzip** wird jeder – da er realistisch gesehen damit rechnen muss, als einer der Mehrheit der wirtschaftlich schlechter Gestellten zu enden – damit einverstanden sein, das Einkommen der sozial schwächsten Gruppe anzuheben. Die Ergebnisse gesamtgesellschaftlicher Produktion leitet Rawls dabei nicht von Intelligenz und Leistung der einzelnen Mitglieder – die er nicht als Verdienst, sondern als zufällige Verteilung der Natur ansieht –, sondern von **gesamtgesellschaftlicher Kooperation** her. Gerechtigkeit herrscht dann, wenn in erster Linie die Grundfreiheiten der modernen Demokratie verwirklicht sind und dann in zweiter Linie faire Chancengleichheit geschaffen wird durch gerechte Verteilung von Einkommen und Vermögen sowie Macht und Verantwortung.

Problematisch an Rawls' Theorie ist neben der Konstruktion eines fiktiven Urzustandes der Unwissenheit, in dem die Menschen grundsätzlich jedes Risiko zu vermeiden suchen, das Differenzprinzip, welches in der Anhebung der sozial am schlechtesten Gestellten grundsätzlich auch die Faulen mit begünstigen würde, aber auch die Tatsache, dass sich seine Theorie allein am Kriterium des Einkommens ausrichtet; die moderne Problematik der Arbeitslosigkeit – vor allem deren psychologische Folgen – berücksichtigt sie nicht.

Zusammenfassung: Gerechtigkeit

Gerechtigkeit definiert sich durch die **generalisierende Normgerechtigkeit** bzw. die **individualisierende (Einzel-) Fallgerechtigkeit**.
Bei allen Philosophen wird sie als höchste Tugend des Menschen angesehen; für **Platon** umfasst sie alle Seelenteile, **Aristoteles** sieht sie als höchste der ethischen, also Charaktertugenden, bei **Augustinus** erlaubt sie die bestmögliche Annäherung an das *summum bonum*. **Immanuel Kant** fordert Gerechtigkeit als Grundlage des vernünftigen Zusammenlebens im Staat, **Adam Smith** baut auf den Wirtschaftsliberalismus zu ihrer Verwirklichung, während **John Rawls** sie in gesamtgesellschaftlicher Kooperation nach dem Differenzprinzip erreichen will.

5 Der Maßstab der Gerechtigkeit

5.1 Austeilende und ausgleichende Gerechtigkeit

Den Kern unserer Vorstellungen von Gerechtigkeit stellt wohl die prinzipielle Gleichbehandlung aller dar; negativ ausgedrückt ist jede willkürliche Ungleichbehandlung verboten (Willkürverbot). Wann aber herrscht Gleichbehandlung?

Zunächst ist, ausgerichtet an der Lehre des Aristoteles von der Einteilung der Gerechtigkeit, zu unterscheiden zwischen absoluter und relativer Gleichheit. Die **absolute** Gleichheit (bei Aristoteles heißt sie *arithmetische,* also unterschiedslose) kann man bei Gütern feststellen: Ware und Geld, Arbeit und Lohn, Schaden und Ersatz sollen die gleiche Wertigkeit besitzen, hier muss Tauschgerechtigkeit herrschen. Zugleich ist dies ein Gegenstand der ausgleichenden Gerechtigkeit *(iustitia retributiva)*, welche prinzipiell nur zwei Personen voraussetzt, die einander gleichgestellt gegenüberstehen. Selbstverständlich ist hiervon auch das Verhältnis von Tat-Unrecht und Strafe betroffen; nach dem uralten Talionsprinzip muss die Strafe einen Ausgleich für das begangene Unrecht darstellen, und auf gleiche Taten müssen gleiche Strafen folgen. Die Zuteilung dieser Strafe allerdings ist ein hoheitlicher Akt, der nicht von einem Gleichgestellten, sondern von einer übergeordneten Person ausgeführt wird.

Die austeilende Gerechtigkeit *(iustitia distributiva)* beurteilt die ihr Unterworfenen gemäß einer **relativen** (bei Aristoteles *geometrischen,* also verhältnismäßigen) Gleichheit: Rechte, Pflichten, staatliche Zuwendungen oder eben auch Strafen werden nach den Gesichtspunkten der Bedürftigkeit, Leistungsfähigkeit, Zurechnungsfähigkeit o. Ä. verteilt. Damit sind bei der austeilenden Gerechtigkeit immer mindestens drei Personen beteiligt, wobei eine den anderen gegenüber eine Entscheidungsgewalt hat.

Die **politische Gerechtigkeit** muss sich dabei stets am Gesichtspunkt der **Sachgerechtigkeit** ausrichten; die Gerechtigkeitsgrundsätze sind Direktiven für die Urteilskraft, nicht Prämissen für eine Deduktion. Unser Sprachgebrauch in ganz anderen Zusammenhängen („mundgerecht", „altersgerecht", „kunstgerecht" usw.) verweist auf das tiefer liegende Problem der **materialen Richtigkeit**, also das, was sachlich angemessen und gerechtfertigt ist.[24] Damit steht die Sachgerechtigkeit gleichsam fundierend vor der Gleichheitsgerechtigkeit; es muss zunächst entschieden werden, nach welchem Gleichheitsgrundsatz[25] man vorgehen sollte.

---

24 Vgl. dazu S. 37–39.
25 Vgl. dazu S. 39–42.

5.2 Gerechtigkeit im Randbereich der Gesetze

Milde

„Ich bitte um Milde" ist der Titel einer Reihe von karikierenden Darstellungen aus dem Gerichtswesen des Journalisten Klaus Schamberger in einer Nürnberger Zeitung. Milde als Begriff kommt im Rechtswesen nicht vor, es ist eher ein Begriff des allgemeinen Sprachgebrauchs. Aber man spricht durchaus von der Milde eines Richters und meint damit eine Haltung, die sich durch Toleranz, Mitgefühl und Verständnis auszeichnet. So kann der Richter „Milde walten lassen" bei der Festsetzung einer Strafe; andererseits hört man gelegentlich, ein Urteil sei „zu milde" ausgefallen.

Rechtlich festgelegt wiederum sind **Milderungsgründe** für die Beurteilung einer Straftat; das Geständnis ist einer der wichtigsten, aber auch die Haltung der tätigen Reue (z. B. der Versuch einer Wiedergutmachung). Wenn solche vorliegen, kann die Strafe geringer ausfallen, die Tat wird bei der Straffestsetzung nachsichtiger beurteilt. Im Volksmund heißt der Ausdruck „er hat mildernde Umstände gekriegt" allerdings eher, dass der Angeklagte das Gericht auf irgendeine Weise davon überzeugen konnte, dass er im Augenblick des Tathergangs nicht im Vollbesitz seiner geistigen Kräfte gewesen und folglich nicht voll zur Rechenschaft zu ziehen sei.

Billigkeit

Wenn wir sagen, etwas sei „recht und billig", so ist mit dem zweiten Adjektiv nicht etwa ein geringer Preis gemeint, sondern vielmehr, dass die Angelegenheit nach den allgemeinen Rechtsgrundsätzen angemessen erscheint: Es entspricht dem gesetzten Recht und gleichzeitig dem natürlichen Rechtsempfinden. Billigkeit betrifft die Beurteilung eines Rechtsfalls in seiner spezifischen Art nach dem natürlichen Gerechtigkeitsempfinden und ergänzt damit das positive Recht und seine möglichen Härten. Man spricht auch von der „Gerechtigkeit des Einzelfalls" als Gegensatz zu einem strengen und wegen seiner Allgemeinheit zu Ungerechtigkeit neigenden positiven Recht.

Bereits im Altertum wurde die **Epikie** (griech. „Billigkeit") als besondere Form des Umgangs mit Recht diskutiert. Während Platon sie für eine Schwächung der im Gesetz verwirklichten Gerechtigkeit hielt, sah Aristoteles in ihr die bessere Gerechtigkeit, weil sie im Unterschied zum allgemein gehaltenen Gesetz die „Natur der Dinge" berücksichtige. Thomas von Aquin hält Epikie für angemessen, wenn man bezüglich eines zweifelhaften Einzelfalls den Willen des Gesetzgebers nicht erfragen könne, Suárez sagt sogar, wenn ein Gesetz sich im Einzelfall als mangelhaft erweise – etwa etwas Unsittliches oder über die

Kräfte des Einzelnen Gehendes verlange –, sei es für den Betroffenen nicht verpflichtend. In der Folge wurde Epikie weitgehend als Interpretationsmöglichkeit des Gesetzes bezüglich des Einzelfalls verstanden. Im 16. Jahrhundert entstand in England die *equity*-Rechtsprechung durch besondere Gremien unter Vorsitz des königlichen Kanzlers, die sich vor allem durch das Fehlen einer *jury* (Geschworene) auszeichnete und z. B. Treuhandbeziehungen und ungesiegelte Verträge anerkannte.

Heute ist davon auszugehen, dass Epikie den Einzelnen vor die Verantwortung stellt zu beurteilen, ob ein Gesetz wirklich gegen das natürliche Rechtsempfinden verstößt; keinesfalls darf sie dazu benutzt werden, sich um egoistischer Vorteile willen am Buchstaben des Gesetzes vorbeizumogeln.

Gnade

Auch die Gnade stellt einen Sonderfall der Gerechtigkeit dar. Wer Gnade übt, bricht mit den Grundlagen des Rechts, indem er gesprochenes Recht außer Kraft und sich über positives Recht hinwegsetzt. Die Gnade setzt ethische oder religiöse Werte, wie die Barmherzigkeit, höher als den Wert der Rechtsnorm selbst.

In früheren Zeiten hatten Gepflogenheiten der Begnadigung etwas mit dem Glauben an das Eingreifen der höheren Macht zu tun; etwa musste der Verurteilte begnadigt werden, wenn der Strick riss, an dem er hängen sollte. Klöstern stand allgemein das Recht zu, alljährlich für eine Anzahl von Verurteilten das Recht der **Losbitte** anzuwenden, oder bei besonderen vaterländischen Ereignissen (und sei es nur die Krönung des neuen Herrschers) wurden üblicherweise Verurteilte begnadigt. In Zeiten, in denen der Vernunft hohes Gewicht beigemessen wurde, bekämpfte man das Begnadigungsrecht; Kant sah in der Gnade „unter allen Rechten des Souveräns das schlüpfrigste", weil sie

Zwei in Baden zum Galgen geführte Missetäter werden von der Gräfin von Montfort dem Henker „ab der Hand geschnitten".

z. B. die Rechtssicherheit untergräbt. Heutzutage ist Gnade längst nach Rechtsgrundsätzen erfasst und wird entsprechend zugeteilt; trotzdem hat sie etwas von dem behalten, was Radbruch „die unverhohlene Anerkennung der Fragwürdigkeit allen Rechts"[26] nennt.

5.3 Gerechtigkeitsformeln

- **Jedem gemäß seinem Rang:** Dies dürfte das älteste in Staaten angewendete Gerechtigkeitsprinzip sein. Es geht davon aus, dass die Menschen von Geburt nicht gleich sind und den herausgehobenen Personen eine andere (bessere) Behandlung angemessen sei als dem „gemeinen Volk". Dies ist die Gerechtigkeits-Konzeption der aristokratischen Gesellschaft, die den Stand eines Menschen als wichtigstes Kriterium für sein Ansehen als Rechtsperson ansieht. Selbst im Griechenland der klassischen Philosophie wird dieses Prinzip grundsätzlich angewandt: Sklaven hatten keine Rechte, Umwohner (in Athen „Metöken", in Sparta „Periöken") hatten Freiheitsrechte, aber kein Bürgerrecht; nur der männliche Vollbürger der Polis konnte das ganze Spektrum des Rechts für sich geltend machen. Über Jahrhunderte hinweg kam niemand auf die Idee, diese Formel der Gerechtigkeit anzuzweifeln. Im Mittelalter galt die gesellschaftliche Ordnung mit ihren Vorrechten für Standespersonen als gottgegeben, und bis in unser Jahrhundert galt zumindest in Deutschland der Spruch *Quod licet Iovi non licet bovi* – Was Jupiter erlaubt ist, steht dem Ochsen nicht zu.

- **Jedem gemäß seinen Verdiensten:** In der altchristlichen Vorstellung vom Jüngsten Gericht kommt eine Konzeption von Gerechtigkeit zum Tragen, die behauptet, der Herr werde die Seelen der Wiederauferstandenen danach beurteilen und richten, wie sie im irdischen Leben Gottes Gesetze beachtet und nach ihnen gelebt haben. Dies etwa entspricht der oben stehenden Formel. Die unterschiedlichen Voraussetzungen der Menschen werden nicht betrachtet, lediglich die Lebensführung ist ausschlaggebend für die Verweisung ins Paradies oder ins ewige Fegefeuer.
Gerecht kann diese Konzeption nur sein, wenn ein einheitlicher, allen bekannter und von allen akzeptierter Maßstab vorhanden ist, an dem das Handeln ausgerichtet werden kann. Wie aber könnte im modernen pluralistisch orientierten Leben ein solcher Maßstab aussehen? Wann hat sich jemand Verdienste erworben, welcher Art können diese sein und wer beurteilt sie?

---

26 Gustav Radbruch: Rechtsphilosophie, Heidelberg 1999, S. 163.

Gilt für die Unterscheidung der erworbenen Verdienste das Ergebnis menschlichen Handelns oder betrachtet man sie mit Kant unter dem Gesichtspunkt, dass der **gute Wille** als alleiniges Kriterium für die Beurteilung der menschlichen Handlungsweise gelten müsse? Anders gesagt: Muss mein verdienstvolles Handeln auch erfolgreich sein oder genügt es, wenn ich gute Absichten damit verbunden hatte? Dann könnte man die Formel abwandeln in die etwas modernere Form (die teilweise ebenfalls genannt wird):

Jedem nach seinem Einsatz: Nach dieser Vorgabe müsste ein Schüler, der für Fremdsprachen eher unbegabt, aber sehr fleißig ist, täglich stundenlang lernt, stets seine Vokabeln hervorragend beherrscht, mit Grammatik und deren Anwendung aber einfach nicht zurechtkommt, am Ende eine bessere Note erhalten als derjenige, dem Sprachenlernen leichtfällt, der sich das Buch nur kurz anschauen muss, mit seinem Sprachgefühl die meisten Schwierigkeiten locker meistert und die Sprache faktisch mit weniger Einsatz besser beherrscht.

Für die moderne demokratische Gesellschaft dürfte weder die alte Formel noch ihre Abwandlung die Gerechtigkeit verwirklichen.

- **Jedem gemäß seinen Werken:** Diese Idee der Gerechtigkeit vernachlässigt die Betrachtung moralischer Kriterien wie die gebrachten Opfer oder die gute Absicht und nimmt zur Grundlage der Beurteilung allein das Resultat einer Handlung oder eines Ablaufs. Diese Haltung deckt sich mit dem **Konsequenzprinzip des Utilitarismus**, der jede Handlung unter dem Aspekt betrachtet, welche Folgen sie ausgelöst hat (mit dem Ziel, das größtmögliche Glück der größtmöglichen Zahl zu verwirklichen).

Diese Konzeption von Gerechtigkeit hat den Vorteil, dass ihr Maßstab feststeht: Hat der Handelnde im Sinne der Gesellschaft positive Ergebnisse erzielt, steht ihm eine hohe Würdigung zu; dabei bleibt jedoch auch außer Acht, mit welchen Mitteln er dies erreicht hat. Bis zu einem gewissen Grad ist dieses Prinzip in unserem Schulsystem verwirklicht: Wer erfolgreich „gespickt" hat, ohne sich ertappen zu lassen, kann ohne solide Vorbereitung, also ohne echte Leistung in einer Prüfung sogar herausragende Ergebnisse erzielen. Inwiefern man dies wirklich als gerecht empfinden kann, sei dahingestellt.

Daneben vernachlässigt diese Gerechtigkeitsformel eine weitere Tatsache: Die wenigsten Handlungen sind in ihrem Ergebnis allein von den Fähigkeiten und Leistungen des Handelnden abhängig. In den meisten Fällen müssen die äußeren Umstände „stimmen", damit die Resultate befriedigend ausfallen. Im Falle unseres erfolgreichen Schwindler-Prüflings kann es z. B.

sehr leicht passieren, dass etwas gefragt wird, was auf seinem Spickzettel nicht enthalten ist oder gar, dass der Kamerad, von dem er abschreibt, einen falschen Lösungsweg geht. Abgewandelt bzw. modernisiert lautet diese Gerechtigkeitsformel gelegentlich:

Jedem nach seiner Leistung: Dieses Prinzip wird in der Marktwirtschaft sehr geschätzt. Dabei wird über den alten Satz hinaus sicher mehr als das bloße Ergebnis einer Handlung betrachtet.

Wie bei der alten Formel bleibt aber auch hier die Frage offen, wer berechtigt sein soll, Leistung und damit ja auch Zuteilung von Würdigungen bzw. Segnungen usw. zu beurteilen. Wer hat sich noch nie von seinem Lehrer oder Vorgesetzten in seiner Leistung unterschätzt empfunden?

- **Jedem gemäß seinen Bedürfnissen:** Diese Formel wollte der klassische Marxismus angewandt wissen: Ohne Ansehen von Person, Handlungen oder Verdiensten soll jeder Mensch das zugemessen bekommen, was er benötigt, um ein menschenwürdiges oder gar glückliches Leben zu führen. Natürlich entsteht im realen Leben die Frage, welche und wie viele Bedürfnisse man dem Einzelnen zugesteht und ob es der jeweiligen Gesellschaft aufgrund ihrer Ressourcen überhaupt möglich ist, diese zu befriedigen. Schon hier unterscheiden sich z. B. die Ansprüche an das Sozialsystem von „möglichst täglich eine halbwegs nahrhafte Mahlzeit" in afrikanischen Staaten bis zu dem, was der deutsche Staat dem Sozialhilfeempfänger als angemessene Lebensgrundlage zukommen lässt. Darüber hinausgehend fragt sich aber auch, ob bereits Gerechtigkeit herrscht, wenn jeder Mensch ein wie auch immer bestimmtes Existenzminimum hat; andererseits kann von den vorhandenen Ressourcen des Planeten Erde her nicht jedes Bedürfnis jedes Menschen erfüllt werden (bei 6 Milliarden Menschen kann nicht jede Familie ein Eigenheim mit Garten und wenigstens ein Kfz haben).

- **Jedem das Gleiche:** Auf den ersten Blick erscheint diese Konzeption von Gerechtigkeit die „gerechteste" zu sein, denn sie lässt jedem Wesen die gleiche Behandlung angedeihen ohne Betrachtung von Rang, Ansehen, Fähigkeiten, Anstrengungen oder Leistungen. In der alten Volkstradition ist das gerechteste Wesen der Tod, denn er trifft jeden Menschen gleich. Der moderne Staat hingegen ist weit entfernt von dieser Art Gerechtigkeit: Sozialleistungen werden nicht nach dem „Gießkannen-Prinzip" verteilt, die Einkommensteuer wird nach dem Prinzip der Progression eingezogen (wer viel verdient, zahlt einen höheren Prozentsatz seines Einkommens als Steuer), und sogar der Strafrichter muss die Vorgeschichte und näheren Umstände der Tat wie des Täters in Betracht ziehen, ehe er ein Strafmaß zuweist.

- **Jedem gemäß dem ihm durch das Gesetz Zugeteilte:** Im juristischen Sinne kann man das jedem Einzelnen Zukommende nur bestimmen, wenn man die positiven Gesetze zur Grundlage nimmt und also Recht spricht nach dem, was im Gesetz steht. Der Richter steht dann nicht mehr über dem Gesetz, Gerechtigkeit ist, was der Gesetzgeber bestimmt. Diese Formel wendet der Rechtspositivismus an und gibt damit die Verfügung über die Definition der Gerechtigkeit wieder in die Hände der Machthaber.

chtigkeit 1 -
schen Grundsatzes *suum cuique* – „**Jedem das Seine**" gesehen, der einen Richter dann als gerecht ansah, wenn er in der gleichen Situation die gleichen Gesetze anwendete *(in paribus paria iure)*. Heute sieht man diesen Satz vielfach als eine Art „Überformel" zur Gerechtigkeit, weil all die anderen Sätze darin wiedergefunden werden können.

Natürlich wäre die Vorstellung von gerechter Behandlung am besten verwirklicht, wenn jeder das bekäme, was ihm unter Betrachtung aller seiner Voraussetzungen und Umfeldbedingungen in Relation zu allen anderen zustünde. Auch hier bleibt jedoch stets das Problem zu lösen, wer mit welcher Befugnis dies beurteilen und auch zuteilen soll. Am ehesten ist wohl doch der alte Grundsatz der Rechtswissenschaft anzuwenden: „Gerechtigkeit gebietet, die **Gleichen gleich**, die **Verschiedenen nach Maßgabe ihrer Verschiedenheit verschieden** zu behandeln."[27]

Zusammenfassung: Der Maßstab der Gerechtigkeit

Es wird zwischen **absoluter** und **relativer Gerechtigkeit, Sachgerechtigkeit** und **materialer Gerechtigkeit** unterschieden.
Im Randbereich der Gerechtigkeit stehen **Milde, Billigkeit** und **Gnade**.
Formeln zur Gerechtigkeit lassen sich sinnvoller Weise zusammenfassen in der Forderung, die **Gleichen gleich, die Verschiedenen nach Maßgabe ihrer Verschiedenheit verschieden** zu behandeln.

---

27   Gustav Radbruch: Rechtsphilosophie, Heidelberg 1999, S. 54.

6 Die Verwirklichung von Gerechtigkeit im Staat

6.1 Staatstheorien

Thomas Hobbes

Thomas Hobbes' (1588–1679) Staatsphilosophie ist geprägt von seinem Menschenbild, bei dem er ganz im Sinne seiner Zeit an naturwissenschaftliche Gegebenheiten anknüpft: Hobbes erfasst die Natur des Menschen *more geometrico* (nach Art der Geometrie), d. h., er überträgt naturwissenschaftliche und mathematische Erkenntnisse auf Ethik, Politik und Recht. Begründet hat er dies damit, dass Leidenschaften und Affekte den Menschen am logischen Denken hindern. Dazu nimmt er zwei grundlegende Reduktionen vor, die er als Axiome setzt:

Thomas Hobbes

- Der Mensch besitzt **keine Willensfreiheit**. Begründen kann Hobbes diese Behauptung zum einen durch die angenommene Allmacht Gottes, der einer eigenständigen Entscheidung des Menschen keinen Raum lassen kann; zum anderen behauptet er, das Universum könne nicht zufällig sein, sondern müsse einen Sinn, ein ihm innewohnendes Ziel besitzen, an dem gemessen der einzelne Mensch keinen freien Willen haben darf.

- Alle Handlungen des Menschen sind zurückzuführen auf seinen Grundantrieb: den **Willen zur Selbsterhaltung**. Der Mensch ist ein Wesen, das von seinen physischen und psychischen Trieben bestimmt wird, die Hobbes voneinander ableitet: Bewegungen der Seele bedingen Reaktionen des Körpers und umgekehrt.

Was in diesem Menschenbild fehlt, ist jede Form von Transzendenz: Hobbes' Menschen leben nur im Diesseits, auch ethisches Handeln ist animalisch zu erklären. Aus dem englischen Bürgerkrieg, den er eingehend erlebt und erlitten hat, zieht Hobbes den Schluss, dass es nicht eine ewige Wahrheit gebe, sondern nur mehrere Ideologien; daraus folgert er, dass man nicht nach Wahrheit, sondern besser nach Frieden streben solle.

Hobbes ist der Begründer einer Lehre vom Naturzustand des Menschen (vorher war die Philosophie stets vom Eingebundensein des Einzelnen in die soziale Gemeinschaft ausgegangen), und bei ihm ist dieser Naturzustand jener der Furcht, des Ausgeliefertseins und damit auch des individuellen Egoismus.

In logischer Konsequenz kann Hobbes in seiner Rechtslehre nur die das Chaos bändigende, den menschlichen Wolf (*homo homini lupus* – Der Mensch ist dem Menschen gegenüber ein Wolf – ist seine Charakteristik) in seine Schranken weisende Funktion des Rechts betonen – die Bestie Mensch lebt im Käfig des Rechts, ist damit aber auch selbst sicher vor den anderen Bestien.

Titelbild des Buches „Der Leviathan" von Thomas Hobbes, 1651

In seiner Staatslehre, die in seinem Hauptwerk „Leviathan" gipfelt, geht Hobbes von einem **Unterwerfungsvertrag** aus, den die Menschen mit dem Herrscher abschließen, um das *bellum omnium contra omnes* – den Krieg aller gegen alle – zu beenden. Würde das Volk diesen Herrschaftsvertrag brechen (ein Bruch durch den Herrscher ist nicht denkbar), so fielen die schutzlos gewordenen Individuen sofort in Anarchie und Chaos zurück. Damit hat der Herrscher absolute Macht, es gibt keine ihm entgegenstehenden Rechte.

Im Leviathan schließlich wird dieser Staat als künstlicher Mensch dargestellt, geschaffen, um den natürlichen Menschen zu schützen und zu verteidigen. In der bildlichen Darstellung ist dieser aber aus lauter Einzelmenschen zusammengesetzt – jeder schließt genau genommen mit sich selbst den Herrschaftsvertrag ab, der Wille aller stimmt mit dem des Herrschers überein. Freiheit des autonomen Subjekts gibt es nach Hobbes' Lehre nur in der Privatsphäre als ökonomische Handlungsfähigkeit.

John Locke

Ausgehend von seiner Grundannahme, der Geist des Menschen sei bei dessen Geburt *a white paper*, also leer, kommt Locke (1632–1704) zu dem Schluss, dass die Wahrnehmung den Verstand und den Willen in Gang setze und zu logischen Schlüssen führe. Die unterschiedlichen Lebensumfelder, in denen Menschen aufwachsen, erklären die Unterschiede der Kulturen. Da auch keine moralischen Werte angeboren sind, ist der Mensch prinzipiell frei und sollte im Denken und Glauben nicht beeinflusst werden.

Zentrales Merkmal menschlicher Vernunft ist für Locke das Eigentum: Im Urzustand waren alle Menschen gleich, Gott hat ihnen die Erde gemeinsam gegeben und ihnen die Aufgabe gestellt, sie zu bearbeiten; die Zugehörigkeit zur biologischen Gattung Mensch genügt für die Begründung der Gleichheit. Nun waren aber einige „Gottesfürchtige" vernünftiger und fleißiger als andere, und so erwarben sie sich bereits im Urzustand mehr Güter als jene. Die Erfindung des Geldes gab den Menschen die Gelegenheit, Reichtümer auch anzuhäufen. Die für Locke verständliche, nachvollziehbare Sorge um dieses rechtmäßig erworbene Eigentum zwingt die Menschen, die im Naturzustand (im Unterschied zu Hobbes' Theorie) in harmonischer Koexistenz zusammenlebten, schließlich dazu, eine **Gemeinschaft** zu bilden, in der es Gesetze gibt, an die sich alle halten müssen, Richter, die über Konflikte entscheiden, und Macht zur Durchsetzung der Richtersprüche.

Die Einrichtung der **Legislative** ist für Locke der grundlegende Akt der Gesellschaft und besitzt höchstes Ansehen und größte Autorität; allerdings hat auch sie keine absolute Macht, soll weder ständig tagen noch ihre eigenen Gesetze in die Praxis umsetzen; es bedarf einer **exekutiven Gewalt** zur Ausführung der Gesetze und daneben, wenn auch personell mit ihr verknüpfbar, einer **föderativen Gewalt**, welche die Interessen der Öffentlichkeit nach außen hin leitet. Diese beiden Gewalten sind der Legislative unterstellt und können von dieser abgesetzt werden; sobald eine der Gewalten das Naturrecht *(law of nature)* bricht oder nicht mehr in der Lage ist, Leben, Freiheit und Eigentum der Bürger zu sichern, hat das Volk ein Recht auf Widerstand und darf diese absetzen.

John Locke

Der wesentliche Fortschritt von Lockes Theorie zu allen vorhergehenden besteht darin, dass die Gesellschaft als eigenes Organisationsfeld unabhängig vom Staat betrachtet wird. Sie besitzt ein ökonomisches und soziales Eigengewicht und stellt die eigentlich staatstragende Basis. Natürlich ist es auch eine Theorie des besitzenden Bürgertums gegen die Ansprüche des Feudaladels und besonders des absolutistischen Königtums.

Montesquieu (Charles Louis de Secondat)

Als Abkömmling des französischen Amts- wie auch des Schwertadels hat Montesquieu (1689–1755) diesen Stand zeitlebens als unabhängige Zwischengewalt zur Verhinderung eines Abgleitens der Monarchie in Despotie und der Republik in Pöbelherrschaft verteidigt. Die materielle Welt ist für ihn ein Räderwerk, dessen Gesetze durch methodische Zweifel zu ergründen sind, sein Geschichtsbild kommt ohne Gott aus; trotzdem geschieht für ihn nichts durch Zufall, sondern jedes Ereignis hat seine ergründbare Notwendigkeit.

Für Gesetze gibt es in den Augen Montesquieus einen Maßstab der Gerechtigkeit, ein Urbild, nach dem positive Gesetze geformt werden. Sein Denken vom Naturrecht ist nicht normativ, er versucht vielmehr, die soziale Welt zu verstehen und zu erklären.

In seiner Staatslehre geht Montesquieu von der englischen Monarchie als vorbildlichem Staatswesen aus. Generell unterscheidet er drei Staatsformen: Monarchie, Republik – als Aristokratie oder Demokratie denkbar – oder Despotie; diesen ist jeweils ein leitendes Prinzip zugeordnet: Ehrgeiz oder Ehre, Mäßigung bzw. Tugend und Furcht. Freiheit kann nur in einer **guten Staatsform** herrschen, nicht in der Despotie; sie ist eng verbunden mit Rechtssicherheit, also auch mit allgemein gültigen Gesetzen. Seine berühmte Lehre von der

Trennung und gegenseitigen Kontrolle der Gewalten Legislative, Exekutive und Judikative[28] macht er ebenfalls am englischen Zweikammersystem fest, wo sie zu dieser Zeit allerdings faktisch gar nicht vorhanden war. In seinem Werk „De l'esprit des lois" („Vom Geist der Gesetze", 1748) entwirft Montesquieu seine politische Soziologie, indem er Regierungsformen, Gesetzes- und Wirtschaftsstruktur eines Landes von seinen Gegebenheiten wie Klima, Religion, Geschichte, Sitten und Regierungsgrundsätzen herleitet und daran den Gedanken einer Nationalkultur festmacht.

Jean-Jacques Rousseau

Auch das Menschenbild Rousseaus (1712–1778) geht zurück auf einen Naturzustand, den er als paradiesisch annimmt. In der Frühzeit war der Mensch nicht entfremdet, lebte im Einklang mit der Natur, bis der Aufschwung von Wissenschaft und Künsten sowie die wachsende soziale Differenzierung Konkurrenzneid, Ungleichheit und Feindschaft erzeugten. Grundübel der Gesellschaft ist das Eigentum.[29] Die Geschichte der Menschheit deutet Rousseau als irreversiblen Verfallsprozess, der den Menschen vom Menschsein entfremdet und am Ende in einen neuen Naturzustand des Rechts des Stärkeren umkippen wird.

Seinem Wesen nach ist der Mensch zunächst frei, und er kann nach Rousseau diese Freiheit nicht veräußern. Nur durch vertragliche Übereinkunft kann eine Gesellschaft entstehen, und letztlich auch nur, indem der Wille dieser Gemeinschaft, der Gemeinwille *(la volonté générale)* identisch ist mit dem Einzelwillen jedes einzelnen Mitglieds der Gemeinschaft. Damit endet aber der Gegensatz von Freiheit des Einzelnen kontra Staat als absolutes Herrschaftsinstrument – die Staatsmacht wird absolut, weil sie den Willen aller freien Bürger verkörpert und allein so zur Wiedererzeugung der Menschlichkeit des Menschen führen kann. In logischer Konsequenz kann auch die **Volkssouveränität** nicht beschränkt werden, sie ist ebenso wie die Staatsgewalt nicht teilbar und auch nicht mitteilbar; dies bedeutet, dass sowohl das Prinzip der Repräsentation wie das der Gewaltenteilung abzulehnen ist. Für Rousseau existiert eine jederzeit abberufbare Exekutive als Vollzugsorgan einer allmächtigen, in direkter Demokratie zu führenden Legislative, die den Gemeinwillen verwirklicht.

---

28 Zum Wortlaut vgl. S. 58.
29 Der zweite Teil seines „Discours sur l'origine et les fondements de l'inégalité des hommes" („Abhandlung über den Ursprung und die Grundlagen der Ungleichheit zwischen den Menschen") von 1755 beginnt mit den Sätzen: „Der Erste, der ein Stück Land eingezäunt hatte und dreist sagte: das ist mein und so einfältige Leute fand, die das glaubten, wurde zum wahren Gründer der bürgerlichen Gesellschaft. Wie viele Verbrechen, Kriege, Morde, Leiden und Schrecken würde einer der Menschengeschlecht erspart haben, hätte er die Pfähle herausgerissen oder den Graben zugeschüttet und seinesgleichen zugerufen: Hört ja nicht auf diesen Betrüger. Ihr seid verloren, wenn ihr vergesst, dass die Früchte allen gehören und die Erde keinem."

Jean-Jacques Rousseau

Wie aber kommt es zu diesem Gemeinwillen? Zunächst hat jeder Mensch seinen Eigenwillen *(volonté particulière)*, der jedoch nicht völlig egoistisch ist, sondern einen Anteil an Allgemeinwillen enthält. Im Wege der **Abstimmung** muss nun aus den Einzelwillen aller *(volonté de tous)* dieser Anteil von Allgemeinwillen herausgefiltert werden, wobei sich die egoistischen Einzelinteressen gegenseitig aufheben und somit ausschalten werden. Damit sich dabei nicht Sonderinteressen durchsetzen, darf es im Zuge des Abstimmungsverfahrens keine Zusammenschlüsse gleicher Interessen geben – daher lehnt Rousseau Parteien, Verbände, Gewerkschaften u. Ä. strikt ab.

Ein solcher Staat könnte – das erkennt Rousseau selbst – nur funktionieren, wenn alle Bürger aufgeklärt und informiert wären und bei ihren Entscheidungen das Ganze im Blick hätten. Dazu aber müsste man den Menschen erst erziehen. Eine Anweisung gibt Rousseau in seinem berühmten, gleichzeitig mit dem „Contrat social" erschienenen Werk „Émile ou de l'éducation", in dem er propagiert, man solle das Kind sich selbst erziehen lassen, ihm die Begriffe Gehorsam und Pflicht fernhalten und es über die körperliche Ertüchtigung zur eigenständigen Ausbildung von Geisteskräften bringen. Die Jugendlichen führe man über das Studium der Weltgeschichte und Literatur an Mitleid, Dankbarkeit und Wohlwollen heran und werde herausfinden, dass der natürliche Mensch fromm und sozial denkend ist.

Georg Wilhelm Friedrich Hegel

Die Philosophie Georg W. F. Hegels (1770–1831) ist von den einschneidenden weltgeschichtlichen Ereignissen seiner Studienzeit geprägt, die in die wichtigsten Jahre der Französischen Revolution fällt. Deshalb stellt sich für ihn ein zweites philosophisches Prinzip gleichberechtigt neben das der Vernunft: die **Freiheit**. Hegel erkennt, dass die Auffassung des Aristoteles, die Autarkie des Menschen sei abhängig von seiner Einordnung in den Staat, mit der Entdeckung des Individuums hinfällig geworden ist; er scheidet scharf den Staat von der bürgerlichen Gesellschaft, die als „Arbeitsgesellschaft" auf dem allgemeinen wechselseitigen Egoismus beruht.

Für Hegel besteht die Welt selbst aus dem Element des Geistes, die Geschichte ist eine Entwicklung des Geistes hin zu sich selbst, und als konkrete

Wirklichkeit des Geistes, als Verwirklichung der Sittlichkeit ist der Staat die Wirklichkeit der konkreten Freiheit. Sie darf aber nicht ausarten in eine „Despotie der Freiheit", wie sie die Zeit der Schreckensherrschaft während der Französischen Revolution war. Der vernünftige Staat bietet die Einheit des Menschen in seinem Einzelwillen wie auch der gemeinsamen Vernunft, sein Rechtssystem ist „das Recht der verwirklichten Freiheit". Das Eigentum ist eine erste Ebene, auf die sich die Freiheit des Menschen gründen kann, jedoch bleibt sie äußerlich und erfasst keineswegs die zentralen Bestimmungen

Georg Wilhelm Friedrich Hegel

des Menschseins. Der bürgerliche Staat des *contrat social*, den die Einzelnen zum Schutz ihrer egoistischen Interessen eingegangen sind, ist für Hegel ein Notstaat, in dem Vernunft und Freiheit entzweit bleiben.

Die wahre Freiheit des Menschen als Gemeinschaftswesen liegt in der **Sittlichkeit**, die Hegel im „besten Staat" findet: Die beste Freiheit ist nämlich nicht die größtmögliche Freiheit des Einzelnen, sondern die Identität des vernünftigen Willlens mit dem Staat als dem allgemeinen, substanziellen Willen – wenn sich der vernünftige Mensch als Teil des gemeinsamen Ganzen empfindet.

Dabei ist Hegel die Repräsentation und damit das demokratische Prinzip verdächtig, da es ihm als Auslöser von Anarchie und Revolution erscheint. Die konkrete Freiheit darf nicht im Meinungsstreit um Ideologien verloren gehen, sondern soll an die Vernunft gebunden sein; die Einheit von Vernunft und Freiheit findet sich personifiziert in der Individualität des Monarchen. Deshalb ist nur eine **monarchische Verfassung** dem vernünftigen Staat angemessen.

John Stuart Mill

Eine schwerwiegende Spannung durchzieht das ganze Werk John Stuart Mills (1806–1873): der Gegensatz zwischen dem Glauben an die Demokratie und der Bedrohung des Einzelnen eben durch diese Demokratie, genauer: die Bedrohung der geistigen Freiheit durch den Zwang zur Gleichheit. Mills geistige Heimat liegt im Utilitarismus und damit im klassischen Liberalismus, doch ist er davon überzeugt, dass die Lösung der sozialen Frage von größter Wichtigkeit sein wird.

Aus der Situation des viktorianischen Großbritannien verständlich wird Mills Betonung der **Individualität**[30] und des Verbotes, in private Angelegenheiten des Einzelnen einzugreifen. Auf der anderen Seite muss die Gemeinschaft immer dann eingreifen, wenn andere von den Handlungen des Einzelnen betroffen sind. Diese Ansicht erscheint problematisch, da es kaum Handlungen eines Menschen gibt, von denen kein anderer betroffen ist; insgesamt muss man daher wohl vom Ergebnis einer Handlung ausgehen und ex post entscheiden – dann aber kann vermutlich nicht mehr eingegriffen werden.

Obgleich Mill sich zum Utilitarismus bekennt, wandelt er die Theorie von dessen Begründer Jeremy Bentham sehr weit ab. So merkt er an, dass natürlich derjenige am ehesten glücklich zu machen ist, der die geringsten Ansprüche stellt – je höher die Ziele gesteckt sind, desto weniger wird man sie bei der Unvollkommenheit der Welt erreichen können –, desto höherwertig ist dann aber das erreichte Teil-Glück.

In seiner **Staatslehre** geht Mill davon aus, dass die Untertanen eines Despoten notwendig intellektuell und moralisch verkümmern müssten, während die Möglichkeit der Partizipation Intelligenz, Energie und Charakter der Bürger zur Entwicklung bringe. Für große Staaten und Völker, die zivilisiert genug dafür sind, ist das Repräsentativsystem die ideale Regierungsform, da hier die Macht bei den Weisesten liege. Aus dem Gedanken des Vertrauens heraus lehnt Mill die geheime Wahl ab, ist aber ein eifriger Verfechter des Verhältniswahlrechts, denn jeder soll seine Interessen so weit wie möglich im Parlament vertreten sehen. Direkte Demokratie wiederum ist abzulehnen, da das Volk nicht fähig sei, weittragende Entscheidungen verantwortlich zu treffen. Die Bedrohung der Freiheit, die Mill ständig sah, kam weniger von einer schlechten Regierung (die man nur nicht wieder zu wählen braucht), sondern von einer intoleranten Mehrheit der Bevölkerung. Dieser kann man aber nur entgegenwirken, wenn die Besten die Führung des Staates übernehmen; zu Mills Zeit war das Honoratiorenparlament[31] noch eine denkbare Einrichtung.

---

30 In dieser Zeit nahm der Staat kaum Einfluss auf das private Leben der Bürger; es gab wenig Steuern, Wirtschafts- und Sozialleben wurden kaum reguliert, auch herrschte fast kein obrigkeitlicher Zwang. Umso rigider herrschten hingegen gesellschaftliche Zwänge: prüde Sittenvorschriften, einseitige Betrachtung von Religion und Wissenschaft, scharfe Ausgrenzung derer, die sich nicht einfügen wollten – tief greifende Intoleranz im Gewande gesellschaftlicher Moral.

31 In den frühen Zeiten des Parlamentarismus wurden vorwiegend Honoratioren zu Abgeordneten gewählt, also angesehene Bürger, die den Wählern persönlich bekannt waren und deren Vertrauen genossen. Entsprechend hoch war z. B. in der Frankfurter Nationalversammlung von 1848 der Anteil von Rechtsgelehrten, Ärzten und angesehenen Wissenschaftlern.

Karl Marx

Ausgangspunkt der Philosophie von Karl Marx (1818–1883) ist sein unbedingter **Materialismus:** Das gesellschaftliche Sein des Menschen bestimmt sein Bewusstsein. Die gesellschaftliche Entwicklung läuft naturgesetzlich ab, alle menschlichen Organisations- und Kulturformen – der **Überbau** –, also Recht, Staat, Kunst, Religion usw., hängen von der gesellschaftlichen **Basis** ab, also den Produktionsmitteln und den sich daraus ergebenden Herrschaftsverhältnissen. Die drei grundlegenden Produktionsmittel sind **Boden** (die Erde und die auf ihr wachsenden oder in ihr befindlichen Rohstoffe), **Arbeit** (das menschliche Wirken an diesen Rohstoffen) und **Kapital** (die nötigen Werkzeuge, in neuerer Zeit Industrieanlagen, das Geld). Die Produktionsverhältnisse

Karl Marx

(also die Frage, wer über welche Produktionsmittel verfügt) schaffen den Überbau, denn die jeweils sozial Herrschenden schaffen sich die passenden juristischen und politisch-sozialen Grundlagen; damit sind Moral und Religion ein Ausfluss der Herrschaftsverhältnisse und dazu da, die Unterprivilegierten ruhig zu halten, schlagwortartig ausgedrückt: Religion ist „Opium des Volkes".

Die in seiner Zeit besonders hervorstechenden sozialen Ungleichheiten erklärt Marx ebenfalls wirtschaftlich: Die menschliche Arbeit an einem Produkt schafft **Mehrwert**, d. h., das Endprodukt ist mehr wert als der Rohstoff plus der reine Wert der daran vollbrachten Arbeit. Diesen Mehrwert behält der Unternehmer (Kapitalist) nun aber ein, anstatt ihn dem Arbeiter auszuzahlen, er wird zum **Profit**. Diesen Profit sammelt der Kapitalist bei sich, verwendet ihn für weitere Unternehmungen *(Akkumulation)*, kann dadurch immer weitere Geschäfte eröffnen und kleinere Mitbewerber ausschalten: Es kommt zur wirtschaftlichen **Konzentration**, bis schließlich alle Bereiche der Wirtschaft in den Händen weniger Monopol-Kapitalisten sein werden, die ohne Konkurrenz nach Belieben Preise herauf- und Arbeitslohn herabsetzen können, weil sie die Einzigen sind, die ihr jeweiliges Produkt auf dem Markt anbieten.

Auf der anderen Seite steht die **Ausbeutung** derjenigen, die auf dem Markt nur ihre Arbeitskraft anbieten können und darauf angewiesen sind, vom Lohn ihrer Arbeit zu leben. Durch die Übernahme von Arbeiten durch Maschinen, aber auch Frauen- und Kinderarbeit entsteht Arbeitslosigkeit und damit eine industrielle Reservearmee, die es den Kapitalisten erlaubt, immer weniger für den Faktor Arbeit zu zahlen (weil jeder, der protestiert, sofort entlassen werden kann, da vor dem Tor genügend Leute stehen, die seine Arbeit um jeden Preis tun werden). Diese Situation wird zu einer **Verelendung** der Massen führen, damit aber am Ende zum Kaufkraftschwund und auch zur Überproduktion. In dieser Krise schließlich wird nach Marx der Arbeiter sich seiner selbst besinnen und in der **proletarischen Revolution** die Macht des Kapitals brechen.

Die moderne Industriearbeit hat noch eine weitere Konsequenz: Da der Arbeiter nicht mehr sein ganzes Werkstück fertigt, sondern im Extremfall nur noch tausendmal am Tag den gleichen Handgriff tut, geht ihm der Bezug zu diesem Werkstück verloren; Marx nennt dies die **Entfremdung** des Menschen vom Produkt seiner Arbeit; auch von der Arbeit selbst entfremdet sich der Mensch – er sieht darin keinen Sinn mehr. Da Arbeit aber für die Psyche des Menschen notwendig und ihm ein natürliches Bedürfnis ist, die Arbeit quasi Mittler zwischen dem Menschen und seiner Gattung ist, kommt es auch zur Isolation des Menschen von Seinesgleichen und in letzter Konsequenz zur Entfremdung des Menschen von sich selbst.[32] Deshalb wird beim Arbeiter das **Klassenbewusstsein** erwachen, und er wird sich den Weg hin zur nicht-entfremdeten Arbeit erkämpfen.

Der Weg zum Zusammenbruch der kapitalistischen Gesellschaft ist für Marx wissenschaftlich – gleichsam naturgesetzlich – nachweisbar. Für ihn ist die gesamte Geschichte der Menschheit eine Geschichte von Klassenkämpfen, denn es hat seit der Urgesellschaft – in der es seiner Meinung nach unter den Jägern und Sammlern kein Privateigentum gab und die Erde reich genug war, um allen Menschen ein auskömmliches Einkommen zu sichern – immer im scharfen Gegensatz befindliche Klassen gegeben. In der Antike beutete die Sklavenhaltergesellschaft (Sklavenhalter kontra Sklaven), im Mittelalter die Feudalgesellschaft (Feudalherren gegen Leibeigene) jeweils den größeren Teil der Menschheit aus, bis es im Kapitalismus (Kapitalisten gegen Proletarier) der Industrialisierung zum krassesten Missverhältnis kam, welches sich bis zur Weltrevolution aufschaukeln wird. In dieser Revolution wird das Proletariat für kurze Zeit eine Diktatur errichten, um das Privateigentum an den Produktionsmitteln zu beseitigen und alle Kapitalisten auszumerzen. Die Gesellschaftsform des **Sozialismus** ist gekennzeichnet durch gemeinschaftliches Eigentum aller an den weitgehend mechanisierten Großbetrieben, die in planmäßiger Produktion den Nutzen aller verwirklichen werden. Diese Gesellschaftsform wird übergehen in die des **Kommunismus:** Da auf allen Wirtschaftsgebieten eine hohe Überproduktion vorhanden ist, gibt es keine knappen Güter mehr; damit

---

32 Die moderne Psychologie kann Marx hier nur bestätigen: Sprechen wir doch überall von „Selbstverwirklichung" im Beruf, die bei einer geisttötenden Fließbandarbeit ganz sicher nicht zu erreichen ist.

kann das Privateigentum abgeschafft werden. Alle Menschen haben freie Verfügung über alle Güter. Wenn der Mensch keine Sorge um das tägliche Brot und auch keinen Sozialneid mehr nötig hat, wird er frei sein, um alle in ihm schlummernden Kräfte zu aktivieren, und der entstehende „neue Mensch" wird seine Arbeitskraft freiwillig der Allgemeinheit zur Verfügung stellen. Damit wird die Menschheit zu einem ungeahnten Aufschwung des Geistes kommen und in jeder Hinsicht ein heute unvorstellbarer Fortschritt erreicht werden.

Der Weg zum Kommunismus

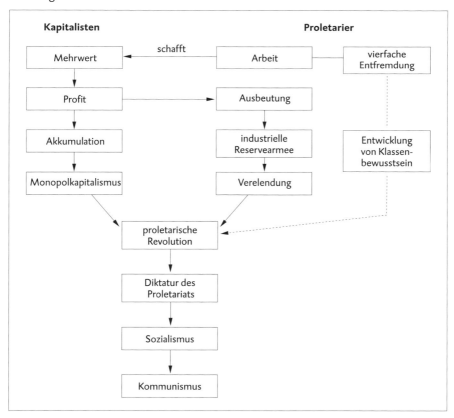

Was Marx sich vermutlich nicht vorstellen konnte, war der Lebensstandard, den wir heute für normal halten, der aber allein wegen mangelnder Ressourcen des Erdballs gar nicht auf alle Menschen ausgedehnt werden kann.[33] Anderer-

---

33 Wenn jeder erwachsene Mensch der Erde einen Pkw besäße, könnte er damit nicht mehr fahren, weil ein Auto neben dem anderen stünde (denn ein paar Häuser müssten ja wohl stehen bleiben).

seits war die Annahme, der Mensch könne von der Idee des Privateigentums abgebracht und der Sozialneid beseitigt werden, offenbar eine Fehlkalkulation. Ehe man aber die Idee des Marxismus angesichts des Zusammenbruchs der ehemaligen Ostblockstaaten für gescheitert erklärt, sollte man bedenken, dass das, was Marx erreichen wollte, nicht eingetreten ist (weil sich die Menschen vor der völligen Verelendung zusammengetan und für soziale Reformen gekämpft haben, und weil auch die Unternehmer nicht so engstirnig waren, nicht einzusehen, dass eine allgemeine Verarmung auch ihren eigenen Ruin zur Folge hätte).

6.2 Das Spannungsverhältnis zwischen Gerechtigkeit und Freiheit

Fast alle oben behandelten Philosophen setzen sich damit auseinander, dass jede Form menschlicher Gemeinschaft einen Weg finden muss zwischen dem legalen Streben jedes Menschen, so weit wie möglich seine individuellen Bedürfnisse zu verwirklichen – der **Freiheit** des Einzelnen –, und dem für ein friedliches Zusammenleben notwendigen Ausgleich zwischen den Gliedern der Gesellschaft – der **Gerechtigkeit**. Es hat seit dem Aufbrechen der autoritären absolutistischen Herrschaft Einzelner viele Strömungen und Ideologien gegeben, die dieses Spannungsverhältnis in die eine oder andere Richtung verschoben haben.

Klassischer Liberalismus

Die geistesgeschichtlichen Wurzeln des Liberalismus liegen bereits in der Entdeckung des Individuums in Humanismus und Renaissance, voll verwirklicht in den Lehren der Aufklärung. Umgesetzt wurde der **politische Liberalismus** erstmals in der Unabhängigkeitserklärung und Verfassung der USA nach 1776 sowie in der Erklärung der Menschenrechte 1789 und der 1. Verfassung 1791 in Frankreich. Getragen wurde dieser Liberalismus vom besitzenden Bürgertum, welches vor allem die Abschaffung ständischer Privilegien sowie staatliche Beachtung der Menschenrechte durchsetzte, aber auch eine Führungsrolle der Besitzenden im Staat beanspruchte. Die uralte Vorstellung, dass, wer etwas zu verlieren hat, enger hinter dem Gemeinwesen steht und deshalb auch besser die Geschicke des Staates lenken kann,[34] führte zur Festlegung des **Zensus-**

---

[34] Schon die Gesetzgebung des Solon 594 v. Chr. in Athen teilt den Bürgern der Polis je nach ihrem Besitz (Steueraufkommen) politische Rechte zu – v. a. das aktive bzw. passive Wahlrecht auf verschiedenen Ebenen.

wahlrechts: Je nach Besitz bzw. Steueraufkommen hatten die Bürger mehr oder weniger politische Rechte.[35]

Der **Wirtschaftsliberalismus** erhielt seine klassische Begründung durch Adam Smith und David Ricardo. Er fordert die Freiheit des Einzelnen im Bereich des Wirtschaftslebens, aus dem sich der Staat völlig herauszuhalten habe. Angebot und Nachfrage werden im freien Spiel der Kräfte ein gedeihliches Zusammenwirken zum Nutzen aller herstellen, wenn nur weltweiter **Freihandel** herrscht (also keine Zölle erhoben werden) und künstliche Produktionsbeschränkungen – wie das Zunftsystem – fallen. Auch die Beziehungen zwischen Arbeitgebern und Arbeitnehmern müssen völlig frei und unbeeinflusst bleiben; die soziale Frage kann nur durch Selbsthilfe der Betroffenen und Verbesserung des Bildungswesens gelöst werden.

Damit spricht der klassische Liberalismus aus einem tief greifenden Misstrauen gegenüber der Qualifikation der Mehrheit (Masse) heraus dem Staat die Notwendigkeit ab, durch Eintreten für die sozial Schwachen die Gerechtigkeit zu verwirklichen.

Sozialdarwinismus

Die viel beachtete Theorie des englischen Naturforschers Charles Darwin (1809–1882), dass im „Kampf ums Dasein" nach dem Prinzip der biologischen **Selektion** (Auslese) die jeweils am besten ihrer Umwelt angepasste Art überlebe, wurde gegen Ende des 19. Jahrhunderts auf menschliche Verhältnisse, vor allem auf die kulturelle und geistige Entwicklung übertragen. Die Höherentwicklung der menschlichen Gesellschaft ist Ausdruck dessen, dass die Stärkeren und Besseren sich durchgesetzt haben. Der deutsche Naturwissenschaftler Ernst Haeckel (1834–1919) war einer der Ersten, der dafür eintrat, dieses Prinzip auch auf die Geistes- und Sozialwissenschaften zu übertragen – was ganz im Sinne des (auf Fortschrittsoptimismus ausgerichteten) Zeitgeistes war.

Konsequent zu Ende denkend, folgerte man, dass die Starken und Lebenstüchtigen die Zukunft sichern würden und sich folglich bevorzugt fortpflanzen sollten, Hilfe für Schwache und Lebensuntüchtige hingegen biologisch sinnlos sei und die Höherentwicklung der Menschheit behindere.

Diese Theorie verband sich mit der **biologischen Anthropologie**, deren Vertreter Graf von Gobineau um die Mitte des 19. Jahrhunderts eine Hierarchie

---

35 Eines der bekanntesten Zensuswahlrechte war das Preußische Dreiklassenwahlrecht, das im Königreich Preußen bis 1918 galt und gemäß dem die 4 % der Reichsten und Privilegiertesten ebenso viele Wahlstimmen hatten wie 16 % des Volkes in der 2. Klasse und die übrigen 80 % in der untersten Wahlklasse.

der menschlichen Rassen aufstellte;[36] der britische Kulturphilosoph Houston Stewart Chamberlain erweiterte diese dahingehend, dass innerhalb der weißen Rasse die germanischen Arier die wertvollsten Vertreter darstellten und zur Weltherrschaft bestimmt seien, wohingegen beide von der prinzipiellen Andersartigkeit und Minderwertigkeit einer von ihnen propagierten „jüdischen Rasse" ausgingen. All diese Gedanken finden sich in der nationalsozialistischen Ideologie wieder.

Der Sozialdarwinismus diente – verbunden mit einem unbefangenen Nationalismus, dem christlichen Missionsgedanken und einem nebulösen Sendungsbewusstsein der weißen Rasse[37] – im ausgehenden 19. Jahrhundert zunächst allen imperialistischen Staaten zur Begründung für ihr teilweise gewaltsames Ausgreifen über den ganzen Erdball und die Herrschaft über Kolonien.

Kollektivismus

Das Kollektiv ist eine Sozialform, die uns primär aus der Terminologie des Sozialismus bekannt erscheint; es handelt sich insgesamt aber viel allgemeiner um eine Konzeption von Gesellschaft, die von zwei Grundsätzen ausgeht:

- Das gesellschaftliche Ganze hat in jeder Beziehung – also als Sein, als Wert und als Sinngebung des Lebens – den Vorrang gegenüber dem Individuum.
- Das Denken des Individuums ist allein vom Kollektiv her zu bestimmen, individuelle Bedürfnisse zählen nicht; die Partei, die Gesellschaft, der Staat haben immer recht.

Damit ist der Kollektivismus eine Grundhaltung des Kommunismus bzw. Sozialismus, doch findet man ihn genauso in nationalistischen Ideologien wie Faschismus oder Nationalsozialismus (Volksgemeinschafts-Ideologie).

Totalitarismus

Dieses Herrschaftsprinzip teilt einem Machthaber oder einer Partei uneingeschränkte Befugnis über alle Bereiche des staatlichen wie des privaten Lebens zu. Ziel ist es, ein umfassendes Wertesystem durchzusetzen, wofür der Staat zum Einsatz jedes Mittels für berechtigt erklärt wird.[38]

Demgegenüber setzt die moderne Demokratie letztlich nur eine Idee, die dafür steht, dieses Spannungsverhältnis zwischen Freiheit und Gerechtigkeit durchzuhalten und in geordnete Bahnen zu lenken.

---

36 Aus physiognomischen Gegebenheiten wurde abgeleitet, dass die schwarze Rasse die „einfachste", die weiße aber die höchstwertige sei.
37 In Deutschland z. B. prägte man den Satz: „Am deutschen Wesen soll die Welt genesen."
38 Näheres vgl. S. 69–73.

Pluralismus

Allgemein bedeutet Pluralismus das Vorhandensein einer Vielfalt unterschiedlichster gesellschaftlicher und politischer Wertvorstellungen, Meinungen und Interessen, die organisatorisch in der Bildung verschiedener miteinander konkurrierender Gruppen ihren Ausdruck finden können und ihre spezifischen Positionen in den Prozess politischer Willensbildung einbringen. Pluralismus ist das Gegenmodell zum Totalitarismus.

Ihm liegen vier Kernaussagen zugrunde:
- legitime Vielfalt (gesellschaftliche Heterogenität)
- Gemeinwohl nicht als Vorgabe, sondern als Ergebnis eines offenen politischen Prozesses; es diszipliniert die Interessenvertretung durch Anerkennung eines gleichen Rechts der anderen.
- permanente Spannung zwischen Konsens und Konflikt: Einerseits sind Konflikte legitim, doch es besteht ein Basiskonsens über gemeinsame gesellschaftsstiftende Wertüberzeugungen.
- sogenannte Konkurrenzdemokratie, die Alternativen in der politischen Willensbildung postuliert

Voraussetzung für einen funktionierenden Pluralismus ist die Akzeptanz der Freiheit des Andersdenkenden, also Toleranz zwischen den einzelnen Gruppen. Gleichzeitig muss jede Gruppe bereit sein, zugunsten der Pluralität auf die Unterdrückung abweichender Meinungen zu verzichten und Konkurrenz als Sicherung ihrer eigenen Existenz anzuerkennen. Die pluralistische Demokratie muss als Basiswert konsensfähig sein. Dabei darf jede Gruppe sich durchaus bemühen, besonders großen Einfluss auf staatliche Entscheidungen zu nehmen; sie muss nur die Partizipation aller anerkennen und sogar wünschen.

6.3 Das Rechtsstaatsprinzip

Legalität ist ein für den Rechtsstaat konstitutives Handlungsprinzip, das für den einzelnen Bürger genauso gilt wie für den öffentlichen Handlungsträger: Jedes Handeln, jeder Zustand im Rechtsstaat muss mit den Gesetzen (wie auch der Verfassung) übereinstimmen.

Im Unterschied dazu und auch zur reinen, faktischen Machtausübung betrifft die **Legitimität** die Rechtfertigung politischer Herrschaft, welche im demokratischen Staat bestimmt wird durch Volkssouveränität, Mehrheitsregel, Pluralismus, Gewaltenkontrolle und Ausrichtung an den Menschenrechten.

Die wichtigsten Grundsätze der Rechtsstaatlichkeit fasst bereits Montesquieu 1748 unter den folgenden Gesichtspunkten zusammen.

Gewaltenteilung und Gewaltenkontrolle

Von der Verfassung Englands

In jedem Staat gibt es drei Arten von Gewalt: die vollziehende Gewalt in Ansehung der Angelegenheiten, die vom Völkerrechte abhängen, und die vollziehende Gewalt hinsichtlich der Angelegenheiten, die vom bürgerlichen Recht abhängen.

Vermöge der ersten gibt der Fürst oder Magistrat Gesetze auf Zeit oder für immer, verbessert er die bestehenden oder hebt sie auf. Vermöge der zweiten schließt er Frieden oder führt er Krieg, schickt oder empfängt Gesandtschaften, befestigt die Sicherheit, kommt Invasionen zuvor. Vermöge der dritten straft er Verbrechen oder spricht das Urteil in Streitigkeiten der Privatpersonen. Ich werde diese letzte die richterliche Gewalt und die andere schlechthin die vollziehende Gewalt des Staates nennen.

Die politische Freiheit des Bürgers ist jene Ruhe des Gemüts, die aus dem Vertrauen erwächst, das ein jeder zu seiner Sicherheit hat. Damit man diese Freiheit hat, muss die Regierung so eingerichtet sein, dass ein Bürger den anderen nicht zu fürchten braucht.

Wenn in derselben Person oder der gleichen obrigkeitlichen Körperschaft die gesetzgebende Gewalt mit der vollziehenden vereinigt ist, gibt es keine Freiheit; denn es steht zu befürchten, dass derselbe Monarch oder derselbe Senat tyrannische Gesetze macht, um sie tyrannisch zu vollziehen.

Es gibt ferner keine Freiheit, wenn die richterliche Gewalt nicht von der gesetzgebenden und vollziehenden getrennt ist. Ist sie mit der gesetzgebenden Gewalt verbunden, so wäre die Macht über Leben und Freiheit der Bürger willkürlich, weil der Richter Gesetzgeber wäre. Wäre sie mit der vollziehenden Gewalt verknüpft, so würde der Richter die Macht eines Unterdrückers haben.

Alles wäre verloren, wenn derselbe Mensch oder die gleiche Körperschaft der Großen, des Adels oder des Volkes diese drei Gewalten ausüben würde: die Macht, Gesetze zu geben, die öffentlichen Beschlüsse zu vollstrecken und die Verbrechen oder die Streitsachen der Einzelnen zu richten.

In den meisten europäischen Königreichen ist die Verfassung gemäßigt, weil der Fürst, der die beiden ersten Gewalten innehat, die dritte seinen Untertanen zur Ausübung überlässt. Bei den Türken, wo diese drei Gewalten in der Hand des Sultans vereint sind, herrscht ein furchtbarer Despotismus.

Charles Montesquieu: Vom Geist der Gesetze, 1748.

Mit diesem Zitat ist letztlich alles gesagt: Die drei Gewalten sollen voneinander getrennt existieren und sich gegenseitig kontrollieren. Allerdings galt Montesquieu die Verfassung der meisten europäischen Staaten seiner Zeit als „gemäßigt", weil der Fürst sich auf Legislative und Exekutive beschränkte und den Untertanen die Gerichtsbarkeit überließ.

In der modernen Demokratie westlicher Prägung liegt eine scharfe Gewaltentrennung ebenfalls nicht immer vor; nach dem Verfassungsrecht besteht sie z. B. in den USA.[39] Der moderne Parlamentarismus sieht die Gewaltenteilung bereits als hinreichend verwirklicht an, wenn der Regierungschef – wie der deutsche Bundeskanzler – von der Mehrheit des Parlaments gewählt und getragen wird, die eigentliche Kontrollfunktion des Parlaments über die Regierung sich also auf die Minderheitenfraktion(en) der Opposition beschränkt. Dafür wird heutzutage häufig die „öffentliche Meinung" als „vierte Gewalt" angesehen, die durch Presse und andere Medien möglicherweise eine bessere Kontrolle des Regierungshandelns ausübt als die institutionelle im Parlament. Zusätzlich führt man heute regelmäßig stattfindende Wahlen unter dem Begriff „temporäre Gewaltenteilung". Außerdem ist besonders dem Bundesverfassungsgericht als höchstem Organ der Judikative im Laufe der Geschichte der Bundesrepublik eine immer größere Bedeutung zugewachsen, da sich die Gegner politischer Entscheidungen immer wieder mit Klagen an dieses Gericht gewandt haben; es kann den Auftrag erteilen, einem grundgesetzwidrigen Zustand durch gesetzgeberische Maßnahmen abzuhelfen. Überhaupt ist der Rechtsweg, besonders im Verwaltungsgerichtsverfahren, eine wirksame Form der Gewaltenkontrolle.

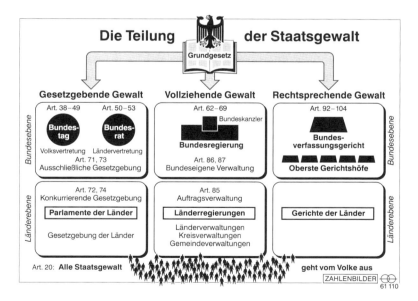

39 Der amerikanische Präsident ist Regierungschef, seine Wahl findet unabhängig von den Parlamentswahlen statt, und es gilt eine strikte Inkompatibilität (gesetzlich vorgeschriebene Unverträglichkeit) zwischen (Regierungs-)Amt und (Parlaments-)Mandat.

Bindung der staatlichen Gewalt an Gesetz und Recht

„Ich habe mich entschlossen, niemals in den Verlauf eines gerichtlichen Verfahrens einzugreifen; denn in den Gerichtshöfen sollen die Gesetze sprechen, und der Herrscher soll schweigen", schrieb Friedrich II. (der Große) von Preußen 1752 in seinem politischen Testament.

In unmittelbarer Nähe des Schlosses von Sanssouci befand sich eine Mühle. Nicht etwa, weil die Mühle die Ruhe des Königs gestört hätte, sondern weil der Müller sich durch die Karpfenteiche des Königs eingeschränkt fühlte und seine Pacht nicht zahlte, lief ein Verfahren des Grundeigentümers gegen den Müller durch alle Instanzen. In der höchsten Instanz griff der König, dem der widerborstige Müller gefiel, zu dessen Gunsten in den Prozess ein, wies die Richter an, wie sie zu urteilen hätten, und ließ schließlich den gesamten Gerichtshof einschließlich der Geschworenen einkerkern.

Das Beispiel zeigt deutlich, wie wichtig es ist, dass nicht nur die Richter sich in jeder Form an die Gesetze und nichts außerdem halten, sondern auch, dass die ausführende Gewalt keine willkürlichen Handlungen vornehmen kann. In welcher Form auch immer: Der Staat darf nur in die Privatsphäre des Bürgers eingreifen, wenn er durch ein Gesetz dazu ermächtigt wird (Gesetzesvorbehalt staatlichen Handelns).

Die Verpflichtung geht aber noch weiter: Alle drei Gewalten sind in jeder Form an die Verfassung gebunden. Die Klagen vor dem Bundesverfassungsgericht sind Ausdruck dieser Bindung aller staatlichen Gewalt an vor- oder überstaatliches Recht: Bundestag und Bundesrat müssen bei jedem Gesetzgebungsvorgang dessen Vereinbarkeit mit dem Grundgesetz bedenken, auch der Bundespräsident ist verpflichtet, diese noch einmal zu überprüfen.[40] Schließlich hat jedes Verfassungsorgan wie auch jeder einzelne Richter in Deutschland die Möglichkeit und sogar die Verpflichtung, ein Gesetz, dessen Vereinbarkeit mit dem Grundgesetz zweifelhaft erscheint, nicht anzuwenden, sondern es im Wege des **Normenkontrollverfahrens** vom Bundesverfassungsgericht überprüfen zu lassen. Kein Richter könnte je behaupten, er habe nach einem grundrechtswidrigen Gesetz richten müssen, weil es eben in dieser Form vorlag.

---

40 Obwohl der Bundespräsident üblicherweise Gesetze, die die beiden gesetzgebenden Körperschaften durchlaufen haben, ausfertigen und verkünden muss, hat schon mehrfach ein Bundespräsident wegen verfassungsrechtlicher Bedenken dies verweigert und das jeweilige Gesetz zur Überprüfung seiner Verfassungsmäßigkeit an das Bundesverfassungsgericht weiterverwiesen.

Rechtsgleichheit und umfassende Rechtssicherheit der Bürger

Gleiches Recht für alle! Diese Forderung, die uns allenfalls bezüglich der Gleichberechtigung der Frau gelegentlich noch zu Ohren kommt, war bis ins 20. Jahrhundert hinein durchaus ein ernst zu nehmendes Bedürfnis der „einfachen Leute". Hatten doch jahrhundertelang Angehörige der Aristokratie ganz selbstverständlich Vorrechte für ihren Stand beansprucht, galt für Kirchenangehörige ein besonderes Recht, wurde das Wahlrecht lange Zeit auf die besitzende Klasse und später dann zumindest noch auf den männlichen Teil der Bevölkerung beschränkt.

Heute gehören diese Verhältnisse der Vergangenheit an; die Gleichheit aller Bürger vor dem Gesetz ist gewährleistet. Allerdings gilt dies nur für die Ausstattung mit einklagbaren Rechten; das Recht auf Gleichheit der sozialen Chancen kann wahrscheinlich kein Staat garantieren.

> Ich befehle die Überführung von M. (Monsieur)... auf die Inseln von Sainte-Maguerite [eine Gefängnisinsel]. Er soll dort aufgenommen und bis auf anderweitigen Befehl festgehalten werden. Nahrung und Unterhalt trägt seine Familie.
>
> „Lettre de cachet" Ludwigs XIV. von Frankreich.

Wer dem „Sonnenkönig" missliebig auffiel, konnte aufgrund eines solchen Befehls – den der König besonders nahestehenden Personen gelegentlich sogar blanko überreicht haben soll, damit sie sich ihrer persönlichen Feinde entledigen konnten – in Gefangenschaft geraten und im Extremfall jahrelang ohne Prozess dort verweilen: Ausdruck absolutistischer Herrschermacht und Herrscherwillkür. Das primäre Interesse der Bürger war es, gegen solche Zustände verlässlichen Schutz zu erreichen, weshalb die frühesten Forderungen der Aufklärer die sogenannten **liberalen Abwehrrechte** des Bürgers gegenüber dem Staat propagierten.

Heute kann sich ein Staat nur als Rechtsstaat bezeichnen, wenn er **umfassende Rechtssicherheit** gewährt, also das Handeln des Staates **berechenbar** macht und den Bürger vor Willkürakten schützt. Diese Rechtssicherheit ist in Deutschland grundgesetzlich garantiert:

- Art. 19 IV GG: Jedes staatliche Handeln ist gerichtlich überprüfbar; wenn kein anderes Gericht für zuständig erkannt wird, muss der Fall vor dem Amtsgericht verhandelt werden. Dadurch ist sichergestellt, dass nicht etwa unangenehme Fälle weitergeschoben werden können.
- Art. 101 GG: Die Gerichte der Bundesrepublik sind eingerichtet und in ihrer Zuständigkeit festgelegt; es darf nicht – etwa für einen bestimmten Zweck oder gar Einzelfall – ein Sondergericht berufen werden; nur der Gesetzgeber

kann neue Gerichte schaffen. Auch die Verteilung der Fälle bei Gericht ist von vornherein geregelt; kein Richter darf einen bestimmten Fall an sich ziehen oder sich weigern, ihn zu übernehmen, es sei denn, er müsste sich für befangen erklären. Auch kein anderer darf die Zuteilung an den zuständigen Richter ändern.[41]

- Art. 103 I GG: *Audiatur et altera pars* – auch die Gegenseite möge Gehör finden – ist ein alter Rechtssatz, der so zu verstehen ist, dass in jeder Sache jeder Betroffene die Gelegenheit erhalten muss, sich zu jeder Frage zu äußern, ehe entschieden wird.[42] Diese Anhörungspflicht geht sehr weit: Auch im Bußgeldverfahren, das zunächst nur eine Sache der Exekutive ist, wird zunächst eine Anhörung angesetzt, ehe gegebenenfalls eine Anklage erfolgt.

- Art. 103 II GG: *Nulla poena sine lege* – keine Bestrafung ohne Gesetz – bedeutet, dass eine Straftat bereits als solche im Gesetz stehen muss, wenn sie begangen wird; sonst darf der Täter deswegen nicht bestraft werden. Auch, wenn etwa eine Verschärfung der Strafe beschlossen wird, gilt für den konkreten Fall das Gesetz der Tatzeit. Hier kommt deutlich das Prinzip der Berechenbarkeit staatlichen Handelns zum Tragen.

- Art. 103 III GG: *Ne bis in idem* – nicht zweimal in gleicher Sache – niemand soll wegen ein und derselben Straftat zweimal bestraft werden. Dieser Grundsatz bedeutet, dass üblicherweise ein abgeschlossenes Verfahren nicht wieder aufgenommen wird; Ausnahmen sind zulässig, wenn sich neue Aspekte zugunsten des Angeklagten ergeben haben, wenn dieser selbst es wünscht oder Urkundenfälschung, Meineid oder Amtspflichtverletzung des Richters nachgewiesen werden. Eine Ausnahme bildet hier das Berufsbeamtentum: Wegen der besonderen Dienstverpflichtung gegenüber der Allgemeinheit muss sich der Beamte nach Verurteilung wegen einer Straftat anschließend nochmals in einem Disziplinarverfahren verantworten.

- Art. 104 GG: Das ursprünglichste, in den Anfängen wichtigste liberale Abwehrrecht, nämlich die Absicherung gegen unrechtmäßige Verhaftung und Einkerkerung, wird in vier Abschnitten beschrieben: Nur aufgrund eines Gesetzes darf man der Freiheit beraubt und muss sofort, spätestens am Tage nach der Festnahme einem Richter vorgeführt werden, der den Festgenommenen anhören muss. Jede Form von Misshandlung ist untersagt; eine Person des Vertrauens ist unverzüglich von der Verhaftung zu unterrichten.

---

41 Sonst wäre es denkbar, dass z. B. Staatsanwälte versuchen könnten, Straftäter an besonders „scharfe" Richter zu verweisen oder Anwälte – möglicherweise sogar durch Bestechung –, ihren Mandanten „milde" Richter zu verschaffen.
42 Die Staatsanwaltschaft ist verpflichtet, auch *für* den Angeklagten zu ermitteln.

Die Merkmale des Rechtsstaates

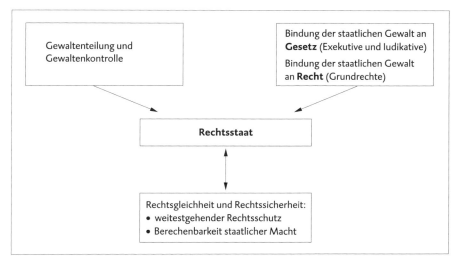

6.4 Rechtsstaatliche Verfahrensweisen

Hans hat Peter 100 Euro geliehen und mehrfach angemahnt, dass er das Geld zurückhaben möchte; Peter findet jedoch immer neue Ausflüchte. Da treffen sich die beiden in ihrem Stammlokal, und nach kurzer Zeit geht Peter auf die Toilette; sein Portemonnaie lässt er auf dem Tisch liegen. Darf Hans es durchsuchen und sich möglichenfalls sein Geld herausnehmen? – Natürlich nicht.

In jedem Gemeinwesen wird es zu Unstimmigkeiten zwischen den Bürgern kommen, und selbstverständlich hat auch der Einzelne eine Verantwortung dafür, dass der Rechtsstaat aufrechterhalten wird. Deshalb muss er sich auch an rechtsstaatliche Gepflogenheiten halten, das heißt, er darf nicht zur Selbsthilfe greifen, sondern muss, wenn er zu seinem Recht kommen will, das **Gewaltmonopol des Staates** achten.

Der Umgang mit anderen Bürgern

Solange wir im besten Einvernehmen mit unseren Mitmenschen stehen, ist der Umgang miteinander kein Problem; doch gibt es vielfältige Möglichkeiten, wie ein Konflikt entstehen kann: Nachbarn können sich nicht über die Bepflanzung der Grundstücksgrenze einigen oder beschweren sich über Lärmbelästigung, Geschwister kommen über die Aufteilung des Erbes nicht auf einen Nenner, bestellte Ware wird nicht oder fehlerhaft geliefert, ein Handwerker wird nicht zum vereinbarten Termin fertig oder liefert „Pfusch" – in all diesen Fällen wird man sinnvollerweise zunächst versuchen, sich im direkten Gespräch mit dem Gegenüber auseinanderzusetzen. Wenn es so aber nicht zu einer Einigung kommt, bleibt häufig nur der Weg über einen Rechtsanwalt zum Gerichtsverfahren.

In der Beziehung zwischen Verkäufern und Kunden gibt es festgelegte Möglichkeiten, wie eine Unzufriedenheit des Käufers zu behandeln ist: Wurde fehlerhafte Ware (beim Handwerker: Arbeit) geliefert, so kann der Anbieter sich zunächst um Nachbesserung bemühen; bei Gegenständen kommt es häufig zum Umtausch gegen ein fehlerfreies Stück. Auch eine nachträgliche Minderung des Kaufpreises (oder Arbeitsentgelts) ist möglich – man bekommt einen Teil des bereits gezahlten Geldes zurück. In schwereren Fällen kann der Kunde Wandlung verlangen, d. h., er gibt die Ware zurück und erhält sein Geld wieder. Im schlimmsten Fall kann es auch zur Forderung von Schadensersatz kommen, wenn nämlich (etwa durch Verzögerung oder mangelhafte Arbeit am Bau) ein Schaden entstanden ist.

Erst, wenn diese Möglichkeiten ausgeschöpft sind (oder der Anbieter sich weigert, die Beschwerden des Kunden anzuerkennen), sollte man den Weg zum **Gericht** wählen.

Alle angesprochenen Fälle sind solche des **Zivilrechts**, denn Bürger streiten hier gegen Bürger. Der Kläger strengt den Prozess an gegen den Beklagten, er klagt entweder selbst oder lässt dies einen Rechtsanwalt für sich tun. Je nach Höhe des sogenannten Streitwerts (also der vermutlichen Kosten des Verfahrens) wird die Klage in erster Instanz bei einem Amtsgericht (einem Einzelrichter) oder Landgericht (üblicherweise eine Kammer von drei Richtern) erhoben. Im Zivilprozess haben alle Beteiligten prinzipiell die Pflicht, während des gesamten Verfahrens noch auf einen gütlichen Vergleich hinzuwirken, sodass ein Urteil gar nicht nötig wird. Muss der Richter doch ein Urteil fällen, so ergeht dieses „im Namen des Volkes". Erkennen beide den Richterspruch an, wird das Urteil rechtskräftig, und derjenige, der verloren hat, übernimmt die Kosten des Verfahrens. Will sich einer von beiden nicht mit dem Urteil abfinden, so kann er in Berufung gehen; je nach der ersten ist die zweite Instanz nunmehr das Landgericht oder bereits das Oberlandesgericht (hier richtet ein Senat von mindestens drei Richtern). Wer auch mit dem Berufungsurteil nicht zufrieden ist, kann noch in die dritte Instanz gehen, wo allerdings nur noch eine Revision stattfindet: Das Urteil der Vorinstanzen wird nicht mehr auf sachliche Richtigkeit, sondern nur noch auf Fehler im Gerichtsverfahren hin überprüft. Besonders wichtige Fälle werden in letzter Instanz vom jeweils zuständigen Bundesgericht (in allgemeinen Zivilfällen: Bundesgerichtshof, aber auch Bundesarbeitsgericht) entschieden und gewinnen damit Präzedenzfallcharakter (in ähnlich gelagerten Fällen können sich Prozessbeteiligte auf diese Entscheidung beziehen).

Klagewege durch mehrere Instanzen kosten sehr viel Geld und dauern oft Jahre, weshalb vielfach „kleine Leute" es sich nicht leisten können, ihr Recht z. B. gegen eine Versicherung oder einen Konzern durchzusetzen.

Im **Strafverfahren** ist der Gang der Rechtsprechung der gleiche, nur dass hier der Staat in der Person des Staatsanwalts gegen den vorgeht, der ein Gesetz gebrochen hat; vor Gericht wird dieser als Angeklagter bezeichnet, sein Rechtsanwalt als Verteidiger. Der Geschädigte wird als Zeuge hinzugezogen, kann aber als Nebenkläger auftreten und Schadensersatz anschließend in einem Zivilverfahren einklagen. Abgesehen von Ordnungswidrigkeiten, bei denen nur eine Geldbuße verhängt wird (z. B. im Straßenverkehr), gilt jemand – unabhängig vom Strafmaß – als vorbestraft, sobald eine Strafe gegen ihn ausgesprochen wurde.

Dabei gelten für den Strafprozess zusätzlich folgende Prinzipien:
- Legalitätsprinzip: Der Staatsanwalt ist verpflichtet, eine Straftat zu verfolgen und sie – außer in Bagatellfällen – zur Anklage zu bringen.
- Anklageprinzip: Wo kein Kläger, da kein Richter!
- *In dubio pro reo:* Gemäß dem alten Rechtsspruch „im Zweifel für den Angeklagten" darf eine Verurteilung nur erfolgen, wenn der Richter von der Schuld des Angeklagten zweifelsfrei überzeugt ist.
- Untersuchungsgrundsatz: Im Hauptverfahren klärt der Richter selbst alle Sachverhalte auf, verlässt sich also nicht auf den Vortrag der Parteien.

Der Umgang mit staatlichen Hoheitsträgern

Julian hat im Jahreszeugnis in Deutsch eine 5 erhalten, wobei ihm der Lehrer mit einem Durchschnitt von 4,5 die schlechtere Note gegeben hat. Vorausgegangen ist bereits ein Streit wegen der Bewertung der letzten Deutsch-Schulaufgabe, die als Themaverfehlung mit 6 bewertet wurde und von der Julian überzeugt war, dass hier in Wahrheit seine dem Lehrer widersprechende Meinung benotet worden sei. Was kann Julian tun?

Die Erteilung einer Note im Jahreszeugnis ist ein hoheitlicher Akt, gegen den der Bürger sich wehren kann. Das ordentliche Verfahren ist folgendes: Julian sollte zunächst mit dem Lehrer selbst sprechen; hat er das ohne Erfolg getan, kann er beim Vorgesetzten (bzw. bei der vorgesetzten Dienstbehörde) – in diesem Fall beim Direktor der Schule – **Beschwerde** einlegen. Hat diese Beschwerde keinen Erfolg, so steht dem Bürger der Weg zum **Verwaltungsgericht** offen, von denen es allgemeine und besondere (Sozialgericht, Finanzgericht) gibt. Ein solcher Prozess wird wie vor einem ordentlichen Gericht in bis zu drei Instanzen geführt.

Eine besondere letzte Instanz in Europa ist der **Europäische Gerichtshof** (EuGH): Richtlinien und Verordnungen der europäischen Union müssen in den Mitgliedsstaaten genauso angewendet werden wie nationales Recht; widersprechen sie den Landesgesetzen, so hat das europäische Recht Vorrang. Wenn sich jemand von den nationalen Behörden in seinem spezifischen Recht als EU-Bürger angegriffen fühlt, kann er sich direkt an den EuGH wenden, dem für einfache Rechtssachen, etwa des Wettbewerbsrechts (welches weitaus die meisten der Fälle betrifft), ein Gericht erster Instanz beigeordnet ist. Nur sehr selten dringt die Klage eines einzelnen Bürgers wirklich bis zum EuGH vor; eines der bekanntesten Urteile erging im Fall Kreil.[43]

Eine besondere Möglichkeit für Bürger, die sich speziell in ihren Grundrechten verletzt fühlen, bietet die Institution der **Verfassungsbeschwerde**.

Nach Art. 93 I 4a GG kann jedermann mit der Behauptung, er sei von der öffentlichen Gewalt in seinen Grundrechten verletzt worden, Beschwerde beim **Bundesverfassungsgericht** einlegen. Der Beschwerdeführer muss selbst unmittelbar betroffen sein, und es muss sich um einen staatlichen Hoheitsakt handeln; beschwert man sich gegen ein Gesetz, so muss dieses bereits in Kraft getreten sein. Vor der Verfassungsbeschwerde muss man den gesamten Rechtsweg durch alle Instanzen durchlaufen haben, und es muss sich außerdem um einen Fall von übergreifender verfassungsrechtlicher Bedeutung handeln; hat die Beschwerde keine hinreichende Aussicht auf Erfolg, kann das Gericht die Behandlung ebenfalls ablehnen. Die zentrale Bedeutung der Verfassungsbeschwerde liegt darin, dass jede Entscheidung des Bundesverfassungsgerichts weittragende Konsequenzen für Gesetzgeber, Verwaltung, Rechtsprechung und auch Politik in sich schließt und hier dem einfachen Bürger ein Instrument in die Hand gegeben wurde, das ihm erlaubt, eine Verletzung der Menschenrechte direkt einzuklagen.

---

43 Infolge einer Klage der Elektronikerin Tanja Kreil entschied der EuGH im Jahr 2000, dass in der Bundesrepublik Deutschland auch Frauen der Zugang zum aktiven Militärdienst erlaubt werden muss. Bis zu diesem Zeitpunkt war dieser Männern vorbehalten.

In speziellen Menschenrechtsfragen hat der EU-Bürger noch eine weitere Möglichkeit, sein Recht zu suchen: Seit 1994 kann jeder einzelne Bürger eines Staates, der die europäische Menschenrechtskonvention unterzeichnet hat, den **Europäischen Gerichtshof für Menschenrechte** in Straßburg anrufen. Nicht nur grobe Menschenrechtsverletzungen werden hier verhandelt: 1997 z. B. wurde Österreich aufgefordert, den Gang seiner Rechtsprechung zu beschleunigen; ein Bürger hatte Recht bekommen mit der Ansicht, ein überlanges Verfahren verstoße ebenfalls gegen die Menschenwürde.

Natürlich hat der Gerichtshof, dessen Urteile für die Vertragsstaaten verbindlich sind, wie alle Institutionen der EG keine direkten Sanktionsmöglichkeiten gegenüber den Mitgliedsstaaten; aber ein Staat kann es sich aus Prestigegründen wohl kaum leisten, ein solches Urteil zu ignorieren.

Der Europäische Gerichtshof für Menschenrechte in Straßburg

Die Einwirkung des Bürgers auf die Gesetzgebung

Auch auf die Gesetzgebung selbst kann der Bürger der Bundesrepublik Einfluss nehmen, und zwar direkt – nicht nur auf dem Umweg über informelle Kontakte zu Parteifunktionären oder politischen Amtsträgern (die ihm selbstverständlich jederzeit offenstehen).

- **Petition:** Den individuellen, aber eher unsicheren Weg stellt die Petition dar: Gemäß Art. 17 GG hat jedermann das Recht, sich einzeln oder in Gemeinschaft mit anderen schriftlich mit Bitten und Beschwerden an die zuständigen Stellen und an die Volksvertretung zu wenden. Dies bedeutet, dass jeder, der sich in einer Sache gegen staatliche Stellen nicht durchsetzen kann, diese direkt an einen Landtag oder den Bundestag bringen kann. In allen Parlamenten existiert jeweils ein Petitionsausschuss[44], der sich mit allen vorgebrachten Schreiben befasst und, wenn das Ansinnen nicht unbillig ist, Abhilfe zu schaffen versucht. Mehrere Gesetzesvorlagen aus der Mitte eines Landtages oder des Bundestages waren ursprünglich von einer solchen Petition in Gang gesetzt worden.

- **Volksbegehren / Volksentscheid:** Der weitaus wirksamere, wenn auch für die Initiatoren sehr viel aufwendigere Weg, sich als Bürger an der Gesetzgebung zu beteiligen, ist der Volksentscheid. Auf Bundesebene ist dieses Mittel der Volksgesetzgebung nur im Falle der Veränderung von Ländergrenzen vorgesehen.[45] In mehreren Landesverfassungen finden sich jedoch Bestimmungen wie etwa Art. 71 Bayerische Verfassung, der die Gesetzesinitiative[46] neben dem Landtag auch dem Volk zuschreibt, und Art. 72 I BV: „Die Gesetze werden vom Landtag oder vom Volk (Volksentscheid) beschlossen." Wer einen Volksentscheid veranlassen möchte, muss zunächst das gewünschte Gesetz formulieren und es mit 25 000 Unterschriften von Wahlberechtigten dem Innenministerium vorlegen; dieses lässt dann ein Volksbegehren zu und setzt den Zeitraum fest, in dem Listen in den Gemeinden ausgelegt werden. Mindestens 10 % der Wahlberechtigten müssen durch Eintragung in diese Listen bekunden, dass sie das beiliegende Gesetz dem Volk zur Entscheidung bringen möchten. Ist das Volksbegehren erfolgreich, nimmt die Staatsregierung Stellung zu dem Gesetzentwurf und legt ihn dann dem Landtag vor. Dieser kann das Gesetz ganz normal beschließen (womit es lediglich eine Gesetzesinitiative aus dem Volk gewesen wäre) oder ablehnen; im letzteren Falle wird der Gesetzentwurf dem gesamten Wahlvolk in Form eines Volksentscheides vorgelegt, d. h., es wird wie bei einer Wahl jeder Bürger dazu aufgefordert, an einem Sonntag ins Wahllokal zu gehen und mit Ja oder Nein über dieses Gesetz abzustimmen. Bei einfacher Mehrheit der Ja-Stimmen ist das Gesetz vom Volk angenommen und wird verkündet und in Kraft gesetzt. Einer der spektakulärsten Volksentscheide in der BRD war jener über die Abschaffung des bayerischen Senates, jenes Sondergremiums aus Ständevertretern, welches bis 1999 mit beratender Funktion jedes Gesetz des Landtages vorgelegt bekam.

---

[44] Im Bundestag der 18. Wahlperiode (2013–2017) bestand dieser aus 27 Abgeordneten, er wird in der Übersicht der ständigen Ausschüsse an zweiter Stelle genannt.
[45] Diese restriktive Haltung gegenüber Plebisziten erklärt sich aus dem Missbrauch des Instruments der Volksabstimmung durch die Nationalsozialisten im Hitlerstaat.
[46] Das Recht, Gesetze zu formulieren und im Parlament einzubringen.

6.5 Ungerechte Rechtsordnungen

Autoritäre Regime

Die Herrschaft eines Einzelnen oder einer kleinen Gruppe *(Autokratie)* muss noch kein Unrechtsregime sein; so gab es in der griechischen Antike mehrfach Tyrannen[47], z. B. Peisistratos in Athen, unter denen die jeweiligen Stadtstaaten lang andauernde Blütezeiten erlebten. Auch die Einzelherrschaft der Könige und Kaiser galt jahrhundertelang als legitim und rechtens; sogar absolute Königsherrschaft wurde lange Zeit akzeptiert, wenn der jeweilige Herrscher gerecht und zum Nutzen des Volkes regierte.

Zur Zeit des Absolutismus mit ihrer Begründung der Losgelöstheit des Herrschers von Recht und Gesetz (*princeps legibus solutus* – der Herrscher steht über den Gesetzen) aus dem Gottesgnadentum[48] entstand auf der anderen Seite die Lehre von den Menschenrechten als Bereich, in den kein Staat und kein Herrscher berechtigt ist einzugreifen.

Regimes, die unveränderliche überstaatliche Rechte der Bürger nicht beachten, nennen wir **autoritär**, auch der Ausdruck **Diktatur** trifft hier zu. Gekennzeichnet ist diese Herrschaft durch

- Monopolisierung der Staatsgewalt und Beseitigung der Gewaltenkontrolle,
- Abschaffung des Pluralismus, zumindest Unterdrückung der Opposition und Aufhebung der Pressefreiheit,
- Relativierung der Rechtsordnung, Ersetzung des Rechtsstaates durch den Polizeistaat[49],
- Aufrechterhaltung der inneren Ordnung durch unmittelbare Gewaltanwendung.

Einen Schritt weiter geht in der Moderne die totalitäre Diktatur, die über die obigen Kennzeichen hinaus auch die totale politische Integration der Gesellschaft in den Staat bzw. in die Ideologie der herrschenden Elite anstrebt; in der jüngsten Geschichte sind zwei klassische Beispiele das Deutschland der Nationalsozialisten von 1933–1945 und die UdSSR von 1917–1989. Hier existieren zusätzlich

---

47 Der Begriff des Tyrannen besagte zunächst nur, dass dieser Herrscher nicht legitim durch Erbfolge an die Macht gekommen war; meist herrschten sie als Folge von Putschvorgängen.
48 Gottesgnadentum: Die Könige sind dadurch, dass sie als ältester Sohn eines Königs geboren wurden, von Gott selbst dazu ausersehen zu herrschen und haben folglich auch den weiteren Blick für das Notwendige als die Untertanen.
49 Ein Staat, in dem die Exekutive unbeschränkt in das Leben der Bürger eingreift und diese im Sinne der Staatsideologie kontrolliert – meist durch sehr weitgehende Rechte der Polizei.

- eine monopolistische Staatspartei (NSDAP bzw. KPdSU),
- das Führerprinzip, verwirklicht entweder im charismatischen Führer des ganzen Volkes (Hitler bzw. Stalin) oder in der personell sehr beschränkten Elite an der Spitze der Partei (die wenigen wirklich mächtigen Männer im Politbüro nach der Stalin-Ära),
  Beispiel: Fahnenspruch im Dritten Reich
  „Wer auf die Fahne des Führers schwört, hat nichts mehr, was ihm selber gehört!"
- die Schaffung gestufter Eliten im Staat zur Kontrolle der Massen nach innen und zur Verschleierung der Manipulation nach außen (z. B. war die gesamte Jugend im Hitlerstaat hierarchisch aufgegliedert mit jeweiliger Befehlsgewalt des Höherrangigen gegenüber dem Untergebenen),
- ein Dualismus von Staats- und Parteibürokratie, d. h., jedem staatlichen Amt ist ein Parteiamt gleich- und nebengeordnet und kontrolliert dieses im Sinne der Ideologie,
- Ideologisierung des gesamten Lebens der Bürger durch Gleichschaltung und Überführung des Bildungs- und Kulturbetriebs in die Verfügung der Partei bei gleichzeitiger Ausrichtung auf ein utopisches Ziel (Großgermanisches Reich bzw. Kommunismus),
- Vereinzelung und Isolierung des Individuums durch ideologische Überhöhung der Gemeinschaft und ein umfassendes, überall vorhandenes Spitzelsystem (Gestapo[50] im NS-Staat, Stasi[51] in der DDR),
- terroristische Methoden der Herrschaftssicherung, d. h. ständig vorhandene Androhung physischer und psychischer Gewalt (z. B. die Verschaffung politischer Gegner in Konzentrationslager durch die Gestapo oder die Einweisung oppositioneller Wissenschaftler in Irrenhäuser in der Sowjetunion unter Stalin) sowie Sippenhaftung und
- Militarismus und faktische Aufrüstung.

Die rassistische Unrechtsordnung

Nachdem mit der Aufklärung die Grundidee unverzichtbarer Menschenrechte sowie der prinzipiellen Gleichheit aller Menschen propagiert worden war, mussten sich die weißen Kolonialherren zur Zeit des Imperialismus auf andere

---

[50] Die Geheime Staatspolizei hatte im Hitlerstaat die Aufgabe, die ideologische Ausrichtung zu garantieren, und konnte hierfür praktisch jedes Mittel anwenden.
[51] Das Ministerium für Staatssicherheit unter der Leitung von Erich Mielke errichtete das sehr effektive Netz von offiziellen und inoffiziellen Mitarbeitern (IM) zur Erfassung oppositioneller Strömungen; am Ende sollen ca. 91 000 offizielle und weit über 100 000 „IMs" zu dieser Organisation gehört haben.

Begründungen für ihre Unterdrückung der beherrschten Völker zurückziehen. Auf der Basis des Darwinismus entstand eine Rassentheorie, welche biologisch nachzuweisen suchte, dass die schwarze Rasse allen anderen Rassen unterlegen und zum Dienen bestimmt sei; die übrigen Rassen wurden in einem hierarchischen System höher eingestuft, am höchsten die weiße Rasse, der von Natur aus die Berechtigung zur Beherrschung der Welt innewohne. Die weißen Kolonialherren fühlten sich dadurch geradezu herausgefordert, die Völker in den Kolonien als Diener oder gar Sklaven zu behandeln.

Mit der Entlassung der Kolonien in die Unabhängigkeit nach dem Zweiten Weltkrieg entstand besonders in den südafrikanischen Staaten das Bestreben der weißen Einwandererschicht, ihre Privilegien festzuhalten; besonders in Südafrika wurde die **Politik der Apartheid** von 1948 bis 1994 durchgehalten: 1950 wurde jeder Südafrikaner im *Population Registration Act* einer Rasse (Weiße, Asiaten, Mischlinge, Bantu, d.h. Schwarze) und einem bestimmten Wohngebiet zugewiesen. Die Weißen besaßen alle politischen, sozialen und kulturellen Privilegien, in öffentlichen Einrichtungen wurde auf strengste Trennung der Rassen geachtet (bis hin zu Parkbänken für Weiße bzw. Schwarze), intime Beziehungen und erst recht Ehen zwischen Weißen und Schwarzen waren verboten. Höhere Bildung war ebenfalls den Weißen vorbehalten, die Schwarzen wurden bestimmten Reservaten zugewiesen, die sie außer für ihre Berufstätigkeit nicht verlassen durften. Die schwarze Bürgerrechtsbewegung des ANC *(African National Congress)* beschränkte sich zunächst auf gewaltlosen Widerstand und Demonstrationen. Nach der blutigen Niederschlagung einer Demonstration und dem Verbot des ANC gründete der Bürgerrechtler **Nelson Mandela** 1961 jedoch den bewaffneten Flügel des ANC; kurze Zeit später kam er in lebenslange Haft. Auf Druck afrikanischer Staaten, doch nicht ganz unfreiwillig, trat Südafrika 1961 aus dem Commonwealth aus. Die Politik der Apartheid trieb die Republik Südafrika immer weiter in die außenpolitische Isolation, mehrfach wurde der Staat von der UNO verurteilt und ein Waffenembargo verhängt. 1976 kam es durch schwarze Jugendliche in Soweto (einem Slum-Stadtteil von Johannesburg) zu einem Aufstand, der blutig niedergeschlagen wurde. Von nun an bemühte sich Präsident Pieter Willem Botha unter steigendem außenpolitischem Druck mit einem verfassungspolitischen Reformprogramm um allmähliche Lockerung der Apartheid. Die Verfassung von 1984 brachte ein Drei-Kammern-Parlament (eine Kammer von Schwarzen), 1992 billigte die weiße Bevölkerung durch Volksabstimmung die Abschaffung der Rassentrennung. Von 1994 bis 1999 war Mandela der erste schwarze Staatspräsident Südafrikas.

Das Kastenwesen

Während die beiden zuvor beschriebenen Begriffe mehr dem Regierungssystem eines Staates zuzuweisen waren, betrifft das Kastenwesen die traditionelle gesellschaftliche Ordnung eines Landes.

Die indische Gesellschaft ist hierarchisch in Kasten gegliedert, voneinander scharf abgegrenzten, weitgehend geschlossenen Kreisen, denen man durch Geburt angehört. Das Kastenwesen ist weiterhin gekennzeichnet durch

- die gesellschaftliche Festlegung jedes Einzelnen, wodurch ihm eindeutige Verhaltensmuster der Ein- und Unterordnung *(dharma)* zwingend vorgeschrieben sind,
- die in dieser Festlegung enthaltene erbliche Vorbestimmung des zu ergreifenden Berufs mit sehr differenzierter Arbeitsteilung und Zuweisung bestimmter Aufgaben,
- die Reglementierung der Sozialkontakte, die z. B. durch Heiratsvorschriften (*Endogamie*, d. h. Zwang zur Heirat innerhalb der Kaste) stark eingeschränkt werden,
- hingegen grundsätzliche Freiheit der wirtschaftlichen Kontakte,
- die Existenz eines Kastenrates, der die Einhaltung der Bräuche, Vorschriften und Privilegien überwacht und sogar eine eigene Gerichtsbarkeit besitzt, die in der Regel mehrere benachbarte Siedlungen umfasst.

Die ursprünglich vier (Haupt-)Kasten der Priester *(Brahmanen)*, Krieger, Bauern und Handwerker bzw. Knechte haben sich im Laufe der Zeit weiter differenziert in etwa 3 000 Kasten heute. Außerhalb des Kastensystems stehen die *Parias* (auch: *Harijans*) – heute ca. 160 Mio. Menschen –, die starker sozialer Diskriminierung unterliegen.

Die Verfassung Indiens von 1950 verbietet kastenbedingte Vorrechte und Benachteiligungen und räumt den Parias sowie den Angehörigen der Bergstämme Vorzugsbehandlung im Ausbildungssystem sowie bei der Anstellung im öffentlichen Dienst ein. Trotzdem hält sich das System in der Gesellschaft hartnäckig und bedingt einen weitverbreiteten Nepotismus[52]: Heute noch werden soziale Rollen eher nach dem Kastensystem als nach Eignung und Leistung verteilt.

Dies liegt vor allem im hinduistischen Glauben begründet, der vom Prinzip der Seelenwanderung ausgeht, d. h., die Seelen aller Lebewesen machen eine

---

52 Von lat. *nepos:* der Enkel, der Neffe; Bevorzugung von Verwandten bei der Besetzung von Ämtern und Posten.

lange Reihe von Wiederverkörperungen durch, ehe sie am Ende erlöst werden können; die jeweilige Existenz wird durch das Verhalten des Einzelnen in seinem vorhergehenden Leben bestimmt – wer auf einer niedrigen Stufe geboren wurde, hat dies also durch schlechte Lebensführung in der vorherigen Verkörperung selbst verschuldet. Diese für den gläubigen Hindu feststehende moralische Ordnung neutralisiert mögliche Aufstiegsmotivationen und macht vertikale Mobilität zu einem großen gesellschaftlichen Problem.

6.6 Die ethische Bedeutung des Widerstandsrechts

Gegen jeden, der es unternimmt, die freiheitlich-demokratische Grundordnung zu beseitigen, haben nach Art. 20 IV GG alle Deutschen das Recht zum Widerstand, wenn andere Abhilfe nicht möglich ist.

Der Begriff „Widerstand" ist für uns untrennbar verbunden mit den Namen Hans und Sophie Scholl[53] oder auch Claus von Stauffenberg[54] – Menschen, die genug Kraft und Charakter besaßen, sich gegen ein unmenschliches Unterdrückungsregime zur Wehr zu setzen.

Der Begriff des Widerstands hat eine lange Tradition, er reicht bis in die Antike zurück, in der z. B. Tyrannenmord als zulässiger Widerstand qualifiziert wurde. In jedem Fall ist der Begriff verbunden mit dem Gedanken an eine widerrechtliche, unterdrückerische Herrschaft, gegen die der rechtlich gesinnte Bürger sich wenden, ja sogar gewaltsam erheben darf. Der Bruch der positiven Gesetze wird legitim in dem Augenblick, in dem die Herrschaft oder ihre Zielsetzung illegal ist. Dabei nimmt der Widerstand Leistende eine Bestrafung bewusst in Kauf und geht die Gefahr ein, dass seine Berufung auf Gewissen oder höheres Recht nicht anerkannt wird.

In das Grundgesetz wurde Art. 20 IV erst nachträglich im Zuge der Einführung der Notstandsverfassung 1968 eingefügt – als Gegengewicht zu den erweiterten Möglichkeiten des Staates im Notstandsfall. Vorausgesetzt wird dabei, dass die staatliche Ordnung, wie sie in Art. 20 I bis III GG dargestellt wird,[55] nicht mehr handlungsfähig ist, dass also eine Beseitigung dieser Ordnung droht oder bereits geschehen ist. Ziel dieses gesetzlichen Widerstandes kann

---

53 Die beiden Geschwister waren die Anführer der Studentengruppe *Weiße Rose*, die an der Universität München z. B. durch Verteilung von Flugblättern aktiven Widerstand gegen das Nazi-Regime leistete; beide wurden hingerichtet.
54 Er war führendes Mitglied der Verschwörung gegen Hitler und versuchte am 20. Juli 1944 vergeblich, Hitler durch ein Bombenattentat im Führerhauptquartier „Wolfsschanze" zu töten.
55 Art. 20 ist der grundlegende Artikel, der neben Art. 1 nicht geändert werden darf („Ewigkeitsklausel"); er enthält die Grundlagen unserer Staatsordnung: Republik, Demokratie, Rechtsstaat, Sozialstaat, Volkssouveränität, Gewaltenteilung und deren rechtsstaatliche Bindung.

allein die Wiederherstellung der grundgesetzlich garantierten Ordnung sein. Bedeutsam wird das Widerstandsrecht vor allem durch die Einordnung in den mit der Ewigkeitsklausel geschützten Artikel. Für den Fall gerechtfertigten Widerstands sind auch illegale Handlungen erlaubt, z. B. ziviler Ungehorsam, passiver Widerstand oder notfalls auch die Anwendung unmittelbarer Gegengewalt. Kann sich der Bürger auf das Widerstandsrecht beziehen, so werden seine Handlungen sofort legal – d. h. er muss sie nicht nachher mit der Berufung auf vorstaatliche Billigkeit rechtfertigen, sondern kann sich unmittelbar auf die Verfassungsmäßigkeit seines Tuns berufen.

Sie leisteten Widerstand gegen Hitler – Gedenkbriefmarken zum 20. Jahrestag des Attentats auf Hitler, 20. Juli 1944

Mehrfach seit 1968 haben sich Gruppen oder auch Einzelne auf das Recht zum Widerstand berufen, wenn sie dem Staat ungesetzliches Vorgehen vorwarfen; bei den Aktionen der Terroristen um Andreas Baader und Ulrike Meinhof Anfang der 70er-Jahre lag unverkennbar ein verhängnisvoller Irrtum vor – in keinem Fall sind Gewaltaktionen gerechtfertigt, durch die Unschuldige zu Schaden kommen. Schwieriger wird es schon mit der Beurteilung von Aktionen wie sie z. B. von Angehörigen der Friedensbewegung durchgeführt wurden, um die Stationierung von US-Atomraketen in der Bundesrepublik zu verhindern – hätte man hierin eine Form der Kriegsvorbereitung erkennen können, wäre dies wirklich eine verfassungswidrige Handlung des Staates gewesen. So bewegt sich jeder, der Widerstand leisten zu müssen glaubt, stets auf einem schmalen Grat: „Die Narren von heute sind nicht immer die Helden von morgen; viele bleiben auch morgen die Narren von gestern."[56]

---

56 Jürgen Habermas: Ungehorsam mit Augenmaß, in: Die Zeit Nr. 39 vom 23. 9. 1983, S. 10.

Zusammenfassung: Die Verwirklichung von Gerechtigkeit im Staat

Staatstheorien, wie Gerechtigkeit im Staat verwirklicht werden kann, formulierten

- **Thomas Hobbes:** Der Krieg aller gegen alle hat zu einem **Unterwerfungsvertrag** geführt, der Freiheit nur im Privatleben erlaubt.
- **John Locke:** Er sieht die Gesellschaft als eigenes Organisationsfeld unabhängig vom Staat und fordert **Gewaltenteilung** sowie ein **Widerstandsrecht** des Volkes.
- **Montesquieu:** Er fordert die **Dreiteilung der Gewalten** mit gegenseitiger Kontrolle.
- **Jean-Jacques Rousseau:** Die **Volkssouveränität** ist unteilbar und muss ohne Repräsentation direkt ausgeübt werden; der aufgeklärte Bürger erzieht sich in völliger Freiheit selbst.
- **Georg W. F. Hegel:** Der beste Staat verwirklicht die wahre Freiheit des Einzelnen durch Identität des vernünftigen Willens mit dem monarchischen Staat.
- **John Stuart Mill:** Aus der Betonung der Individualität des Einzelnen in Verbindung mit sozialen Aufgaben des Staates soll ein Repräsentativsystem die Besten an die Herrschaft bringen.
- **Karl Marx:** Der Kapitalismus wird im Zuge der Konzentration von Kapital bei gleichzeitiger Verelendung der Massen in der **proletarischen Revolution** münden, und dann kann der **Kommunismus** zu einer glücklichen Entwicklung der Menschheit führen.

Das Spannungsverhältnis zwischen Gerechtigkeit und Freiheit aufgegeben haben der Klassische Liberalismus (besonders im Wirtschaftsliberalismus), der Sozialdarwinismus, der Kollektivismus und der Totalitarismus, während es der Pluralismus weitgehend ausbalancieren kann.

Das **Rechtsstaatsprinzip** verwirklicht sich in der Bindung der staatlichen Gewalt an Gesetz und Recht, Rechtsgleichheit und umfassender Rechtssicherheit (neben Gewaltenteilung und -kontrolle); rechtsstaatliche Verfahrensweisen manifestieren sich im Zivil-, Straf- und Verwaltungsrecht mit der Möglichkeit der direkten Verfassungsbeschwerde auf nationaler und europäischer Ebene. Durch Petitionen oder Volksbegehren/Volksentscheid kann der Bürger auch direkt auf die Gesetzgebung Einfluss nehmen.

Ungerechte Rechtsordnungen manifestieren sich in autoritären Regimes und rassistischen Unrechtsordnungen, aber z. B. auch im indischen Kastenwesen. Besondere Bedeutung erhält vor solchem Hintergrund das **Widerstandsrecht** aus ethischen Gründen.

7 Recht und Gerechtigkeit im Spannungsverhältnis: Gerechtigkeit gegenüber Benachteiligten

Die Einschätzung, Bewertung, Vermehrung und Verteilung der Güter und Ressourcen einer menschlichen Gemeinschaft war stets die grundlegende Aufgabe der Politik und auch ein Hauptproblem politischer Theorie. Vieles steht der Verwirklichung der Gerechtigkeit entgegen, doch muss täglich versucht werden, das Problem der sozialen Gerechtigkeit zu lösen.

7.1 Ursachen sozialer Konflikte

Vielfältig sind die Hintergründe, aus denen soziale Konflikte entstehen; immer aber haben sie etwas mit Ungleichheit und ungerechter Verteilung von Gütern oder Machtmitteln zu tun.

Bis zur Zeit der Aufklärung wurden beispielsweise die vorhandenen Herrschaftsstrukturen als gottgegeben hingenommen; nur wenige stellten die Vorrechte des Herrschers oder Geburtsadels infrage, und Widerstand regte sich erst, als Einzelne tyrannisch und eigensüchtig zu regieren begannen und ihre Untertanen zum eigenen Nutzen auspressten. Selbst als aufklärerische Schriften längst diese Zustände anprangerten, konnte beispielsweise das französische Königtum noch jahrzehntelang den wachsenden Unmut im Volk ignorieren, ehe es schließlich zur Revolution kam.

Die meisten Unterdrückungsmechanismen funktionieren allerdings erstaunlich gut, solange die Untergebenen ein gesichertes finanzielles Auskommen haben; Unzufriedenheit entsteht zumeist aus der **ungerechten Verteilung von Eigentum**. Je weiter die „Schere" zwischen Reich und Arm klafft, desto brisanter wird die Frage, wie lange eine Gesellschaft ohne gewaltsame Unterdrückung damit leben kann.

Eng damit verbunden ist die **Lohnfrage**. Gerechter Lohn für ordentliche Arbeit, ein gesichertes Einkommen für die Mühen des Alltags erscheint uns heute in der westlichen Welt fast selbstverständlich; dabei gab es noch vor 80 Jahren auch im heutigen demokratischen Europa viele Menschen, die trotz intensiven Arbeitseinsatzes der ganzen Familie nicht sicher sein konnten, jeden Tag satt zu werden.[57] Eine daran geknüpfte, bis heute nicht gelöste Frage ist die nach **gleichem Lohn für gleiche Arbeit**. Zwei Drittel der weltweit

---

[57] Leider scheint sich aufgrund der Wirtschaftsentwicklung im Zuge der Globalisierung erneut auch bei uns eine Bezahlung unter dem Lebenshaltungsniveau einzubürgern, die allerdings durch staatliche Hilfen auszugleichen ist.

geleisteten Arbeit wurde nach einem UN-Bericht 1991 von Frauen erledigt, sie erhielten dafür aber nur 10 % des weltweiten Einkommens. Auch in Deutschland erhalten trotz des Gleichstellungsgebots im Grundgesetz und diverser Entscheidungen höchster nationaler und internationaler Gerichtshöfe weitaus noch nicht alle Arbeitnehmerinnen denselben Lohn wie der männliche Kollege, und der weitaus größte Anteil der sogenannten „geringfügig Beschäftigten" mit Niedriglöhnen und minimaler sozialer Absicherung sind Frauen. Ein Schritt hin zu mehr Gerechtigkeit soll das Entgelttransparenzgesetz von 2017 sein, welches den Arbeitgeber in Betrieben von mehr als 200 Beschäftigten verpflichtet, auf Nachfrage Auskunft zu geben, wie Kolleginnen und Kollegen mit vergleichbaren Aufgaben entlohnt werden.

„Alle Menschen sind gleich, aber einige sind gleicher" ist ein ironischer Satz George Orwells, der immer wieder ausgesprochen wird, wenn es um **Sozialchancen** geht. Es ist durchaus kein Kennzeichen allein der kapitalistischen Welt, dass bestimmte Menschen einen besseren „Start ins Leben" haben als andere; in den ehemaligen Ostblockstaaten waren nur die Voraussetzungen andere, der Effekt aber blieb der gleiche: Wer in eine bestimmte privilegierte Schicht hineingeboren wurde oder wird, hat es leichter (oder möglicherweise an der obersten Spitze der sozialen Leiter überhaupt nicht mehr nötig), im Leben erfolgreich zu sein. Das einfachste Beispiel sind nach wie vor Arbeiterkinder, die statistisch nachweisbar erheblich seltener das Abitur ablegen als Nachkommen der sogenannten Mittelschicht.

Während die bislang genannten Ursachen sozialer Konflikte letztlich nur dann zu einem Ausbruch der Unzufriedenheit führen, wenn die Verhältnisse in einer Gesellschaft schlimm oder gar unerträglich werden, ist diese Gefahr erheblich größer bei einer Isolierung sozialer Gruppen. Ob es sich um Linksradikale, Rechtsradikale oder einfach um arbeitslose Jugendliche handelt – wer sich

Ein Beispiel für Radikalisierung: ein Aufmarsch der NPD (Nationaldemokratische Partei Deutschlands) im Jahr 2010

an den Rand der Gesellschaft gedrängt fühlt und keine Aussicht auf Besserung sieht, neigt dazu, eine gewaltsame Lösung zu suchen. Eine Gesellschaft, die Gerechtigkeit verwirklichen will, darf es in keinem Fall so weit kommen lassen.

7.2 Das Gemeinwohl

Jede politische Ideologie, jede Partei, jeder politisch denkende Mensch hat eine Vorstellung vom Zweck oder allgemeinen Ziel des gesellschaftlichen Zusammenlebens: Wie muss unser Staatsleben aussehen, damit es am besten für alle funktioniert? Dabei geht die traditionelle Lehre vom Gemeinwohl davon aus, dass ein allgemeines Wohl *a priori*[58] und unabhängig von der jeweiligen Vorstellung der Einzelmenschen im Gemeinwesen vorhanden sei. Die **antike Philosophie** zweifelte nicht daran, dass es objektive moralische Prinzipien und Ziele gebe, die der menschlichen Gemeinschaft zu verwirklichen aufgegeben seien und die in der Polis am besten umzusetzen waren. Auch die **katholische Staatslehre** nach Thomas von Aquin setzt das Gemeinwohl mit den von Gott vorgegebenen Zielen für die Menschen gleich. In der **Aufklärung** definiert sich das Gemeinwohl aus dem jeweils angenommenen Zweck des Gesellschaftsvertrages (Hobbes: Friedenssicherung, Locke: Eigentumsschutz, Rousseau: allgemeine Wohlfahrt, Verwirklichung der *volonté générale*). Die Theoretiker in der **Nachfolge von Marx** definieren als Gemeinwohl das Ziel, den Kommunismus herzustellen.

Seit Locke kommt allerdings eine andere Vorstellung auf: Gemeinwohl wird gleichsam *a posteriori*[59] aus dem individuellen Wohl aller abgeleitet; Gemeinwohl werde sich, ähnlich dem angenommenen Gleichgewicht am freien Markt, im freien Spiel der Kräfte von selbst ergeben. Einen Zwischenweg findet die moderne **Pluralismustheorie** des Politologen Ernst Fraenkel (1898–1975): Was als *bonum commune* (allgemeines Wohl) anzusehen sei, müsse sich unter aktiver Beteiligung möglichst vieler gesellschaftlicher Kräfte, aber auf der Grundlage gemeinsamer Grundwerte, eines Minimalkonsenses, ergeben. Den Vorwurf, in „harmonistischer" Weise nicht zu berücksichtigen, dass es nicht konfliktfähige und auch nicht konsensfähige Interessen gibt, verarbeitet John Rawls in seiner Theorie, indem er den alten Grundsatz der Chancengleichheit durch das Prinzip der **Ergebnisgleichheit** ersetzt; im Ergebnis sollen also alle in etwa gleich (un-)zufrieden sein. Die Gegenposition wiederum vertritt seit

---

58 Lat. „vom Früheren her"; das philosophische Prinzip, das bestimmte Grundlagen als gegeben annimmt, ehe der Mensch darüber nachdenkt – in der Mathematik etwa die Axiome.
59 Lat. „im Nachhinein"; Prinzip, das Schlüsse aus der Erfahrung zieht.

den 80er-Jahren die (vorwiegend nordamerikanische) Gruppe der **Kommunitaristen**. Sie sehen die Identität des Menschen primär durch die *shared understandings* der jeweiligen Gemeinschaft (also durch die Kultur und die historischen Traditionen, in die jeder Einzelne hineingewachsen ist) bestimmt und wollen Gemeinwohl nur in diesem Kreis definiert sehen. Dies gibt natürlich keine Antwort auf die Frage, wie die heutige multikulturelle Gesellschaft ihr Gemeinwohl finden kann. Der zeitgenössische amerikanische Moralphilosoph Charles M. Taylor will das Gemeinwohl erreichen durch Zurückführung der Gesellschaftszwecke auf *hypergoods*, also auf Güter höherer Ordnung ähnlich den allgemeinen Menschenrechten.

7.3 Versuche gesellschaftlichen Zusammenlebens

Solidaritäts-, Fürsorge- und Versorgungsprinzip

Solidarität ist eine Haltung des Menschen von Respekt und Fürsorge gegenüber seinen Mitmenschen, die über die reine Gerechtigkeit hinausgeht. Solidarität beinhaltet den freiwilligen Zusammenschluss zur Bewältigung von Schwierigkeiten, der ein – rechtlich nicht geschuldetes – Mittragen von Schwächeren einschließt und die Haftung von Risiken kollektiv übernimmt.

Eine frühe, staatlich verordnete Ausprägung dieses **Solidaritätsprinzips** waren die bismarckschen Sozialversicherungen, die seit den 80er-Jahren des 19. Jahrhunderts die Risiken von Kranken-, Invaliditäts- und Altersversorgung

Soziale Sicherung um die Jahrhundertwende

auf die Schultern aller Arbeitnehmer und -geber verteilten und die im Grundsätzlichen als System heute noch vorhanden sind. Vor allem im liberalen Lager ist dabei umstritten, ob der Solidargedanke zwingend eine *interpersonale* Umverteilung der Lasten nötig macht: Da im Leben der meisten Arbeitnehmer den Zeiten der eingeschränkten oder unmöglichen Leistungsfähigkeit (Kindheit, Krankheit, Alter) hinreichend Zeiten der vollen Erwerbstätigkeit gegenüberstünden, sei eine *intertemporale* Umverteilung ausreichend; jeder könne seine Rente selbst verdienen. Ein Blick auf die Kosten einer Krankenhausbehandlung bei einem mittelschweren Verkehrsunfall müsste hier eines Besseren belehren.

Erweitert und ergänzt wird das Solidaritätsprinzip durch das sogenannte **Fürsorgeprinzip**, nach dem bedürftige Personen, die sich in einer individuellen Notlage befinden (Langzeitarbeitslose, arbeitslose Jugendliche, Obdachlose usw.) aus Steuermitteln – also letztlich solidarisch von allen Steuerzahlern – finanziell abgesichert werden.

In diesem Rahmen zu nennen ist auch das **Versorgungsprinzip**, nach dem Personen, die der Gemeinschaft beruflich gedient oder ihr Sonderopfer geleistet haben (Beamte, Kriegsopfer), gegenüber dem Staat – also wiederum gegenüber allen Steuerzahlern – einen Anspruch auf Versorgung haben.

Das Subsidiaritätsprinzip

Das lateinische Wort *subsidium* heißt „Hilfe, Unterstützung"; Subsidiarität bedeutet, dass der Einzelne all das, was er selbst tun kann, auch selbst erledigen darf (und muss) – erst, wenn er überfordert ist, greift die Gemeinschaft helfend ein, stets jedoch im Sinne der Hilfe zur Selbsthilfe, nicht der Bevormundung und Entmündigung.

In der staatlichen Sozialpolitik – aber beispielsweise auch in der Europäischen Gemeinschaft – gilt grundsätzlich das Prinzip, dass der jeweils größere Verband, die jeweils höhere Ebene von Verantwortung und Machtmitteln, erst dann tätig wird, wenn der jeweils schwächere Verband, die untere Ebene, mit einer Aufgabe oder einem Problem überfordert ist. Konkret bedeutet dies, dass z. B. Elterninitiativen freie Kindergärten einrichten dürfen; solange sie diese unterhalten können, wird die Gemeinde sich zwar im bestimmten Rahmen mit Finanzmitteln an den Kosten beteiligen, muss aber bei hinreichender Ausstattung dann keinen eigenen Kindergarten anbieten. Schlagwortartig könnte man anführen: „So wenig Staat wie möglich, so viel Staat wie nötig."

Im staatlichen Bereich selbst gilt, dass Aufgaben, die die Gemeinden selbstständig erledigen können, nicht von Land oder Bund erfüllt werden sollen. Dies ist ein Mittel der Freiheitssicherung in der Demokratie, denn je weniger zentral von oben bestimmt, entschieden und verteilt wird, desto besser kann der Einzelne oder der kleinere Verband seine Geschicke selbst bestimmen. Natürlich erwartet das Subsidiaritätsprinzip andererseits vom einzelnen Bürger auch, dass er sich für seine Belange und die seiner Gemeinschaft nach Kräften einsetzt.

Partizipation[60]

Eines der wichtigsten und immer wieder reklamierten Rechte der Demokratie ist, an gesellschaftlichen und politischen Vorgängen teilzunehmen, seine Rechte als Bürger wahrzunehmen. Dabei beschränkt sich der Begriff Partizipation nicht etwa darauf, uns zur Wahl von Repräsentanten aufzufordern; vielmehr wird er sogar als dialektisches Gegenstück zur Repräsentation verwendet: Echte Teilhabe am Staatswesen müsste mehr sein als in regelmäßigen Abständen Kreuze in Wahllisten zu zeichnen, darüber hinaus aber „die da oben" regieren und entscheiden zu lassen. Natürlich ist es wünschenswert, dass möglichst viele Bürger einer Demokratie sich um politische und gesellschaftliche Vorgänge kümmern und deren Fortgang zu beeinflussen suchen; dies vertieft den Kontakt der Repräsentanten zur Basis und erhöht die Wahrscheinlichkeit, dass Entscheidungen nicht über die Köpfe derer hinweg getroffen werden, die sie betreffen. Andererseits muss in der Demokratie auch sichergestellt sein, dass nicht diejenigen ihre Meinung am besten durchsetzen können, welche sie am lautesten oder eindringlichsten äußern.

Die Möglichkeiten der Partizipation sind im demokratischen Staat vielfältig:

- **Parteien** haben die grundgesetzlich verbriefte Pflicht, die „Willensbildung des Volkes" zu fördern und ein Bindeglied zwischen den Bürgern und staatlichen Institutionen darzustellen.[61] Natürlich hängt es von der inneren Struktur der jeweiligen Partei, der Beziehung zwischen Basis und Funktionären ab, inwieweit das einzelne Parteimitglied wirklich die tägliche Politik beeinflussen kann.

- **Interessenverbände** bilden sich nach dem ebenfalls grundgesetzlich festgelegten Grundrecht der Vereinigungsfreiheit[62]; bei der Vielzahl der bereits bestehenden Organisationen vom örtlichen Schrebergarten-Verein bis zur bundesweit mächtigen Gewerkschaft bietet sich jedem Bürger die Möglichkeit, seine Interessen und Überzeugungen zu diskutieren und weiterzuverfolgen; er kann aber auch selbst eine Vereinigung gründen.

---

60 Wörtlich aus dem Lateinischen: *partem capere* – (sich) einen Teil nehmen.
61 Vgl. Art. 21 I 1 GG: „Die Parteien wirken bei der politischen Willensbildung des Volkes mit."
62 Auch: Koalitionsfreiheit, Art. 9 GG.

- Die Presse und andere **Medien** werden zwar überwiegend von Berufsjournalisten geführt, doch bietet sich nach dem Grundrecht auf Meinungsfreiheit (Art. 5 GG) ein umfassendes Spektrum der Möglichkeiten, seine Ansichten zu veröffentlichen – vom Leserbrief bis zur Wurfsendung in alle Hausbriefkästen. Die Medien sind jedoch auch ihrerseits verpflichtet, aktuelle Meinungen zu politischen Themen zu recherchieren und zu veröffentlichen und so als Verstärker von Meinungen zu dienen.
- Demonstrationen und **öffentliche Kundgebungen** sind eine weitere Form, auf politische und gesellschaftliche Anliegen aufmerksam zu machen.

Klimademonstration der *Fridays for future*-Bewegung in Stuttgart, 2019

- **Bürgerinitiativen** sind die modernste Form politischer Partizipation; von anderen Organisationen unterscheiden sie sich dadurch, dass sie für einen ganz bestimmten Zweck meist auf lokaler oder höchstens regionaler Ebene gegründet werden und sich nach der Abwicklung dieser Angelegenheit wieder auflösen – sei es, dass sie ihr Anliegen durchgesetzt haben, sei es, dass sie unterlegen sind.
- **Kirchliche, kulturelle** oder **sportliche Organisationen** bieten einen weiten Rahmen von Möglichkeiten, sich außerhalb der politischen Sphäre in der Gemeinschaft zu engagieren.

Allerdings gibt es in der Demokratie stets auch die Möglichkeit, die Partizipation zu verweigern. Niemand wird gezwungen, am öffentlichen Leben teilzunehmen – in der Bundesrepublik besteht nicht einmal Wahlpflicht wie in anderen Staaten durchaus üblich. Und immer mehr Bundesbürger wählen offenbar den Weg, lieber ihre privaten Belange eingehend zu regeln, als sich am öffentlichen Leben zu beteiligen – Familie, Wohnung, Beruf, Arbeitsplatz, Freizeitgestaltung bieten attraktivere und vor allem im Ergebnis sofort einsehbare Gestaltungsmöglichkeiten. Die unmittelbare Relevanz des politischen Engagements hingegen bleibt meist gering bzw. benötigt einen hohen Aufwand an Zeit, Energie und Können. Unter diesen Gesichtspunkten ist es nicht erstaunlich, dass immer weniger Menschen auf Befragen äußern, sie interessierten sich für Politik oder sähen politisches Engagement als wichtig für ihr eigenes Leben an; ja sogar die Zahl der Nichtwähler steigt. Längerfristig sollte jedoch jeder ernsthaft darüber nachdenken, ob es wirklich richtig ist, sich der Allgemeinheit zu verweigern – die Stillen im Lande sind immer die besten Untertanen eines Diktators!

Chancengleichheit

Chancengleichheit ist eine uralte Forderung nach gleichen Bildungs- und Lebensmöglichkeiten für alle Mitglieder der Gesellschaft. Die Geschichte hat gezeigt, dass der liberale Ansatz nicht genügt, der Chancengleichheit bereits für gegeben hält, wenn gesetzlich die Selbstverwirklichung des Einzelnen garantiert ist, die Gemeinschaft im bestimmten Rahmen sozial Schwache absichert und dem Individuum die Verantwortung dafür überträgt, alle sich ihm bietenden Chancen zu ergreifen. Vor allem im **Bildungswesen** liegt ein breites Feld für notwendige Förderung und Herstellung gleicher Startchancen für das Leben, denn erfahrungsgemäß ist eine höhere Bildung mit erheblich besseren Aussichten auf eine gesicherte Existenz verbunden. Vielfältig waren daher seit den ersten Forderungen in dieser Richtung die Bestrebungen, durch Bildungsförderung einer möglichst breiten Bevölkerungsschicht den Zugang zunächst überhaupt zu Bildungseinrichtungen (Anfang des 20. Jahrhunderts in Deutschland mit der breiten Durchsetzung der Alphabetisierung erreicht), später zur höheren Bildung zu ermöglichen. Der kostenlose Besuch weiterführender Schulen und der Universitäten[63], die Einführung von Volkshochschulen und anderen Einrichtungen der Erwachsenenbildung und direkte finanzielle Begabtenförderung sollten und sollen heute noch die Ausgangsbedingungen für ein erfolgreiches Berufsleben verbessern. Dem stehen immer wieder finanzielle Zwänge – knappe Haushaltskassen bei rückläufigen Einnahmen – entgegen, und es bleibt eine politische Frage, ob im Zweifelsfall eher Wirtschafts- oder Bildungsförderung betrieben wird.

---

63 Studiengebühren werden immer wieder diskutiert, weil man davon ausgeht, dass Arbeitnehmer mit Hochschulabschluss besonders hohe Gehälter bekämen. Es ist jedoch gerichtlich geklärt, dass das Erststudium in jedem Falle von Studiengebühren freigehalten werden muss.

Ein weiteres Gebiet, in dem Chancengleichheit noch lange nicht verwirklicht ist, stellt die **Gleichberechtigung der Frau** dar; nicht nur bezüglich der gleichen Bezahlung für gleiche Arbeit, sondern vor allem in Bezug auf ihre Rolle als Hausfrau und Mutter (und der damit einhergehenden Doppelbelastung, wenn sie einen Beruf ausübt, gegenüber einem entscheidenden „Karriereknick", wenn sie ihre Erziehungszeiten voll ausschöpft) oder auf die Besetzung von Spitzenpositionen in der Wirtschaft oder Politik muss die Gesellschaft der Bundesrepublik noch vieles leisten (und nicht nur im staatlichen Bereich), um wirklich alle Bürgerinnen und Bürger mit gleichen Chancen auszustatten.

Immer wieder kommt in allen möglichen Bereichen die Forderung auf, die Chancengleichheit durch Einführung von **Frauenquoten** zu fördern. In der Politik wurde diese bei mehreren Parteien eingeführt, beginnend 1979 mit den Grünen. In der Privatwirtschaft gilt seit 2016 eine 30 %-Quote für die Aufsichtsräte börsennotierter Unternehmen mit mehr als 2000 Beschäftigten.

Die soziale Marktwirtschaft

Die soziale Marktwirtschaft als theoretische Konzeption umfasst den Versuch, ein optimales Wirtschaftssystem zu finden, das der Initiative der Wirtschaftssubjekte möglichst viel Freiraum bietet und zugleich die sozialen Bedürfnisse der Gesamtbevölkerung erfüllt. Die Weltwirtschaftskrise nach 1929 hatte die Schwächen des reinen Kapitalismus deutlich offenbart; die Ergebnisse der Zwangswirtschaft sozialistischer wie faschistischer Prägung lagen am Ende des Zweiten Weltkrieges ebenfalls vor. Aus diesen Erfahrungen entwickelten Wirtschaftswissenschaftler die Theorie der sozialen Marktwirtschaft, die nach 1948 von Ludwig Erhard politisch durchgesetzt wurde.

Prinzipiell gilt das **freie Spiel der Kräfte des Marktes** (Wettbewerbsfreiheit) sowie weitestgehende Freiheit der Entscheidung des Einzelnen über Berufs- und Arbeitsplatzwahl, freie Verfügung über das Privateigentum bei gleichzeitiger Vereinigungsfreiheit und voller Tarifautonomie. Auf der anderen Seite garantiert der Staat durch ein umfassendes System die soziale Sicherung derjenigen, die zu schwach sind für den Wettbewerb. Doch hat der Staat gewisse Ordnungs- und Sicherungsaufgaben: Er sorgt für freien Marktzutritt[64] und echten Wettbewerb[65]; er leitet durch umfassende Steuergesetzgebung Einkommensströme in den Staatshaushalt, um damit neben der Sozialpolitik auch Bildungspolitik (und damit die Voraussetzung für die Marktteilnehmer von

---

64 Nur in einzelnen, besonders sensiblen Bereichen wie dem Gesundheitswesen kann die Anzahl der Ausübenden eines Berufes beschränkt werden, z. B. die Niederlassung von Ärzten oder Apothekern.
65 Beispielsweise verbieten Gesetze Preisabsprachen, und das Bundeskartellamt wacht darüber, dass es nicht zu marktbeherrschenden Zusammenschlüssen von Unternehmen kommt.

morgen) sowie strukturpolitische Maßnahmen zu finanzieren, die als Infrastruktur, Städtebau, Umweltschutz sowie Wohnungs- und Erholungsräume letztlich auch dem Markt wieder zugute kommen.

Allerdings greift der Staat durchaus mit **konjunkturfördernden** oder **konjunkturhemmenden Maßnahmen** in das Wirtschaftsleben ein, wo er es für nötig hält; so gibt es vielfältige Subventionierungen und arbeitsmarktpolitische Aktivitäten, und die Förderung der Vermögensbildung bei breiten Schichten ist erklärtes Ziel der Politik. Die Entscheidung zwischen dem *Laisser-faire* zugunsten des Marktes und dem Eingriff zugunsten der Schwachen ist nicht immer leicht zu treffen; insgesamt jedoch hat sich das System der sozialen Marktwirtschaft in Deutschland sicher bewährt.

Eigentum

Das Grundgesetz garantiert das Eigentum, d. h., jeder kann mit seinem Eigentum prinzipiell verfahren, wie er will; auch die private Erbfolge ist damit grundrechtlich gesichert. Dies schließt auch das sogenannte **Privateigentum an Produktionsmitteln** (Boden, Fabrikationsanlagen) ein.

Diesem Grundrecht auf Eigentum steht der Satz „Eigentum verpflichtet" (Art. 14 GG) entgegen, der die sogenannte **Sozialbindung des Eigentums** zum Ausdruck bringt. Diese bedeutet, dass der Staat die Verfügung an Privateigentum zum Nutzen der Allgemeinheit einschränken kann.

Letztlich bedeutsam wird diese Einschränkung von Eigentumsrechten vorwiegend bei Grund und Boden. Hier kann der Staat in die Rechte des Einzelnen eingreifen, wenn dies gesetzlich zugelassen ist. So darf eine Gemeinde z. B. bestimmte Ländereien zu Bauland oder Industriefläche, aber genauso zum Wasser- oder Naturschutzgebiet erklären – mit weitreichenden Konsequenzen für die finanzielle Verwertbarkeit durch den jeweiligen Eigentümer. Ein altes Gebäude kann unter Denkmalschutz gestellt werden (dann muss es der Eigentümer in seiner baulichen und historischen Substanz erhalten, es also restaurieren, anstatt z. B. auf dem Grund ein neues Mietshaus zu errichten), oder man darf ein Haus auch gewerblich nutzen (was höhere Einnahmen sichert). Wenn es zum Nutzen der Allgemeinheit notwendig erscheint, wenn etwa eine Straße gebaut werden soll, und der Eigentümer sich weigert, sein Grundstück zu verkaufen (und sei es nur, um durch Hinhalten die Grundstückspreise zu steigern), kann es gegen angemessene Entschädigung enteignet werden. Bis es so weit kommt, steht dem Eigentümer natürlich der Rechtsweg offen.

Welche hohe Wertschätzung das Recht auf Eigentum in der Bundesrepublik genießt, ist daran abzulesen, dass man nach der Wiedervereinigung bezüglich der Besitztümer, die von der DDR enteignet worden waren, nach dem Grundsatz „Rückgabe vor Entschädigung" verfuhr, obwohl es viel einfacher gewesen wäre, die alten Eigentümer oder deren Erben – die ja sowieso nicht damit gerechnet hatten, dass sie jemals von diesem Eigentum noch einen Nutzen haben würden – mit einer angemessenen Summe zu entschädigen.

Die gesetzlich vorgesehene Einschränkung des Eigentums an Produktionsmitteln ist die Mitbestimmung.

Mitbestimmung

Historisch gesehen beginnt die Geschichte der Mitbestimmung mit dem Beginn der Industrialisierung: Als es üblich wurde, seine Arbeitskraft einem Unternehmer gegen Lohn zur Verfügung zu stellen, galt das Prinzip der absoluten Weisungsgewalt dessen, der Arbeit kaufte und sie zum Zwecke der Profitgewinnung verwertete. Selbstverständlich strebte jeder Unternehmer danach, die Arbeitszeiten so weit wie möglich auszudehnen und dabei die Lohnansprüche möglichst gering zu halten, um durch niedrige Endpreise konkurrenzfähig zu bleiben und trotzdem das Unternehmen in der Gewinnzone zu halten; rein marktwirtschaftlich gesehen ist diese Haltung nach wie vor logisch.

Die Entstehung der Sozialen Frage des 19. Jahrhunderts mit unhaltbaren Zuständen von Frauen- und Kinderarbeit, Zerfall der Familien, Wohnungsnot und Leben am Existenzminimum für eine große Anzahl der abhängig Arbeitenden führte zu Zusammenschlüssen zur Erkämpfung und Wahrung von Rechten der Arbeitnehmer – die **Gewerkschaften** entstanden, und bis zum Ersten Weltkrieg konnten neben der Einführung der Sozialversicherungen auch gewisse Verbesserungen der Arbeitsbedingungen erreicht werden. Mit der revolutionären Umwälzung seit 1917[66] erschien erstmals die Verwirklichung des Gedankens realistisch, dass diejenigen, die die Arbeit leisteten, auch über deren Organisation und den weiteren Wirtschaftsprozess mitbestimmen sollten. Vor der sozialistischen Forderung nach Vergesellschaftung der Produktionsbetriebe erschien ein **Betriebsrätegesetz** den Wirtschaftsführern die annehmbare Lösung. Es wurde 1920 erlassen und gestand zumindest eine Arbeitnehmervertretung in den Aufsichtsräten sowie gewisse soziale Kontrollfunktionen zu. Nach dem Zusammenbruch der nationalsozialistischen Plan- und Kriegswirtschaft kam es zur Reorganisation der Arbeiterorganisationen, die wegen der erwiesenen Korrumpierbarkeit des Kapitals erneut die Soziali-

---

[66] Die Oktoberrevolution in Russland war nur die längerfristig erfolgreichste der sozialistischen Revolutionen am Ende des Ersten Weltkriegs; auch in Deutschland, England, Italien und anderen Staaten wurden Arbeiter- und Soldatenräte gebildet, und z. B. Bayern bildete 1918 zunächst eine Räterepublik.

sierung wenigstens der Großbetriebe forderten. Diese wurde jedoch wieder verhindert, da die westlichen Besatzungsmächte in der Bundesrepublik die Restauration des kapitalistischen Wirtschaftssystems erzwangen. Mehrere Streiks Anfang der 50er-Jahre erkämpften schließlich das **Betriebsverfassungsgesetz** von 1952, welches bundeseinheitlich Betriebsräte als Repräsentanten und Interessenvertreter der Arbeitnehmer in Betrieben mit mindestens fünf Beschäftigten vorsieht.

Damit war zwar eine Institution geschaffen, die dem einzelnen Arbeitnehmer eine stärkere Position gegenüber dem Arbeitgeber verschafft und seine soziale Lage absichert, doch die ursprüngliche Idee war damit (wie auch nach allen folgenden Änderungen dieses Gesetzes, die weitergehende Rechte zum Schutz der Arbeitnehmer, der Auszubildenden und schließlich der Gleichstellung der Frauen brachten) nicht verwirklicht: dem Arbeiter die **paritätische Mitbestimmung** in der Führung des Unternehmens zu gewähren. In diesem Zusammenhang existieren in der Bundesrepublik drei gesetzliche Systeme mit unterschiedlichen Geltungsbereichen:

- Das **Montan-Mitbestimmungsgesetz** von 1951, erweitert im Montan-Mitbestimmungs-Ergänzungsgesetz von 1956, sieht für die Unternehmen des Bergbaus und der Eisen und Stahl produzierenden Industrie eine paritätische Besetzung der Aufsichtsräte und Vorstände durch Arbeitgeber- und Arbeitnehmerseite vor.

- Das **Betriebsverfassungsgesetz** von 1952 konstituiert eine Ein-Drittel-Beteiligung der Arbeitnehmervertreter im Aufsichtsrat.

- Das **Mitbestimmungsgesetz** von 1976 führt in Unternehmen und Konzernen mit mehr als 2 000 Beschäftigten eine paritätische Besetzung der Aufsichtsräte ein. Besteht in einem Konfliktfall Stimmengleichheit, so erhält der Aufsichtsratsvorsitzende, der in den meisten Fällen der Anteilseignerseite angehört, bei der wiederholten Abstimmung zwei Stimmen.

Das Grundmodell der Mitbestimmung nach dem Mitbestimmungsgesetz von 1976

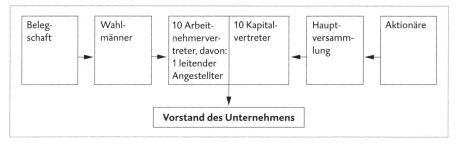

Konkrete Einwirkungsmöglichkeiten hat die Arbeitnehmerseite damit vor allem auf die Auswahl und Kontrolle der Unternehmensleitung, in bestimmtem Rahmen auch auf Grundzüge der Unternehmenspolitik. Hier wird zwar immer der Gesichtspunkt der ökonomischen Wettbewerbsfähigkeit des Unternehmens im Vordergrund stehen; trotzdem sind soziale Belange der Beschäftigten stets im Blickfeld von Unternehmensentscheidungen. Gleichzeitig wird bis zu einem gewissen Grad der Arbeitnehmer zum Partner der Unternehmensleitung, indem seine Vertreter die gleichen Informationen erhalten wie die Arbeitgeberseite, aber auch zentrale Entscheidungen mittragen und -verantworten. Bei guter Zusammenarbeit empfindet der Arbeitnehmer das Unternehmen nicht mehr als fremde Institution, sondern durchaus als Teil des eigenen Verantwortungsbereichs – was auch der tiefere Sinn der Mitbestimmung sein dürfte.

Bestimmte Gesellschafts- und Staatsformen

- **Wohlfahrtsstaat:** Ein Staat, der die Wohlfahrt der Bürger zu seinem wichtigsten Prinzip macht, muss eine aktive Rolle in der Steuerung gesellschaftlicher und wirtschaftlicher Abläufe übernehmen; der Staat greift durch Investitionen, Abschöpfung von Kapital und Regulierung von Güterverteilung direkt ins Wirtschaftsleben ein. Die persönliche Initiative und Verantwortung des einzelnen Bürgers wird dem kollektiven Wohlergehen untergeordnet, dafür wird der Bürger gleichsam „von der Wiege bis zur Bahre" vom Staat umfassend betreut. Frühe Vertreter dieser Theorie von der Aufgabe des Staates (um 1700) sahen ihn z. B. im Polizeistaat am besten verwirklicht; diesen Gedanken schlossen sich Fürsten des aufgeklärten Absolutismus wie Friedrich II. von Preußen[68] und Joseph II. von Habsburg an.

- **Nachtwächterstaat:** Diesen Ausdruck hat Ferdinand Lassalle (1825– 1864), ein Führer der Frühsozialisten in Deutschland, für den klassischen liberalen Staat geprägt: Der Staat kümmert sich lediglich um Ruhe und Ordnung, begnügt sich mit allgemeinen Schutzfunktionen, greift aber so wenig wie möglich in den täglichen Ablauf der Dinge ein. Aus wirtschaftlichen Belangen hält er sich völlig heraus und überlässt die Gestaltung der Staatswirklichkeit dem souveränen Individuum.

- **Kommunistische Gesellschaften:** „Die Menge [...] war ein Herz und eine Seele. Keiner nannte etwas von seinem Besitztum sein Eigen, Alles hatten sie miteinander gemeinsam. [...] So gab es keine Bedürftigen unter ihnen.

---

68 Von ihm stammt der Ausspruch: „Alles für das Volk, nichts durch das Volk!"

Wer Grundstücke oder Häuser besaß, veräußerte sie, brachte den Erlös daraus [...], davon wurde jedem zugeteilt, was er nötig hatte." (Apg 4, 32–35)
Kommunismus im weiteren Sinne ist ein politisch-ideologischer Begriff, der das (utopische) Bemühen kennzeichnet, eine Gesellschaftsform zu finden, in der Freiheit und soziale Gleichheit durch Gemeineigentum und kollektive Problemlösung verwirklicht werden.

Bereits Platons idealen Staat könnte man als eine Art Kommunismus bezeichnen: Schließlich sollte die bürgerliche Familie abgeschafft und das Zusammenleben der Geschlechter vom Staat organisiert werden, der auch die Kinder gemeinsam aufziehen und die Auslese der Besten durchführen sollte. Die frühen Christen lebten in Gemeinschaften zusammen, wie sie die obige Quelle beschreibt, auch in mittelalterlichen Bettelorden sind ähnliche Lebensformen bekannt. Thomas Müntzer (1489–1525), ein evangelischer Theologe und Revolutionär zur Zeit der Reformation, wollte die Christen ebenfalls auf eine solche Gemeinschaft zurückführen.

In der frühen Neuzeit entstanden mehrere utopische Romane[69], in denen stets Gesellschaften ohne Ständehierarchie und Privateigentum, aber mit christlich-vorbildlicher Moral und Sozialität zu finden waren.

Auch die Idee des Kommunismus nach Karl Marx sieht eine solche Gesellschaftsordnung vor. Das angestrebte Gemeinschaftsleben – nicht zuletzt das des marxschen Ideals – zeichnet eine durchaus erstrebenswerte Form menschlichen Zusammenlebens; bisher ist es größeren Gemeinwesen jedoch noch nie gelungen, eine derartige Gesellschaftsform einzuführen und längerfristig aufrechtzuerhalten.

---

69 Z. B. Thomas Morus: Utopia, 1516; Tommaso Campanella: Der Sonnenstaat, 1602.

7.4 Das Sozialstaatsprinzip

Das Grundgesetz der Bundesrepublik Deutschland hält fest, dass der Staat soziale Gerechtigkeit in den gesellschaftlichen Verhältnissen anstreben muss. Dies bedeutet, dass über die Einhaltung des Rechtsstaatsprinzips hinaus im gesamten staatlichen Handeln, also in Inhalt und Auslegung der Gesetze, in Verwaltungstätigkeit und Rechtsprechung, der Abbau größerer sozialer Unterschiede in der Gesellschaft und die Sicherung eines angemessenen Lebensstandards für jede Bevölkerungsgruppe Berücksichtigung finden müssen.[70]

Das Grundgesetz bindet den Staat aber nicht an eine bestimmte Wirtschaftsordnung und führt auch einzelne soziale Grundrechte nicht ein. Wichtig ist dies vor allem bezüglich des **Rechts auf Arbeit**, das immer wieder gefordert wird. Wäre es im Grundrechtskatalog aufgenommen, so müsste der Staat für alle Arbeitslosen Arbeit zur Verfügung stellen, auch wenn diese auf dem Markt gar nicht benötigt würde – mit finanziellen Konsequenzen, die man sich seit dem Zusammenbruch der DDR etwa ausmalen kann: Dort existierte das Recht auf Arbeit, offiziell gab es keine Arbeitslosen, aber in einzelnen Bereichen war ein notwendiger Arbeitsplatz mit drei Personen besetzt. Entsprechend niedrig waren die Löhne, was wiederum Preisbindung bei lebensnotwendigen Gütern erforderlich machte; das Recht auf Arbeit ist ohne planwirtschaftliche Wirtschaftslenkung nicht zu gewährleisten.

Im Einzelnen fordert das Sozialstaatsprinzip vom Staat:

- **Ausgleich sozialer Gegensätze:** Dieser betrifft vor allem die konstruktive Auflösung der Spannung zwischen Rechtsstaatsprinzip (Abwehr von Eingriffen in Individualrechte) und Sozialstaatsprinzip (Eingriffe in die Rechte des Einzelnen zur Herstellung sozialen Ausgleichs). Maßnahmen hierzu sind z. B. eine soziale Steuer- und Abgabenpolitik (progressive Einkommensteuer, Kinderfreibeträge, Ehegattensplitting usw.) und gesetzlicher Schutz der Schwächeren zur Verhütung des Missbrauchs wirtschaftlicher Machtstellung (Kündigungs-, Mieter-, Verbraucherschutz, Mitbestimmung, Schutz des wirtschaftlichen Wettbewerbs durch das Kartellgesetz usw.).

- **Daseinsvorsorge für alle:** Alle Bürger sollen positive Lebensbedingungen vorfinden. Dafür stellt der Staat öffentliche Dienste und Einrichtungen zur Verfügung (Strom- und Wasserversorgung, Abfall- und Wasserentsorgung; Infrastruktur; Schulwesen, Gesundheitswesen, Gerichtswesen usw.) und

---

[70] Laut Urteil des Bundesverfassungsgerichts ist die Mindestvoraussetzung des Sozialstaats, allen Bürgern ein menschenwürdiges Dasein zu schaffen und es zu fördern.

betreibt staatliche Konjunkturpolitik mit dem Ziel der Vollbeschäftigung und Preisstabilität. Hierfür steht dem Staat das Mittel der Steuerpolitik, aber auch der Staatsverschuldung zur Verfügung mit der Pflicht, ein ausgewogenes Verhältnis zwischen beiden beizubehalten.

- **Soziale Sicherungssysteme gegen bestimmte Risiken:** Der Staat überwacht und verwirklicht die soziale Absicherung der Bürger nach dem Solidaritäts-, Fürsorge- und Versorgungsprinzip (vgl. S. 79 f.).

7.5 Reformen und Revolutionen zur Verwirklichung sozialer Gerechtigkeit

Die Sozialenzykliken der Päpste

Eine Enzyklika ist ein Rundschreiben des Papstes an alle Katholiken, aber auch an „alle Menschen guten Willens". In der Regel wird hierdurch ein Meinungsbildungsprozess innerhalb der Kirche zu einem vorläufigen Abschluss gebracht, die Ergebnisse sind verkündete Lehre der Kirche. Benannt werden Enzykliken nach ihren Anfangsworten. Die für unser Thema wichtigsten waren:

- **1891 Rerum Novarum** (Leo XIII.): Sehr spät nahm die offizielle Kirche Stellung zu der im 19. Jahrhundert zum brennenden Problem angewachsenen **Sozialen Frage**, lange nachdem herausragende Kirchenmänner wie Bischof von Ketteler oder Adolf Kolping diese beklagt, entsprechende Forderungen auf Abhilfe gestellt und Maßnahmen ergriffen hatten. Die Enzyklika von 1891 erkennt zwar ausdrücklich das Recht auf privates Eigentum als „Forderung der Natur" an, da der Mensch durch Arbeit Eigentum erwirbt und sich weiterentwickelt, doch weist sie eindringlich auf die Verpflichtung des Christen zu Nächstenliebe hin. Aus ihr begründet sie zum einen, dass der Reiche von seinem Überfluss den Notleidenden Almosen geben soll, zum anderen aber auch, dass die Arbeiter in ihrer menschlichen Würde geachtet werden müssen. Nicht nur ihre Kräfte zur Arbeit dürfen taxiert werden, sondern man muss in gebührender Weise Rücksicht nehmen auf ihr geistiges Wohl; der Unternehmer muss ihnen genügend Freizeit für den Besuch des Gottesdienstes, aber auch für ein zuträgliches Familienleben lassen und darf von keinem mehr Arbeit fordern, als es für sein Alter oder Geschlecht angemessen ist.
- **1931 Quadragesimo Anno** (Pius XI.): Mit Sorge betrachtet der Papst die Zusammenballung von Kapital, Macht und „wirtschaftlicher Herrschgewalt" in den Händen Einzelner, die häufig noch nicht einmal dessen Eigen-

tümer, sondern nur Treuhänder und Verwalter sind.[71] Der Individualnatur des Eigentums, die nach wie vor bejaht wird, stellt die Enzyklika dessen Sozialnatur zur Seite; der Staat hat die Pflicht, das Eigentum „den Erfordernissen des Gemeinwohls" unterzuordnen – er darf also im Bedarfsfall Eigentum enteignen oder dem Eigentümer staatliche Auflagen erteilen usw.

- **1965 Gaudium et Spes** (II. Vatikanisches Konzil): Durch seine Arbeit drückt der Mensch der Welt seinen Stempel auf und vervollkommnet sich selbst. Der Arbeitnehmer ist deshalb als vollwertige Person zu sehen. Entscheidungen sollten nicht über seinen Kopf hinweg getroffen werden, er sollte vielmehr aktiv in wichtige Entscheidungen über das Unternehmen einbezogen werden; andernfalls würde man der materiellen Ebene einen höheren Rang einräumen als der personalen.

- **1987 Sollicitudo Rei Socialis** (Johannes Paul II.): Das Christentum beinhaltet eine soziale Verpflichtung, die weltweit zu sehen ist. Deshalb muss ein weltumspannender Ausgleich der sozialen Verhältnisse geschaffen werden. Konkret fordert der Papst eine Reform des internationalen Handelssystems weg vom Protektionismus, eine Reform des Weltwährungs- und Finanzsystems zugunsten der armen Länder, die weltweite Regelung des Technologietransfers sowie die Überprüfung der Struktur der internationalen Organisationen. All dies wird nur möglich sein durch weltweite zwischenmenschliche Solidarität.

- **1991 Centesimus Annus** (Johannes Paul II): Wahrer Friede liegt nicht nur im Schweigen der Waffen, sondern schließt Versöhnung, Selbstbestimmung und Wohlergehen der Völker mit ein. Die wirtschaftliche Abhängigkeit ehemaliger Kolonien ist immer noch nicht überwunden; trotz gesteigerten Bewusstseins für Menschen- und Völkerrechte werden internationale Konflikte immer noch auf kriegerischem Weg gelöst. Die permanente Verletzung der Rechte der Arbeiter hat zum Sturz der Diktaturen in Osteuropa beigetragen; nun muss dort der Aufbau echter Demokratien unterstützt werden. Nach dem Ende des Blockdenkens muss ein Verständnis gegenseitiger Abhängigkeit und Verantwortung entwickelt werden. Der Neuaufbau der ehemals kommunistischen Länder erfordert die Solidarität der „Reichen", ohne dass der Rest der Welt deshalb aus dem Blickfeld geraten dürfte; ein ganzheitliches – nicht nur auf Lebensstandard reduziertes – Entwicklungsverständnis ist anzustreben.

---

71 Gemeint ist die starke Konzentration von Kapital, die seit dem Ersten Weltkrieg stattgefunden hat, die Bildung von riesigen Kartellen und Trusts, die eine Aufteilung des Marktes ganz nach marxscher Theorie möglich erscheinen ließen.

Befreiungstheologie

Die Theologie der Befreiung hat sich ab den frühen 60er-Jahren in Lateinamerika (besonders Brasilien, Peru, Chile) als theologische Reflexion über das kulturelle, soziale und politische Engagement aktiver Christen entwickelt. Ihr Ziel ist die umfassende Befreiung der millionenfach im Elend lebenden Menschen. Unmittelbarer Auslöser dieser Befreiungstheologie ist die Betroffenheit dortiger Christen angesichts des alltäglichen Elends, in dem die Menschen trotz westlicher Entwicklungshilfe weiterhin leben. Die Entwicklungshilfe hatte das Volk jener Länder zum Objekt von Mildtätigkeit gemacht, anstatt Hilfe zur Selbsthilfe zu leisten, es im Willen zur eigenen Befreiung zu unterstützen.

Die Theologie der Befreiung wird überwiegend von Theologen und Ordensleuten unterstützt, die aus den Ländern Südamerikas selbst stammen; zum Teil wird behauptet, nur ein Ortsansässiger könne überhaupt das rechte Verständnis aufbringen. Einer der bekanntesten Vertreter ist Ernesto Cardenal, aus reicher, nicaraguanischer Familie stammend und im Kampf gegen den Diktator Somoza im Guerillakrieg erfolgreich.

Die Befreiungstheologie ist vielfältig aus der Bibel zu begründen, wo stets die Armen, Unterdrückten, Verachteten und Rechtlosen als Gottes Kinder besonders hervorgehoben werden. Träger dieser Theologie ist primär das unterdrückte Volk selbst, das sich in kirchlichen Basisgemeinden zusammenfindet, das Evangelium liest, sich gegenseitig tröstet und für den Kampf gegen die Unterdrücker Mut zuspricht. Propagiert wird die Überwindung der Ungerechtigkeit der Systeme von unten her, das Volk ist Subjekt dieser Befreiung, die Betroffenen selbst können ihr Bedürfnis nach Freiheit, Selbstverwirklichung und menschlichen Lebensbedingungen artikulieren, erhalten Erklärungsmuster und Lösungsansätze und entwickeln sie selbstständig weiter. Die latent vorhandenen Kräfte sollen zunächst durch Bildung der Betroffenen geweckt werden; dafür wirken Pädagogen, Soziologen, Psychologen und Theologen in einer interdisziplinären Bewegung zusammen, um in kleinen Schritten allmählich eine Besserung zu erreichen.

Nachgefolgt ist der Theologie die Ethik der Befreiung mit ihrem bedeutendsten Vertreter Enrique Dussel. Dieser kritisiert alle europäischen Philosophien als Totalitätsphilosophien sowie das System des Kapitalismus, das die ganze Welt auf Mehrwert und Gewinn ausrichte. Etwas Neues kann nur von der Peripherie des Systems her gedacht werden, in einer Praxis von Basisgemeinschaften entstehen, die sich dem herrschenden System widersetzen.

Die Bedeutung dieser Kultur der Befreiung darf nicht unterschätzt werden: Mittlerweile existiert eine **Schwarze Theologie der Befreiung** in den USA, und auch in Europa beginnt man, sich mit dem Phänomen der Neuen Armut auseinanderzusetzen. In kirchlichen Kreisen, besonders im Vatikan, wurde die Befreiungstheologie von Anfang an kontrovers beurteilt. Man wirft ihr vor, sie reduziere das biblische Freiheitsverständnis auf politische Freiheit, bediene sich der marxistischen Gesellschaftsanalyse, plädiere für Gewaltanwendung, spalte Kirchenhierarchie und -volk, schließe in ihrer Parteinahme für Arme andere Gesellschaftsschichten aus und widerspreche der kirchlichen Soziallehre.

Reformen im demokratischen Staat
Im demokratischen Staat besteht trotz oder gerade wegen der Pflicht zur Erfüllung des Sozialstaatsprinzips immer wieder die Notwendigkeit, die bestehenden Gesetze oder Gesetzeswerke den sich ändernden gesellschaftlichen Verhältnissen anzupassen bzw. immer noch vorhandene Ungerechtigkeiten zu beseitigen. Die Einführung der Mitbestimmung erfüllte eine solche Pflicht. Weitere Probleme werden immer wieder besprochen, als Reform angekündigt und aus den verschiedensten Gründen immer wieder verschoben.

- **Steuerreform:** Jede Regierung der Bundesrepublik hat Gesetze zum Steuerrecht vorgeschlagen, hunderte solcher Gesetze und Gesetzesänderungen sind erlassen worden, wobei es stets darum ging, Steuern sozialverträglich zu gestalten bzw. wirtschaftspolitische Ziele umzusetzen. Auch das Bundesverfassungsgericht hat mit dem Urteil zur verpflichtenden Freistellung des Existenzminimums für Familien (1998) Steuergesetze veranlasst.
  Ein völlig neuer Bereich ergab sich mit der Notwendigkeit, die Umweltzerstörung einzudämmen. Hier wurde eine Reihe von steuerlichen Vorgaben eingeführt, vor allem die Stromsteuer, die ebenso wie die gleichzeitig eingeführte Erhöhung der Mineralölsteuer den Energieverbrauch verteuert.

- **Rentenreform:** Die solidarisch finanzierte Rente war eine der ersten sozialen Errungenschaften der Bismarckzeit; allerdings erhielt man damals erst ab einem Rentenalter von 70 Jahren (Männer und Frauen) unter Erfüllung einer Wartezeit von 30 Jahren und jährlich 47 Wochenbeiträgen zwischen 106 und 109 Mark jährlich. Damals konnte man also in keiner Weise von der Sicherung des Lebensstandards im Alter sprechen.
  Bereits damals funktionierte die Rentenabsicherung nach dem heute noch gültigen **Generationenvertrag**, der besagt, dass jeweils das Geld, das die im Erwerbsleben stehenden Arbeitnehmer und ihre Arbeitgeber in die Rentenkasse einzahlen, zur Finanzierung des Lebensunterhalts der Rentner dient.
  Die Erhöhung der Durchschnittslebensdauer (in den letzten 30 Jahren um ca. 10 Jahre bei beiden Geschlechtern) bei immer früherem Eintritt ins Ren-

tenalter, geringere Einnahmen wegen steigender bzw. gleichbleibend hoher Arbeitslosigkeit bei gleichzeitig höheren Rentenansprüchen aufgrund der gestiegenen Einkommen, die Ausdehnung der Rentenansprüche auf praktisch alle Bevölkerungskreise[72] und nicht zuletzt die demografische Entwicklung (die Gesellschaft als Ganzes wird immer älter, weil immer weniger Kinder geboren werden) bringen die Rentenversicherungsträger zunehmend in Schwierigkeiten. Vor allem angesichts der Prognose, dass im Jahr 2050 (nach anderen Berechnungen bereits 2030) jeder Arbeitnehmer von seinen Beiträgen einen Rentner ernähren müsse, trat 2002 das vom damaligen Bundesminister für Arbeit und Sozialordnung Walter Riester entworfene **Altersvermögensgesetz** in Kraft. Es überträgt einen Teil der Verantwortung für die Erhaltung des Lebensstandards im Alter dem Bürger selbst, indem der Staat bestimmte Formen der privaten Altersvorsorge direkt mit Zuzahlungen fördert (sog. Riester-Rente). Die Diskussion, inwieweit diese Reform erfolgreich war und die Sozialsysteme wirklich entlasten kann, dauert noch an. Durch die Ausweitung des Kreises der Geringverdiener, die gebrochenen Arbeitsbiografien im Kontext der Wiedervereinigung sowie die hohe Anzahl Alleinerziehender, die nur in Teilzeit verdienen können, droht der Kreis der Sozialhilfe-Empfänger im Alter extrem anzusteigen. Als Gegenmaßnahme ist 2019 die Grundrente beschlossen worden, welche die Lebensleistung der Menschen dadurch anerkennen soll, dass, wer mindestens 35 Jahre berufstätig war, deutlich mehr Rente erhält als Nichtverdiener.

7.6 Gerechtigkeit gegenüber Benachteiligten

Der Umgang mit Ausländern

Was als „Ausländerproblematik" durch die Medien geht, hat zwei Ursachen:
- **Gastarbeiter:** Das „Wirtschaftswunder" der späten 50er-Jahre brachte Vollbeschäftigung und bald auch Arbeitskräftemangel mit sich. Deshalb wurden – vorwiegend in Süd- und Südosteuropa – die fehlenden Arbeiter angeworben. Bereits 1964 begrüßte man den einmillionsten Gastarbeiter[74] in der Bundesrepublik. Bald erwies sich aber, dass diese Arbeitskräfte nicht nur vorübergehend gebraucht wurden, viele holten ihre Familien nach, und so entstand das Problem der **Integration** ausländischer Mitbewohner. Mit

---

72 Nach der ursprünglichen Konzeption gab es z. B. keine Witwenrente, und der freiwillige Eintritt von Freiberuflern war nicht vorgesehen.
74 Die Bezeichnung „Gastarbeiter" geriet seit den 1970er-Jahren zunehmend in die Kritik, da die „Gäste" großenteils hier eine neue Heimat fanden. Heute hat sich v. a. der Begriff „Arbeitsmigranten" durchgesetzt.

der Veränderung der wirtschaftlichen Situation seit Mitte der 70er-Jahre und dem Anwachsen der Arbeitslosenzahlen verschärfte sich die ablehnende Einstellung vieler Deutscher gegenüber den ausländischen Nachbarn. Mittlerweile leben zahlreiche deutsche Bürger mit Migrationshintergrund bereits in der dritten und sogar vierten Generation in Deutschland und betrachten das Herkunftsland ihrer Eltern und Großeltern oft nicht mehr als ihre Heimat. Auf die Tatsache, dass die ausländischen Arbeitnehmer nicht nur für begrenzte Zeit in Deutschland blieben und ihre Kinder und Enkel hier aufwuchsen, reagierte die deutsche Regierung erst sehr spät mit entsprechenden Maßnahmen zur Integrationsförderung. Erst seit dem Jahr 2000 gilt Deutschland offiziell als Einwanderungsland.

Ein weiteres Problem tat sich mit der Wiedervereinigung und der damit verbundenen erheblich größeren Problematik auf dem Arbeitsmarkt des Ostens auf. Gerade hier finden Vereinfachungen und grobe Parolen rechtsgerichteter Gruppen wie „Die Ausländer nehmen den Deutschen die Stellen weg!" oder noch brutaler „Ausländer raus!" immer wieder geneigte Ohren bei denen, die für sich selbst wenig Chancen für die Zukunft sehen.

- **Asylbewerber:** Erstmals in der deutschen Verfassungsgeschichte enthält das Grundgesetz ein Recht auf Asyl, das dem Grundrechtskatalog zugeordnet ist. Bis 1993 lautete dieser Satz schlicht: „Politisch Verfolgte genießen Asylrecht." Als Mitte der 70er-Jahre eine weltweite Stagnation der Wirtschaft einsetzte, wirkte sich diese unmittelbar auch auf die Verhältnisse in den Ländern der Dritten Welt aus; 1977/78 stiegen in der Bundesrepublik

die Asylbewerberzahlen rapide an, und es entstand für diese Menschen, deren Asylanträge zu über 80 % abgelehnt wurden, die Bezeichnung Wirtschaftsflüchtlinge. Zunächst versuchte man über eine restriktive Auslegung der geltenden Gesetze der „Asylantenflut" Herr zu werden. Schließlich wurde mit Zustimmung aller großen Parteien das Grundgesetz geändert, und es entstand der heute gültige Art. 16a GG, gemäß dem sich ein Flüchtling nicht mehr auf das Asylrecht berufen kann, der aus einem EU-Land oder sonstigen als sicher geltenden Drittstaat in die Bundesrepublik einreist, und dem gemäß jemand, der aus einem „sicheren Herkunftsstaat" kommt, gesondert nachweisen muss, dass er wirklich der Verfolgung unterliegt; beide Staatengruppen sind gesetzlich festgelegt.

Im Zuge der Flüchtlingskrise ab 2015 kam es zu einer starken gesellschaftlichen Polarisierung. Der Willkommenskultur, die sich in der zum Teil großen Unterstützung von Flüchtlingen durch Privatpersonen zeigte, standen auf der anderen Seite islamfeindliche Bewegungen wie *Pegida* (= Patriotische Europäer gegen die Islamisierung des Abendlandes) gegenüber, die meinten, gegen eine „Überfremdung" angehen zu müssen. Und die Partei *AfD* (= Alternative für Deutschland) erreichte mit ihren rechtspopulistischen und flüchtlingsfeindlichen Positionen bei der Bundestagswahl 2017 über 12 %. Das Bewusstsein für die schrecklichen Verhältnisse in den Herkunftsländern, z. B. im Bürgerkriegsland Syrien, scheint bei deren Wählern meist zu fehlen bzw. für die politische Meinung nicht relevant zu sein.

Bei Menschen, die aus rein wirtschaftlichen Gründen zu uns kommen, sollte bedacht werden, dass sie oft korrekter als „Armutsflüchtlinge" zu bezeichnen sind; ein hoher Anteil der Armut in der Welt geht darauf zurück, dass die Länder der nördlichen Hemisphäre ihren hohen Lebensstandard zu einem großen Teil aus der Armut der südlichen finanzieren – sodass unsere weltweite Wirtschaftspolitik uns die Flüchtlinge geradezu in die Arme treibt. Denn wenn wir nicht genug zu essen hätten und wüssten, in anderen Ländern gibt es Nahrung und vieles darüber hinaus im Überfluss – würden wir nicht auch versuchen, dorthin zu kommen?

Der Umgang mit Minderheiten in der Gesellschaft

Um sich mit dem Begriff der Minderheiten auseinanderzusetzen, muss man ihn zunächst definieren: Heutzutage ist meist die Rede von der **ethnischen Minderheit**; dies bedeutet, dass Angehörige eines Volkes in einem Staat leben, dessen Bevölkerung in der Mehrheit einer anderen Ethnie angehört. Volk oder Ethnie meint dabei eine Gruppe von vor- bzw. überstaatlich existierender kulturell und sprachlich, gelegentlich auch religiös einheitlicher Zusammengehörigkeit, die jedoch wiederum verschiedene Nationalitäten ausbilden kann (z. B. Deutsche und Österreicher). Kollektive ethnische Identität besitzen Nationen wie Franzosen, Italiener oder Griechen, aber eben auch Sinti/Roma, Basken, Kurden und Tschetschenen, denen es nie gelungen ist, eine Nation zu werden. Das stärkste Moment der Zusammengehörigkeit stellt die **Sprache** dar, die eine ethnische Minderheit innerhalb eines Staates von der Mehrheit abgrenzt. Vielfältig waren und sind in Geschichte und Gegenwart die Formen der Diskriminierung, die ethnische Minderheiten erfahren mussten. „Schließt die Wertsachen weg, die Zigeuner kommen!" war ein Vorurteil, das noch am Anfang des 20. Jahrhunderts in ganz Europa selbstverständlich geäußert wurde. Ebenso mussten Juden in Ghettos leben, wurde die jeweilige polnische Minderheit in Preußen und Österreich germanisiert, in Russland russifiziert.[75] Bis hin zur ethnischen Säuberung – also der Vertreibung oder gar Ermordung von Angehörigen der ethnischen Minderheit – führte die Feindschaft zwischen den Völkern im ehemaligen Jugoslawien; 1999 fühlte sich die NATO veranlasst, aufgrund solcher Vorgänge gegen die damalige Bundesrepublik Jugoslawien (heute der Bundesstaat Serbien und Montenegro) Krieg zu führen.

In demokratischen Staaten genießen ethnische Minderheiten üblicherweise dieselben Grundrechte wie alle Staatsbürger, eine etwa vorhandene oder auch nur empfundene Diskriminierung liegt im gesellschaftlichen Bereich. Die in Norddeutschland lebenden Minderheiten der Sorben[76], Friesen, Dänen und Sinti/Roma haben bislang vergeblich gefordert, in den Grundrechten die Bezeichnung „Deutsche" durch „Staatsbürger" zu ersetzen und einen Absatz „Der Schutz und die Förderung der in Deutschland ansässigen Volksgruppen werden garantiert" in die Verfassung aufzunehmen; immerhin hat der Minderheitenschutz Eingang in mehrere Landesverfassungen gefunden.[77] Vor der Aufnahme ins Grundgesetz scheut man sich vermutlich nicht nur wegen der absehbaren Situation, dass es in der Bundesrepublik wohl bald eine größere türkisch-stämmige als sorbische oder dänische Minderheit geben wird; mit dem verfassungsmäßigen Recht auf Schutz und Förderung könnte sich eine finanzielle Verpflichtung auf dem Gebiet der Kultur und des Schulwesens ergeben.

---

75 Nach den drei polnischen Teilungen im 18. Jahrhundert war der polnische Staat von der Landkarte verschwunden; die aufteilenden Großmächte hielten sich für berechtigt, diese Menschen zwangsweise in ihre Völker einzugliedern.
76 Die Sorben oder Wenden sind ein westslawisches Volk, das seine Eigenheit über die deutsche Ostkolonisation im auslaufenden Mittelalter bis in die heutige Zeit bewahrt hat. Bereits in der DDR als Minderheit anerkannt leben heute im Gebiet zwischen Cottbus und Bautzen noch ca. 60 000–80 000 Sorben.
77 Schleswig-Holstein änderte 1990 seine Verfassung dahingehend, Sachsen und Brandenburg nahmen entsprechende Artikel in die neuen Verfassungen auf.

Der Umgang mit Randgruppen in der Gesellschaft

Spätestens seit der Aufklärung hat sich die westliche Gesellschaft dem Prinzip der **Toleranz** verschrieben, also der Achtung andersartiger Einstellungen, die weit über eine bloße Gleichgültigkeit, ein Nicht-Hinsehen hinausgehen sollte. Rein rechtlich gesehen verpflichtet uns die Verfassung auf diese Toleranz.

Im wirtschaftlichen und sozialen Bereich bemüht sich der Gesetzgeber, Benachteiligungen auszugleichen:

- **Behinderte** unterlagen jahrhundertelang einer starken Diskriminierung, sie waren lediglich als Kriegsversehrte einigermaßen anerkannt; in früheren Zeiten als „Dorftrottel" verlacht, galten geistig Behinderte im NS-Staat als „lebensunwertes Leben" und unterlagen den Euthanasie-Bestimmungen.

  Beispiel: Nationalsozialistische Mathematik
  Aufgabe 95: Der Bau einer Irrenanstalt erfordert 6 Millionen RM. Wie viele Siedlungen zu je 15 000 RM hätte man dafür bauen können?
  Aufgabe 97: Ein Geisteskranker kostet täglich etwa 4 RM, ein Krüppel 5,50 RM, ein Verbrecher 3,50 RM. In vielen Fällen hat ein Beamter täglich nur etwa 4 RM, ein Angestellter kaum 3,50 RM, ein ungelernter Arbeiter noch keine 2 RM auf den Kopf der Familie.
  a) Stelle diese Zahlen bildlich dar! – Nach vorsichtigen Schätzungen sind in Deutschland 300 000 Geisteskranke, Epileptiker usw. in Anstaltspflege.
  b) Was kosten diese jährlich insgesamt bei einem Satz von 4 RM?
  c) Wie viele Ehestandsdarlehen zu je 1 000 RM könnten – unter Verzicht auf spätere Rückzahlung – von diesem Geld jährlich ausgegeben werden?
  Aus: Handbuch für Lehrer, Mathematik im Dienste der nationalen Erziehung, Berlin 1935.

  Heute schützen vielfältige wirtschaftliche Bestimmungen die Rechte Behinderter, der Staat räumt ihnen bei gleicher Qualifikation Vorrang in Einstellung und Beförderung ein, Unternehmer müssen entweder einen bestimmten Prozentsatz von Behinderten beschäftigen oder eine Ausgleichsabgabe zahlen. Wie weit Behinderte sich im täglichen Leben aber doch diskriminiert sehen müssen, liegt an uns selbst und unserem Umgang mit ihnen. Die 2006 verabschiedete UN-Behindertenkonvention verpflichtet die Mitgliedsstaaten zur Verwirklichung der Inklusion, also der umfassenden Eingliederung von Menschen mit Einschränkungen in das soziale Leben.

- **Homosexuelle** waren vom Mittelalter bis weit ins 18. Jahrhundert hinein durch die Todesstrafe, später durch Zuchthausstrafen bedroht. Der 1872 ins deutsche Strafgesetzbuch aufgenommene § 175, der für sexuelle Handlungen unter Männern Haftstrafen vorsah, wurde im Nazi-Deutschland verschärft; zahlreiche Homosexuelle wurden in KZs inhaftiert. In Westdeutschland war § 175 in dieser verschärften Fassung bis 1969 gültig und wurde erst 1994 vollständig aufgehoben. Heute haben sich Homosexuelle stark emanzipiert und sind vor allem in der jungen Generation weitgehend anerkannt.

- Wo im Mittelalter die **Aussätzigen** zum Schutz der Gesunden aus der Gesellschaft ausgestoßen wurden und ein Bettlerleben außerhalb der Wohngemeinschaft führen mussten, sind heute chronisch Kranke weitgehend integriert; allerdings neigt man immer noch dazu, von **Aidskranken** Abstand zu halten.
- Ein problematisches Verhältnis hat die Gesellschaft auch zu **Drogenabhängigen**. Während Raucher erst in jüngster Zeit ernsthaften Einschränkungen unterliegen, Alkohol eine anerkannte Alltagsdroge ist und Alkoholiker im Allgemeinen mit Verständnis rechnen können, werden die Abhängigen von Rauschdrogen noch weitgehend als Kriminelle betrachtet und ausgegrenzt. In letzter Zeit wird immer wieder die Freigabe „weicher" Drogen wie Haschisch oder Marihuana diskutiert; sinnvoller wäre es allerdings, die Ursachen zu bekämpfen, die Menschen für Drogenkonsum anfällig machen.
- Eine weitere, wohl schon seit Jahrtausenden diskriminierte Randgruppe sind **Prostituierte**, die allerdings im Zuge der allgemeinen Liberalisierung der Sexualität ebenfalls eine gewisse Emanzipation erreicht haben; die Einladungen solcher Damen zu Talkshows im Fernsehen beweisen, dass man heute zu diesem Beruf auch steht; was nicht verhindert, dass immer noch Frauen unter unwürdigen Umständen zur Prostitution gezwungen werden.
- Ein Problem der jüngsten Zeit stellt die **Armutsgefährdung** dar. Obwohl sich die wirtschaftliche Situation Deutschlands trotz der Finanzkrise (ab 2008) positiv entwickelt hat, gibt es immer mehr Menschen, die am wirtschaftlichen Erfolg des Landes nicht teilhaben. Besonders besorgniserregend ist die zunehmende Kinderarmut.

Im Jahr 2002 setzte die Regierung Schröder eine Kommission unter Leitung des Managers Peter Hartz ein, die ein Bündel von Maßnahmen zur Arbeitsmarktpolitik ausarbeitete; diese traten als **Gesetze zur Reform des Arbeitsmarktes** zwischen 2002 und 2005 in Kraft. Besonders umstritten dabei war das letzte, in Kurzform als „**Hartz IV**" bezeichnete Gesetz, welches die Zusammenlegung der ehemaligen Arbeitslosenhilfe[78] mit der Sozialhilfe beinhaltet. Seit 2008 erhält man zunächst, je nach Lebensalter

---

78 Arbeitslose erhielten früher zunächst abhängig von der Dauer der Beschäftigung bis zu zwei Jahre Arbeitslosengeld, das bis zu 70 % der vorherigen Nettobezüge betrug, danach noch über Jahre hinweg Arbeitslosenhilfe; diese unterschied sich von der Sozialhilfe der Fürsorgeempfänger vor allem dadurch, dass man nicht mittellos sein musste, um sie zu erhalten.

und Einzahlungszeitraum, sechs bis 24 Monate lang das sogenannte Arbeitslosengeld I, danach muss man sein gesamtes Vermögen weitgehend verbrauchen (inklusive angesparter Altersvorsorge), ehe man vom Staat das sogenannte Arbeitslosengeld II bekommt.

Die neue Gesetzeslage verursachte bis heute starke Kritik besonders der Gewerkschaften und Wohlfahrtsverbände an der Hartz-IV-Reform. Zudem wird beklagt, dass wegen der Verpflichtung, jeden Arbeitsplatz auch unterhalb der eigenen Qualifikation zu akzeptieren[79], die Berufsausbildung entwertet werde und die Arbeitgeber langfristig geradezu angeregt würden, die Löhne immer weiter zu senken, indem Leiharbeit und Minijobs offiziell anerkannt wurden. Auch widerspreche die erwartete bundesweite Mobilität dem Schutz von Ehe und Familie. Demgegenüber beklagen die Arbeitgeberverbände eine ihrer Ansicht nach noch zu hohe Subventionierung der Erwerbslosigkeit[80].

Zusammenfassung: Recht und Gerechtigkeit im Spannungsverhältnis: Gerechtigkeit gegenüber Benachteiligten

Ursachen sozialer Konflikte liegen meist in der **ungerechten Verteilung von Eigentum**; das **Gemeinwohl** wird von jeder politischen Richtung anders bestimmt. Versuche **gesellschaftlichen Zusammenlebens** haben neben dem **Solidaritätsprinzip** das **Subsidiaritätsprinzip**, aber auch den Gedanken der **Partizipation** hervorgebracht, die den Menschen direkt am staatlichen Handeln beteiligt.

Chancengleichheit versucht die Bundesrepublik in der **Sozialen Marktwirtschaft** zu verwirklichen, der einseitigen Verteilung von **Eigentum** – besonders an Produktionsmitteln – soll auf Unternehmensebene durch **Mitbestimmung** entgegengewirkt werden. Auch die besonderen Staatsformen wie **Wohlfahrtsstaat, Nachtwächterstaat** und **Kommunistische Gesellschaften** finden eigene Formen des Umgangs mit dieser Spannung.

Das Grundgesetz schreibt das **Sozialstaatsprinzip** fest. Zur Verwirklichung sozialer Gerechtigkeit versuchten und versuchen die **Sozialenzykliken** der Päpste, die **Befreiungstheologie** sowie ständig neue **Reformen** im demokratischen Staat beizutragen. Schließlich misst sich Gerechtigkeit gegenüber Benachteiligten in unserem **Umgang mit Ausländern** (Arbeitsmigranten, Asylbewerber), mit **Minderheiten** in der Gesellschaft sowie mit **Randgruppen** (Behinderte, Homosexuelle, Drogenabhängige, aber auch Arbeitslose).

---

79 Über die Zumutbarkeit entscheidet der zuständige Betreuer der Arbeitsagentur.
80 Wenn ALG II nur wenige Euro unter dem Netto- oder gar Bruttoverdienst liegt, ist der Anreiz zu arbeiten ggf. nicht sehr hoch.

Menschen- und Grundrechte

1 Historischer Ursprung und Entwicklung der Menschenrechte

Bereits bei Aristoteles finden sich Gedanken, die den Menschen oder doch zumindest die enge Gemeinschaft der Familie als vorrangig gegenüber den Interessen der großen Gemeinschaft des Staates ansehen (so in seiner Staatslehre). In der gesamten Zeit der Antike jedoch kann über Menschenrechte im modernen Sinne schon deshalb nicht gesprochen werden, da die Sklaverei eine selbstverständliche Einrichtung war.

Erst mit dem Christentum kam die Idee vom Menschen als einzigartigem, unverwechselbarem Individuum auf, dessen Seele im Jenseits fortleben wird. Von dieser Vorgabe ausgehend entwickelte sich allmählich die Forderung nach einem allgemeinen und einklagbaren Schutz jedes Einzelnen gegenüber der Staatsgewalt.

1.1 England

Die früheste schriftliche Niederlegung solcher einklagbarer Menschenrechte findet sich in der **Magna Charta Libertatum**, die 1215 von den englischen Grafen und Baronen dem schwachen König Johann Ohneland abgetrotzt wurde. Hier finden sich die für unser Thema bedeutsamen Sätze:

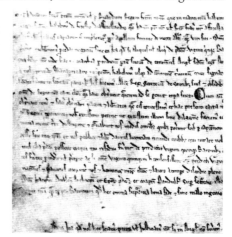

Ausschnitt aus der Originalhandschrift der Magna Charta von 1215

> (39) Kein freier Mann soll verhaftet, gefangen gehalten, enteignet, geächtet, verbrannt oder auf irgendeine Art zugrunde gerichtet werden [...] es sei denn aufgrund gesetzlichen Urteilsspruchs von seinesgleichen oder aufgrund des Landesrechts. [...]
> (42) Es soll fortan jeder nach freiem Belieben Unser Königreich verlassen und dahin zurückkehren können, heil und sicher, zu Lande und zu Wasser.

Magna Charta Libertatum, 1215.

Zum ersten Mal waren hier Rechte des Einzelnen gegenüber der Staatsgewalt in einem grundlegenden Gesetz niedergeschrieben worden.

Das zweite wichtige Gesetz in diesem Zusammenhang wurde erneut in England erlassen: 1679 nahm Karl II. die **Habeas-Corpus-Akte** an – „Du sollst (d)einen (Rechts-)Körper haben" – so benannt nach den Anfangsworten des Gesetzes. Wichtige Neuerungen für die Rechtsprechung der Neuzeit sind hier enthalten:

- Niemand darf ohne richterliche Anordnung verhaftet werden.
- Man darf niemanden ohne Verhör in Haft behalten.
- Man darf niemanden ohne Anhörung länger als drei Tage festhalten.

Diese Bestimmungen finden sich heute in der Verfassung jedes Staates, der ein Rechtsstaat sein will.

1.2 Amerika

Als sich die Kolonien in Nordamerika von Großbritannien lossagten, vollzogen sie dies vor allem unter dem Aspekt, dass das Mutterland die eigenen gesetzlichen Vorgaben bezüglich der Rechte der Bürger nicht eingehalten habe (*No taxation without representation* – Keine Besteuerung ohne Vertretung im Parlament). Entsprechend bemühten sich die einzelnen Staaten, gesetzliche „Erklärungen der Rechte" – zu erlassen. Am bekanntesten wurde aufgrund ihrer grundlegenden Formulierungen die **Virginia Bill of Rights** vom 12. Juni 1776; hier finden sich unter anderem folgende Inhalte: Alle Menschen sind von Natur aus frei und besitzen unveräußerliche Rechte, zu denen Leben, Freiheit, Eigentum und Streben nach Glück und Sicherheit gehören. Prozessuale Rechte, Presse- und Religionsfreiheit sind jedem Menschen zu garantieren.

1.3 Frankreich

Das wichtigste Dokument Europas im Zusammenhang mit den Menschenrechten ist die **Erklärung der Menschen- und Bürgerrechte** vom 26. August 1789, erlassen von einer Nationalversammlung, die sich gegen das absolutistische Königtum mit seiner Abriegelung der Bürgerlichen von Macht und Einfluss und der willkürlichen Herrschaft eines Einzelnen gebildet hatte. Entsprechend sind die Artikel sehr viel härter und anspruchsvoller formuliert:

Déclaration des Droits de l'Homme et du Citoyen, 1789 – Erklärung der Menschen- und Bürgerrechte

I. Die Menschen sind frei geboren und bleiben frei und gleich vor dem Gesetz. Soziale Unterschiede können nur durch das öffentliche Wohl gerechtfertigt werden.

II. Ziel aller politischen Vereinigung ist die Erhaltung der natürlichen und ewigen Menschenrechte. Diese Rechte sind: Freiheit, Eigentum, Sicherheit und Widerstand gegen Unterdrückung. […]

IV. Die Freiheit besteht darin, alles tun zu können, was anderen nicht schadet: so hat der Gebrauch der Menschenrechte keine andere Grenze als die, dass alle anderen Glieder der Gesellschaft dieselben Rechte genießen. Diese Grenzen sind durch das Gesetz bestimmt.

V. Das Gesetz kann nur der Gesellschaft schädliche Handlungen untersagen. Alles, was das Gesetz nicht verbietet, kann nicht verhindert werden, und niemand kann gezwungen werden, etwas zu tun, was das Gesetz nicht befiehlt.

VI. Das Gesetz ist der Ausdruck des allgemeinen Willens *(volonté générale)*. Alle Bürger können persönlich oder durch Vertreter zu seiner Formulierung beitragen. Es muss für alle dasselbe sein, gleichviel ob es schützt oder straft. Alle Bürger sind vor ihm gleich und können gleicherweise zu allen Würden, Stellen und öffentlichen Ämtern gelangen. […]

VII. Kein Mensch kann beschuldigt, festgenommen und gefangen gehalten werden als in den Fällen und nach den Formen, die das Gesetz vorschreibt. […]

XI. Der freie Austausch von Gedanken und Meinungen ist eines der kostbarsten Menschenrechte. Jeder Bürger kann also frei reden, schreiben, drucken, ausgenommen den Missbrauch dieser Freiheit, den das Gesetz festlegt. […]

XVI. Jede Gesellschaft, in der die Menschenrechte nicht genügend gesichert und die Teilung der Gewalten nicht durchgeführt ist, hat keine Verfassung.

XVII. Da das Eigentumsrecht heilig und unverletzlich ist, so kann keiner dessen beraubt werden, außer wenn es nach der Meinung aller das allgemeine Wohl fordert und auch dann nur unter der Bedingung der vorläufigen Unantastbarkeit.

Erklärung der Menschenrechte, 1789.

Entwicklung der universellen Menschenrechtsidee aus westlich-abendländischer Perspektive

Menschenwürde und Menschenbild der abendländischen Tradition

Antike Philosophie Humanitas des Menschen	**Christentum** Imago dei a priori durch Gott	**Aufklärung** Naturrecht a priori durch die Natur

Unveräußerlichkeit von Menschenwürde und Menschenrechten

moralische Verpflichtung, sich für den Menschen als soziales Wesen, nicht als Rechtssubjekt einzusetzen	moralische Verpflichtung, gemäß göttlicher Gebote (Bibel), die Würde des Menschen zu achten	moralische Verpflichtung, Freiheit und Gleichheit des Menschen als Rechtssubjekt zu wahren; Verpflichtung des Menschen, von seiner Freiheit und Vernunft Gebrauch zu machen

keine konkreten staats- und völkerrechtlichen Konsequenzen

Frage nach der Notwendigkeit einer verfassungsmäßigen Verankerung

→ **Brüderlichkeit**
→ **Freiheit**
→ **Gleichheit**

grundlegende Verankerungen von Menschen- und Bürgerrechten seit dem späten 18. Jahrhundert

2 Die Wertgebundenheit der Menschenrechte

Die Betrachtung der Menschenrechte, wie sie in allen neuzeitlichen Erklärungen zu finden ist, basiert auf der Herleitung des Naturrechts aus der europäischen Geistes-, Sozial- und Rechtsgeschichte.

2.1 Geistesgeschichte

Der Mensch als besonderes Lebewesen wird erst in der griechischen Philosophie der Antike zu einem intensiv bedachten Thema; vorher empfanden sich die Menschen als in das kosmische Geschehen eingebunden.

Platon betont vor allem die Eigenschaft des Menschen, seinen Geist zu gebrauchen und die Begierden des Leibes durch die Vernunft zu zähmen.

Aristoteles betont neben der Vernunftbegabung die Eigenschaft, ein soziales Wesen zu sein.

Die **Stoa** sieht den Menschen erneut als eingebunden in den Kosmos, doch teilnehmend an der kosmischen Vernunft.

Die **christliche Lehre** stellt Gott an die Stelle des Kosmos; der Mensch ist sein Geschöpf und kann nur im Glauben eine Teilhabe an der göttlichen Vernunft erlangen.

Für **Renaissance und Humanismus** steht der seiner selbst bewusste Mensch im Mittelpunkt.[81]

Mit der **Aufklärung** rückt der Gedanke der Autonomie, der Selbstbestimmtheit, in den Vordergrund, verbunden mit dem Gedanken der (geistigen) Freiheit, für die sich der Mensch von der (naturgebundenen) Körperlichkeit unabhängig machen muss.[82] Die Aufklärung postu-

Der Mensch im Mittelpunkt des Kosmos

---

81 Vgl. Descartes: *cogito ergo sum* – Ich denke, also bin ich.
82 Vgl. die Definition Kants: „Aufklärung ist der Ausgang des Menschen aus seiner selbstverschuldeten Unmündigkeit. Unmündigkeit ist die Unfähigkeit, sich seines Verstandes ohne Leitung eines anderen zu bedienen. Selbstverschuldet ist diese Unmündigkeit, wenn die Ursache derselben nicht am Mangel des Verstandes, sondern der Entschließung und des Mutes liegt, sich seiner ohne Leitung eines anderen zu bedienen."

liert sogar, man müsse den Menschen nur hinreichend bilden, dann werde er von selbst das Gute und Nützliche anstreben.

Seit dem **19. Jahrhundert** entstehen Gegenströmungen, vor allem im Marxismus, der den Menschen als abhängig von den sozialen und wirtschaftlichen Gegebenheiten seiner Gesellschaft sieht; bereits Feuerbach, dann Nietzsche und besonders Freud betonen hingegen die Triebgebundenheit des Menschen.

Im **20. Jahrhundert** werden nicht nur Ideologien wie Nationalsozialismus und Stalinismus vertreten, die vor allem das Massenwesen Mensch sehen, sondern mit dem Existenzialismus tritt auch eine weitere starke Betonung der Individualität des Einzelmenschen auf.

2.2 Rechtsgeschichte

Bereits die Griechen entwickelten ein übergreifendes Rechtsdenken, doch erst die Ausdehnung und Geschlossenheit des Römischen Reiches sollte den entscheidenden Einfluss auf die europäische Rechtsentwicklung haben – und weit über diesen geografischen Ort hinaus wirken. Bedeutsam ist die Tatsache, dass mit dem römischen Recht eine einzige Rechtsordnung für „die ganze Welt" *(totus orbis terrarum)* galt. Dieses Recht war von frühester Zeit an vom Volk bestimmt – selbst die etruskischen Könige hatten nur die Gesetzesinitiative, beschlossen wurde das Recht in der Volksversammlung. Während der gesamten Zeit der Republik und des Prinzipats blieben zumindest formal die Beschlüsse des Volkes (in verschiedenen Ausprägungen) Grundlage der Rechtsetzung, ergänzt durch kaiserliche Beschlüsse. Seit dem 5. Jahrhundert liegt das Zentrum römischer Rechtsentwicklung in Ostrom, wo unter Kaiser Iustinian das *Corpus Iuris Civilis* veröffentlicht wurde – eine Sammlung aller römischen Rechtssätze. Gleichzeitig leben römische Rechtsvorstellungen in den germanischen Gesetzesbüchern weiter, wie z. B. in der *Lex Salica* oder den *Leges Alamannorum*.

Grundlegende, das Recht bis heute prägende Prinzipien des römischen Rechts sind
- die Anwendung eines Gesetzestextes auf den individuellen Fall in der Auslegung durch einen eigens hierfür ausgebildeten Juristenstand,
- die Unterscheidung zwischen Zivil- und Strafrecht sowie
- die Ausbildung eines gesonderten Prozessrechts, das den Ablauf eines Verfahrens genau festlegt.

Während des Mittelalters ging das römische Recht in Europa weitgehend verloren. Geurteilt wurde nach mündlich überliefertem Gewohnheitsrecht *(Weistum)* und durch Privilegierte der feudalen Gesellschaft; je nach seinem Stand konnte z. B. ein adliger Grundherr über Streitigkeiten seiner Bauern richten, ein Graf oder Herzog über Kriminalfälle urteilen. Für Bluttaten galt bis ins 12. Jahrhundert hinein grundsätzlich das alte Fehderecht, welches die Verfolgung solcher Delikte der Familie des Geschädigten oder Ermordeten anheimstellte und auch die Möglichkeit bot, durch Zahlung eines *Wergeldes* (einer je nach der Schwere des Rechtsbruchs gestaffelten, festgelegten Ausgleichszahlung, die seit karolingischer Zeit allerdings als *Gewette* zunehmend an den Richter zu zahlen war) den Streit zu beenden.

Der Beklagte zahlt dem obsiegenden Kläger Buße oder Wergeld, dem Richter das Gewette.

Dem Reichsfürsten stehen als Buße zwölf (goldene) Pfennige zu. Die Zahl XVIII am linken Bildrand bedeutet 18 Pfund und bezeichnet das Wergeld des Fürsten.

Erst mit der Ausbildung des **Landfrieden**-Gedankens im 13. Jahrhundert entstand die Idee, dass der innere Friede Sache des Herrschers sei.

Nach der Wiederentdeckung des *Corpus Iuris Civilis* im 11. Jahrhundert in Norditalien breitete sich das alte Rechtsdenken allmählich wieder in Europa aus. Das erste allgemeine Strafgesetzbuch mit Strafprozessordnung war die *Constitutio Criminalis Carolina* (Peinliche Halsgerichtsordnung), die 1532 von Kaiser Karl V. erlassen wurde. In der frühen Neuzeit setzte der Kampf um die Befreiung des Bürgers von fürstlicher Willkür ein (vgl. S. 102–106).

Das römische Rechtssystem ist wohl jene Grundlage gesellschaftlichen Lebens, die Staatsverfassungen weltweit am umfassendsten geprägt hat: Wegen der weitgehenden Übereinstimmung der europäischen Rechtssysteme hielt die Rezeption des römischen Rechts mit dem Zeitalter des Kolonialismus und Imperialismus Einzug in die Verfassungen rund um den Erdball und prägte die Rechtsordnungen Nord- und Südamerikas genauso wie die der nord- und südafrikanischen Staaten und Ozeaniens, aber auch mehrerer asiatischer Staaten, besonders Japans.

2.3 Sozialgeschichte

Bis ins 19. Jahrhundert hinein wurden keine ernsthaften Erwägungen über soziale Unterschiede angestellt; in der Antike empfand man die Sklaverei ebenso wie Unterschiede zwischen Reich und Arm als selbstverständlich, im Mittelalter das Feudalsystem als von Gott gegeben. Die sogenannte „**erste Generation der Menschenrechte**", die Freiheits- und Beteiligungsrechte für Bürger im Staat (neben den oben angesprochenen Rechten enthielten alle Erklärungen auch die Volkssouveränität sowie Wahlrechte), wandte sich primär gegen die absolutistische Herrschaft der Fürsten und betonte das möglichst unbehinderte „Streben nach Glück" als Grundlage der menschlichen Selbstbestimmung. Bezeichnenderweise entstanden diese liberalen Gedanken im überseeisch-angelsächsischen Raum, wo mit dem Calvinismus die Einstellung vorherrschte, dass Reichtum und Erfolg Zeichen der Gunst Gottes seien.

Mit der Sozialen Frage und dem damit einhergehenden Elend großer Bevölkerungsschichten kam man zu der Erkenntnis, dass Freiheit und formale Gleichheit vor dem Gesetz als Grundlage für das Streben nach Glück nicht ausreichen. Entscheidenden Anteil an solchen Gedanken hatte Karl Marx, der bereits im Kommunistischen Manifest 1847 grundlegende Gedanken seiner späteren umfassenden Lehre veröffentlichte:[83]

> 1 Alle bisherigen Bewegungen waren Bewegungen von Minoritäten oder im Interesse von Minoritäten. Die proletarische Bewegung ist die selbstständige
> 5 Bewegung der ungeheueren Mehrzahl im Interesse der ungeheueren Mehrzahl. Das Proletariat, die unterste Schicht der heutigen Gesellschaft, kann sich nicht erheben, nicht aufrichten, ohne dass der
> 10 ganze Überbau der Schichten, die die offizielle Gesellschaft bilden, in die Luft gesprengt wird.
>
> *Karl Marx, Die Frühschriften, Kröner: Stuttgart 1971, S. 537.*

---

83 Vgl. zur marxschen Staatstheorie S. 51–54.

Die ersten sozialen Einrichtungen wurden von Bismarck in den 80er-Jahren des 19. Jahrhunderts mit der gesetzlichen Kranken-, Renten-, Invaliden- und Unfallversicherung geschaffen; der erste Staat, der eine soziale Ausgewogenheit als Ziel formal in seine Verfassung aufnahm, war die Sowjetunion nach 1917, doch auch andere Verfassungen des 20. Jahrhunderts enthielten zunehmend Bestimmungen, die man als „soziale Teilhaberechte" oder auch „**Menschenrechte der zweiten Generation**" bezeichnet. International anerkannt werden diese Rechte schließlich in der **Allgemeinen Erklärung der Menschenrechte der Vereinten Nationen** vom 10. Dezember 1948; diese enthält neben den bekannten Freiheits-, Gleichheits- und staatsbürgerlichen Beteiligungsrechten u. a. folgende Bestimmungen:

Art. 22 Jedermann hat als Mitglied der Gesellschaft Recht auf soziale Sicherheit und hat Anspruch darauf, durch innerstaatliche Maßnahmen und internationale Zusammenarbeit unter Berücksichtigung der Organisation und der Hilfsmittel jedes Staates in den Genuss der für seine Würde und die freie Entwicklung seiner Persönlichkeit unentbehrlichen wirtschaftlichen, sozialen und kulturellen Rechte zu gelangen.

Art. 23 (1) Jedermann hat das Recht auf Arbeit, auf freie Berufswahl, auf angemessene und befriedigende Arbeitsbedingungen sowie auf Schutz gegen Arbeitslosigkeit.
(2) Alle Menschen haben ohne jede Diskriminierung das Recht auf gleichen Lohn für gleiche Arbeit.
(3) Jedermann, der arbeitet, hat das Recht auf gerechte und günstige Entlohnung, die ihm und seiner Familie eine der menschlichen Würde entsprechende Existenz sichert und die, wenn nötig, durch andere soziale Schutzmaßnahmen zu ergänzen ist.
(4) Jedermann hat das Recht, zum Schutze seiner Interessen Gewerkschaften zu bilden und solchen beizutreten. […]

Art. 26 (1) Jedermann hat das Recht auf Bildung. Der Unterricht muss zum Mindesten in der Elementar- und Grundstufe unentgeltlich sein. […] Fach- und Berufsschulunterricht müssen allgemein verfügbar sein und der Hochschulunterricht muss nach Maßgabe ihrer Fähigkeiten allen in gleicher Weise offenstehen.
(2) Die Bildung muss auf die volle Entfaltung der menschlichen Persönlichkeit und auf die Stärkung der Achtung vor den Menschenrechten und Grundfreiheiten gerichtet sein. […]

Art. 27 (1) Jedermann hat das Recht, am kulturellen Leben der Gemeinschaft frei teilzunehmen, sich an den Künsten zu erfreuen und am wissenschaftlichen Fortschritt und an dessen Errungenschaften teilzuhaben.
(2) Jedermann hat das Recht auf Schutz der geistigen und materiellen Interessen, die sich für ihn als Urheber von Werken der Wissenschaft, Literatur oder Kunst ergeben. […]

Allgemeine Erklärung der Menschenrechte der Vereinten Nationen, 1948.

Im europäischen Rahmen findet sich eine Niederlegung dieser Rechte noch einmal in der **Europäischen Sozialcharta**, einem völkerrechtlichen Vertrag, den im Rahmen des Europarates am 18. Oktober 1961 die meisten Mitglieder unterzeichneten. Die Sozialcharta nennt sieben bindende „Kernrechte":
- das Recht auf Arbeit,
- das Vereinigungsrecht,
- das Recht auf Kollektiv-Verhandlungen,
- das Recht auf soziale Sicherheit,
- das Recht auf Fürsorge,
- das Recht der Familie auf sozialen, gesetzlichen und wirtschaftlichen Schutz,
- das Recht der Wanderarbeitnehmer und ihrer Familien auf Schutz und Beistand.

Sie wurde 1996 überarbeitet und unter anderem um das Recht auf Wohnung, Kündigungsschutz, Arbeitslosenunterstützung und den Schutz vor Armut und sozialer Ausgrenzung erweitert.

Im Rahmen eines internationalen Überwachungssystems wird überprüft, ob die Staaten ihren Verpflichtungen nachkommen, was sie durch zweijährige Berichte an den Generalsekretär anzeigen sollen; die Überprüfung dieser Berichte geschieht in Ausschüssen, an denen Beobachter der europäischen Arbeitgeberverbände und Gewerkschaften teilnehmen. Diese Sozialcharta hat auf vielen Gebieten Verbesserungen der nationalen Gesetzgebung und Verwaltungspraxis bewirkt.

Der **Internationale Pakt über bürgerliche und politische Rechte** und der ergänzende **Internationale Pakt über wirtschaftliche, soziale und kulturelle Rechte**, beide geschlossen am 19. Dezember 1966, wurden in der Bundesrepublik 1973 ratifiziert und heben alle angesprochenen Rechte auf die völkerrechtliche Ebene.

2.4 Alternative Menschenbilder

Die Allgemeine Erklärung der Menschenrechte der UNO vom Dezember 1948 erhebt mit der Menschenwürde das hergebrachte europäische Menschenbild zur obersten Norm. Bereits damals wurde aber in den Beratungen der Menschenrechts-Kommission heftig darüber gestritten, welche Rechte in welcher Rangfolge dieser Norm zugeordnet werden sollten. War die Freiheit vom Staat wichtiger als soziale und ökonomische Ansprüche an den Staat? Bei der Abstimmung enthielten sich die Ostblockstaaten sowie Saudi-Arabien der Stimme, sodass die Erklärung ohne Gegenstimme angenommen werden konnte.

Damals stellten die Staaten Europas und Nordamerikas unter den 56 Mitgliedsstaaten der UNO noch die Mehrheit; die Enthaltung Saudi-Arabiens – die meisten asiatischen und afrikanischen Staaten waren noch nicht in die Weltorganisation eingetreten – beweist aber, dass andere Menschenbilder bereits damals eine Rolle spielten.

Vor allem die Prägung des Menschenbildes durch die Religion führt dazu, dass in Staaten wie dem Iran Menschenbilder vertreten werden, die sich vom westlich-europäischen stark unterscheiden. So existiert im **Islam** der Anspruch, nach dem im Koran manifestierten Willen Gottes das tägliche Leben des Gläubigen zu gestalten; wichtig ist hier vor allem der Begriff der *Scharia* (wörtlich: der Weg zur Wasserstelle): Diese legt die religiösen Rechte und Pflichten fest und regelt alle Fragen des privaten und öffentlichen Lebens; moderne Verfassungen haben die *Scharia* jedoch weitgehend auf das Ehe-, Familien- und Erbrecht reduziert. Trotzdem ergibt sich ein Auseinanderklaffen zu den individualistisch geprägten, säkular begründeten Ansprüchen des Einzelnen im westlichen Begriff der Menschenwürde: Die *Scharia* hebt vor allem die Pflichten des Individuums gegenüber Staat und Gesellschaft hervor (eine der fünf Hauptforderungen an den Gläubigen ist die Sorge um die Bedürftigen!), und der Koran verpflichtet den Staat primär darauf, die Lebensbedingungen der Menschen so zu verbessern, dass das Wohlergehen und das Glück aller gesteigert werden. Auch Anhänger von Religionen, deren Grundlage der **Glaube an die Wiedergeburt** ist wie Hinduismus oder Buddhismus, wollen nicht auf ein Menschenbild verpflichtet werden, das von einem einzigen, unverwechselbaren Individuum ausgeht.

Seit 1948 sind etwa 120 neue Staaten entstanden, die meisten von ihnen sind Mitglieder der UNO; längst liegt die Stimmenmehrheit in der Vollversammlung bei den Ländern der Dritten Welt, die zusehends eine Einbeziehung ihrer Interessen auch in die Formulierung von Menschenrechten reklamieren. So forderte im Juli 1997 der malaysische Ministerpräsident Mahathir auf einer Konferenz der ASEAN-Staaten in Kuala Lumpur, jene Menschenrechtserklärung der Vereinten Nationen im Interesse der armen Länder umzuschreiben; in den multirassischen und multireligiösen Nationen der Dritten Welt könne zu viel Freiheit die Demokratie zerstören. Daneben werden immer häufiger Forderungen laut, im Menschenrechtskatalog die **dritte Generation der Menschenrechte**, d. h. Rechte

Sonderbriefmarke UNO

auf hinreichende Nahrung und Entwicklung (in der Praxis die Festschreibung des Nord-Süd-Ausgleichs), aber auch auf saubere Umwelt und Frieden stärker zu betonen.

Die drei Generationen der Menschenrechte

Menschenrechte der ersten Generation	Menschenrechte der zweiten Generation	Menschenrechte der dritten Generation
politische Menschenrechte und bürgerliche Menschenrechte	wirtschaftliche, soziale und kulturelle Menschenrechte	Solidaritätsrechte: Recht der Völker auf Selbstbestimmung
Wurzeln in der Antike, neu formuliert durch die europäische Aufklärung, Beginn der Realisierung in den USA 1776 und in Westeuropa 1789	postuliert von der sozialistischen Bewegung, namentlich dem Marxismus in der Mitte des 19. Jahrhunderts, Versuch der Realisierung in der UdSSR 1917, internationale Anerkennung 1948	namentlich gefordert von Denkern der Dritten Welt, aber auch Beiträge von sozialistischer und befreiungstheologischer Seite, internationale Anerkennung ab Mitte des 20. Jahrhunderts

3 Die Grundwerte im Grundgesetz der Bundesrepublik Deutschland

3.1 Die Verankerung der Grundrechte im Grundgesetz

Als im September 1948 der Parlamentarische Rat in Bonn zusammentrat, war es das erklärte Ziel dieser Versammlung, vor allem zu verhindern, dass jemals wieder ein totalitäres Regime wie der Nationalsozialismus in Deutschland die Macht ergreifen und die neue Verfassung stürzen könnte. In vielfacher Weise suchte der Parlamentarische Rat deshalb den Rechtsstaat abzusichern.

Verkündung des Grundgesetzes am 23. Mai 1949

Der Rechtsstaat

Zum Rechtsstaat gehören folgende Prinzipen:[84]
- Gewaltenteilung und unabhängige gegenseitige Kontrolle der Gewalten,
- Bindung der staatlichen Gewalt an Recht und Gesetz,
- umfassende Rechtssicherheit durch weitestgehenden Rechtsschutz des Einzelnen sowie Berechenbarkeit staatlicher Macht.

Um den Rechtsstaat darüber hinaus stärker abzusichern, wurde er im Grundgesetz als **materialer Rechtsstaat** konzipiert. Das bedeutet, dass die Grundrechte unmittelbar geltendes Recht darstellen, einklagbar von jedem einzelnen Bürger der Bundesrepublik in einer Verfassungsbeschwerde. Kein Gesetzgeber und kein Richter kann sich darauf berufen, nach formalen Gesichtspunkten

---

84 Vgl. die ausführliche Besprechung des Rechtsstaatsprinzips auf S. 57–63.

legal gehandelt zu haben, wenn die Ergebnisse seines Wirkens nicht mit dem Geist der Verfassung und damit auch dem **vor- oder überstaatlichen Recht** – den Menschenrechten – im Einklang stehen.

Eine weitere Sicherung des Rechtsstaates findet sich in der sogenannten **Ewigkeitsklausel**, Art. 79 Abs. 3 GG, die unter anderem verbietet, die in Art. 1 niedergelegten Grundsätze in ihrem Wesensgehalt zu verändern. Art. 1 GG gilt aber als **Generalklausel** aller Grundrechte; in Abs. 2 wird darauf verwiesen, dass das deutsche Volk sich zu „unverletzlichen und unveräußerlichen Menschenrechten als Grundlage jeder menschlichen Gemeinschaft, des Friedens und der Gerechtigkeit in der Welt" bekennt. Die weiteren Grundrechte in Art. 2 bis 19 sind im Begriff der Achtung der Menschenwürde enthalten. Deshalb sind die Gesetzgebungsorgane der Bundesrepublik nicht befugt – selbst, wenn sie mit 100 % ihrer Mitglieder zustimmen würden – die zentralen Inhalte der Grundrechte zu verändern.

3.2 Die Grundwerte der bundesdeutschen Verfassung

Die Menschenwürde

1 Der Staat ist ein Geschöpf des Menschen.
  Darum ist der Staat um des Menschen Willen da – und nicht der Mensch um
5 des Staates Willen.
  Menschen ohne Staaten sind denkbar – Staaten ohne Menschen sind undenkbar.

  Der Mensch ist ein Ziel, kein Mittel.
  Der Staat ist ein Mittel, kein Ziel.
10 Der Wert eines Staates ist genau so groß wie sein Dienst am Menschen. […]

  Richard v. Coudenhove-Kalergi, Totaler Staat – totaler Mensch, Glarus: Paneuropa-Verlag 1937.

Die herausgehobene Stellung der Menschenwürde als erster Artikel im Grundgesetz der Bundesrepublik ist eher eine Ausnahme unter den Verfassungen der Welt; der übergreifende Charakter des Begriffs der Menschenwürde wurde erst in der jüngeren Geschichte manifest, nachdem durch totalitäre Systeme so eklatant dagegen verstoßen worden war.

Im Unterschied zu den hergebrachten speziellen Menschenrechten ist Menschenwürde etwas Übergreifendes, das dem Menschen aufgrund seiner Existenz als Mensch eigen ist, ohne dass jemand sie ihm zugestehen müsste oder absprechen könnte. Insofern sind alle anderen Menschenrechte lediglich ein Ausfluss der Menschenwürde.

Der Gedanke an die Menschenwürde kommt bereits in der Antike auf. So schreibt Cicero in seinem Werk „De officiis" (Von den Pflichten):

1 Und auch, wenn die Natur dies vorschreibt, dass der Mensch will, es sei für den Mitmenschen – wer er auch immer sei, nur aus dem Grunde, weil er ein 5 Mensch ist – gesorgt, so ist es notwendig gemäß derselben Natur, dass der Nutzen aller Gemeininteresse sei.
Cicero: De officiis.

Bereits hier wird gesagt, dass jeder Mensch, einfach, weil er ein Mensch ist, um seiner selbst willen geschützt und geliebt werden soll.

Aus christlicher Sicht gilt der Mensch selbstverständlich als schutzwürdig, weil er *imago dei* – Ebenbild Gottes – ist. Dem fügt die Geistesgeschichte der Aufklärung die Aufspaltung des Menschen in ein „naturalistisches" und ein „ideelles" Wesen hinzu – also in ein sehr komplexes Tier mit besonderen Eigenschaften einerseits und ein Wesen, das fähig ist, Ideale der Selbstverwirklichung anzustreben, und daran nicht gehindert werden darf, andererseits. Immanuel Kant hat diese Gedanken auf den Punkt gebracht, wenn er sagt, dass der Mensch immer nur als Zweck, niemals als Mittel gesehen werden dürfe; er gebraucht hierfür den Begriff der **Autonomie**, also wörtlich übersetzt der Selbst-Bestimmtheit, des Sich-selbst-Gesetze-Gebens.

Die moderne Betrachtung folgt Kant mit einer scharfen Unterscheidung von Würde und Wert: Wenn etwas einen Wert besitzt, so gibt es dafür ein Äquivalent, vielleicht gar einen Preis; man kann es zu etwas anderem in Relation setzen, es gegen etwas anderes eintauschen. Würde hingegen hat keinen Preis, man kann sich nicht von ihr trennen, sie ist mit der biologischen Spezies „Mensch" untrennbar verbunden.

Die praktische Konsequenz ist, dass der Schutz der Menschenwürde all das impliziert, was wir unter der Gewährung von Menschenrechten verstehen: Es gibt keine Menschenwürde ohne Freiheit der Person, des Glaubens, der Meinungsäußerung usw., ohne Gleichheit vor dem Gesetz, ohne Gewährleistung von Eigentum, Rechtsweggarantie und allen anderen Prinzipien.

Eine wichtige Frage der modernen Zeit mit besonderer ethischer Relevanz ist folgende: **Wann beginnt und wann endet Menschenwürde?**

Allgemein ist man sich einig, dass Menschenwürde auch dem Embryo im Leib der Mutter zu eigen ist; die deutsche Gesetzgebung betrachtet bereits die befruchtete Eizelle als mit Würde versehen und verbietet Experimente an und mit ihr. Wie steht es dann aber mit dem vielfach diskutierten Recht auf Abtreibung, das manche Mütter reklamieren? Andererseits gilt, dass die Menschenwürde auch nicht mit dem Tod endet. Wie steht es dann mit der Entnahme von Organen zum Zweck der Verlängerung des Lebens eines anderen Menschen? Und darf um der Erhaltung des Embryos willen der tote Leib der Mutter als Brutkasten aus Fleisch und Blut genutzt werden?

Wie gehen wir mit der Menschenwürde um, wenn die Würde eines Individuums gegen die eines anderen steht? Und müssten nicht alle Staaten der Welt um der Menschenwürde Willen die Todesstrafe abschaffen?

Menschenwürde

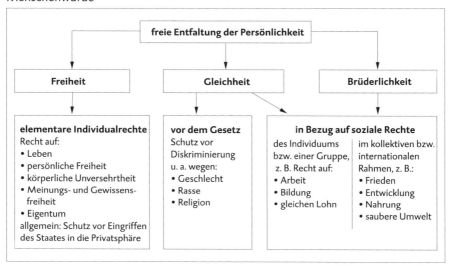

Die Freiheit

„Die Freiheit besteht darin, alles tun zu können, was keinem anderen schadet." (Art. 4 der Erklärung der Menschenrechte von 1789). – Prinzipiell ist mit dieser Definition aus der Zeit der Französischen Revolution alles gesagt – praktisch gesehen ist Freiheit ein Gut, das auf der Welt sehr verschiedenen Definitionen unterliegt. Während in der westlichen Welt mit ihrer Geschichte des Kampfes um die klassischen Freiheitsrechte und der Verankerung der Freiheit seit Jahrhunderten in den Verfassungen bereits positiv davon ausgegangen wird, dass dem Menschen die „freie Entfaltung der Persönlichkeit" (Art. 2 Abs. 1 GG) zu garantieren sei, muss in vielen Staaten der Welt noch mit allen Mitteln darum gekämpft werden, dem Einzelnen wenigstens die Freiheit der Person von Eingriffen in Leib und Leben zu garantieren.

Diese **persönliche Freiheit**, bestehend aus dem Recht auf Leben, körperliche Unversehrtheit und Freiheit der Person, geht der positiven Handlungsfreiheit im Grundgesetz heute sogar nach (Art. 2 Abs. 2 GG). Als älteres Recht soll sie jedoch zuerst behandelt werden.

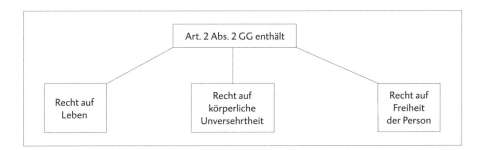

- Das **Recht auf Leben** ist bei uns mit Abschaffung der Todesstrafe so weit gefasst, dass Polizisten beim Gebrauch der Schusswaffe in der Verbrechensbekämpfung nur dann lebensgefährliche Verletzungen beim Verfolgten in Kauf nehmen dürfen, wenn unmittelbar ihr eigenes Leben in Gefahr steht.
- **Körperliche Unversehrtheit** bedeutet, dass niemand in irgendeiner Form körperlich oder seelisch angetastet oder gar misshandelt werden darf – auch nicht zu dem Zweck, etwa ein Geständnis zu erzwingen.
- Unter **Freiheit der Person** ist die volle körperliche Bewegungsfreiheit zu verstehen: Die Staatsgewalt (Polizei) darf jemanden nur unter dringendem Tatverdacht eines Verbrechens bzw. bei Flucht- oder Verdunklungsgefahr (also wenn anzunehmen ist, dass jemand Beweismittel entfernen würde) festnehmen und ihn ohne schriftlichen Haftbefehl eines Haftrichters nicht länger als bis zum Ende des nächsten Tages festhalten.
  Weitere gesetzliche Bestimmungen beschränken die persönliche Freiheit aufgrund der Prozessordnung (Untersuchungshaft) oder eines richterlichen Urteilsspruches (Freiheitsstrafe); in solchem Zusammenhang darf jemand auch in eine psychiatrische Anstalt überwiesen werden. Auch das Ausländergesetz (z. B. Abschiebehaft) oder gesundheitspolitische Bestimmungen (z. B. das Seuchengesetz) rechtfertigen gelegentlich Eingriffe in dieses Persönlichkeitsrecht.

Außerdem bedingt die persönliche Freiheit als klassisches **liberales Abwehrrecht** einen ganzen Katalog von Folgerechten, den weiteren **Unverletzlichkeitsrechten** des Menschenrechtskatalogs. Hierzu zählen
- Brief-, Post- und Fernmeldegeheimnis (Art. 10 GG),
- Unverletzlichkeit der Wohnung (Art. 13 GG),
- Eigentum und Erbrecht (Art. 14 GG).

Darüber hinaus gilt in unserem Staat das viel weiter gehende **Recht auf freie Entfaltung der Persönlichkeit**. Dieses beinhaltet jede Freiheit des Geistes, des Willens, der Entscheidung, der Selbstbestimmung, der Handlung und der Gestaltung und wird nur eingeschränkt durch den sogenannten **Gemeinschaftsvorbehalt**; das heißt der Staat darf nur in die Freiheit des Einzelnen eingreifen, wenn der Mensch selbst gegen die Rechte anderer (z. B. durch Kriminalität, aber auch durch Schädigung des guten Rufes eines anderen), gegen die verfassungsmäßige Ordnung (z. B. durch Verbreitung nationalsozialistischen Gedankenguts) oder gegen das Sittengesetz (z. B. durch Herstellung und/oder Verbreitung von Kinderpornografie) verstößt. Solange man sich an die Gesetze hält, ja sogar, solange nicht nachweisbar ein dringender Tatverdacht besteht, garantiert das Grundgesetz eine umfassende Achtung der Intimsphäre. Hierzu zählt z. B. neben dem Recht auf persönliche Ehre und dem Recht, seine äußere Erscheinung selbst zu bestimmen, ein umfassender Datenschutz – man nennt dies das Recht auf **informationelle Selbstbestimmung**.

Darüber hinaus wird aber auch im positiven Sinne Handlungsfreiheit sichergestellt; im Sinne der Demokratie gehört zur Freiheit die sogenannte **Partizipationsfreiheit**. Diese umfasst nicht nur die politischen Beteiligungsrechte im Staat, sondern auch ökonomische Zusammenhänge: Alle am Wirtschaftsprozess Beteiligten müssen sich dort frei betätigen können; die Verpflichtung des Staates geht sogar so weit, dass er einen ausreichenden Wettbewerb sicherstellen muss – etwa durch das Kartellrecht – und die freie Marktwirtschaft dort eingrenzen soll, wo soziale oder kulturelle Belange der Gemeinschaft eingeschränkt werden würden.

Dem Recht auf freie Entfaltung folgen die übrigen **Freiheitsrechte** der Verfassung nach. Diese sind:
- Bekenntnisfreiheit für Religion und Weltanschauung, Glauben und Gewissen (Art. 4 GG),
- freie Meinungsäußerung und -verbreitung in Wort, Schrift und Bild (Art. 5 I und II GG) einschließlich der Pressefreiheit bzw. dem Verbot der Zensur,
- Freiheit von Kunst und Wissenschaft, Forschung und Lehre (Art. 5 III GG),
- Versammlungsfreiheit (Art. 8 GG),
- Vereinigungs- und Koalitionsfreiheit (Art. 9 GG),
- Freizügigkeit im Bundesgebiet (Art. 11 GG),
- freie Berufswahl (Art. 12 GG),
- Petitionsrecht – also das Recht, sich mit Bitten und Beschwerden an staatliche Stellen oder auch direkt an ein Parlament zu wenden (Art. 17 GG).

Natürlich ergeben sich aus der Konzeption der Freiheitsrechte auch Probleme: Beispielsweise finden sich einschneidende Unterschiede im Verständnis dessen, welche Äußerungen vom Recht der Meinungsfreiheit gedeckt sind; so wird neonazistische Propaganda in den USA als Meinungsäußerung akzeptiert und darf ins Internet gestellt werden. Als sehr problematisch erweist sich, dass als Meinungsäußerung getarnte Ideologie ebenso wie Hasstiraden und Hetze bis hin zur Aufforderung zum Mord im Internet nur sehr schwer zu ahnden sind. Speziell, wenn die Betreiber der Seiten im Ausland angesiedelt sind, hat der deutsche Staat oft keine Handhabe.

Im Bereich Forschung und Lehre gibt es aktuell Unterschiede in der Behandlung der gentechnischen Bearbeitung menschlicher Zellen. In Großbritannien ist zum Zweck der Heilung von Krankheiten seit 2007 z. B. die Forschung mit Mischembryonen aus menschlichem und tierischem Erbgut erlaubt. Die gentechnische Veränderung des Erbguts von eineiigen Zwillingen in China stieß 2018 allerdings weltweit bei Wissenschaftlern auf Unverständnis.

Für viele Jugendliche in Deutschland wiederum steht die Freiheit der Berufswahl im Augenblick eher auf dem Papier, wenn sie monatelang keinen Ausbildungsplatz in ihrem Wunschberuf finden.

Freiheitsrechte

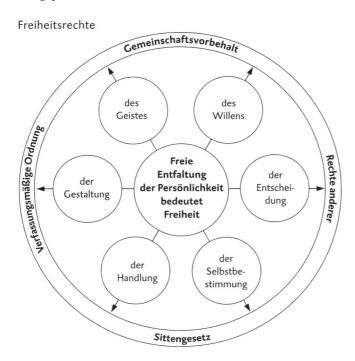

Die Gleichheit

1 Es ist die majestätische Gleichheit der Rechte, die dem Reichen wie dem Armen verbietet, unter den Brücken zu schlafen, in den Straßen umherzustreifen und Brot zu stehlen!

Anatole France, Le Lys Rouge VII..

Der Ausspruch deutet alle Probleme bereits an: Gleichheit ist eines der ersten Menschenrechte, um die es in der Auseinandersetzung mit dem Absolutismus, dem Feudalsystem ging: Alle Menschen sollten in gleicher Weise von den Gesetzen betroffen sein, in gleicher Weise den Staat mitgestalten dürfen, in gleicher Weise ihr Streben nach Glück verwirklichen können.

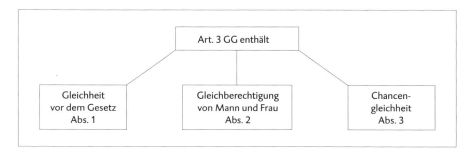

Die erste Forderung wurde relativ schnell verwirklicht: Rein formal gibt es seit der Durchsetzung der Menschenrechte in den Verfassungen keine Privilegien mehr. Trotzdem wird die **Gleichheit vor dem Gesetz** als Ausdruck der Personenwertgleichheit als originäres Merkmal der Menschenwürde in Art. 3 I zuerst genannt und wurde in einem wichtigen Urteil des Bundesverfassungsgerichts genauer definiert: Gleiches muss gleich, sachlich Verschiedenes ungleich behandelt werden; Gleichheit bedeutet nicht Gleichmacherei. Deshalb darf die Steuergesetzgebung z. B. für Benachteiligte weniger oder gar keine Steuern vorsehen oder ein Richter den Reichen für das gleiche Vergehen mit einer höheren Geldstrafe belegen als den Armen. Hingegen würde die bevorzugte Zulassung von Landeskindern zum Studium, wie sie die Bayerische Staatsregierung einmal plante, gegen den Gleichheitsgrundsatz verstoßen.

Die in Art. 3 III GG formulierte **Chancengleichheit** enthält ein Verbot, irgendjemanden wegen seiner Abstammung, Rasse, Sprache, Heimat und Herkunft oder seiner religiösen oder politischen Anschauungen zu benachteiligen oder zu bevorzugen. An diesem Verbot tritt eine Eigenschaft der Grundrechte besonders stark zutage: Sie binden nur die staatliche Gewalt, die **Drittwirkung von Grundrechten** – also ihre zwingende Einhaltung auch durch Privatpersonen – ist mit den Mitteln des Grundgesetzes in den meisten Fällen nicht zu erzwingen. Damit darf sehr wohl der private Vermieter Ausländer oder kinderreiche Familien von vornherein ausschließen. Chancengleichheit bezieht sich hier allerdings auch nicht auf soziale Verhältnisse. Trotzdem ist der Staat verpflichtet, prinzipiell die gleichen Bildungschancen für alle bereitzustellen, weshalb das öffentliche Schulwesen dem Bürger kostenlos zur Verfügung steht; die staatliche Unterstützung für Studierende und Schüler entstand aus dem Gedanken heraus, der Staat müsse für „Unterschicht-Angehörige" gleiche Bildungsvoraussetzungen schaffen.

Ein besonders wichtiges und ausführlich zu behandelndes Kapitel stellt die **Gleichberechtigung zwischen Mann und Frau** dar, die Art. 3 II GG wie eine Tatsache behandelt. In Wahrheit wurde im Parlamentarischen Rat um diesen Satz hart gekämpft, da die Formulierung der Weimarer Verfassung nach Ansicht der beteiligten Herren durchaus passend war: „Männer und Frauen haben grundsätzlich dieselben staatsbürgerlichen Rechte und Pflichten." Die „Mütter des Grundgesetzes" brachten Unterschriftenlisten von Millionen von Frauen bei, ehe der Satz so in der Verfassung aufgenommen wurde.

Die „Mütter des Grundgesetzes". Der heutige Artikel 3 II des Grundgesetzes: „Männer und Frauen sind gleichberechtigt" geht wesentlich auf die Initiative dieser vier Frauen zurück. Das Bild zeigt von links nach rechts: Friederike Nadig (SPD), Helene Wessel (Zentrum), Dr. Helene Weber (CDU) und Dr. Elisabeth Selbert (SPD).

Dieser Kampf ist symptomatisch für die Einstellung, die die Männergesellschaft seit jeher zur Frauenfrage einnahm. In der Antike sah man es als selbstverständlich an, dass Frauen nicht rechtsfähig waren, kein Bürgerrecht besaßen, dass sie völlig unter der Vormundschaft eines Mannes stehen mussten; die christliche Lehre nach Augustinus sieht in der Frau das verführende Element, dem sich der Mann nur zum Zweck der Fortpflanzung nähern soll. Trotzdem genossen Frauen – besonders bürgerliche Witwen – bestimmte Rechte; sie konnten das Geschäft des Mannes selbstständig fortführen und auch Verträge schließen. Andererseits wurden überwiegend Frauen Opfer des Hexenwahns. An der Durchsetzung des Volkes gegen den absolutistischen Machtstaat waren Frauen in erheblichem Maße beteiligt – man denke nur an den Zug der Marktfrauen nach Versailles; trotzdem scheiterte eine herausragende Frau wie Olympe de Gouges im Jahre 1791 mit der Forderung, die erreichten Rechte müssten genauso zu Rechten „der Frau und Bürgerin" erklärt werden – die Männer beanspruchten diese für sich. Fast gleichzeitig veröffentlichte Mary Wollstonecraft 1792 „A Vindication of the Rights of Women", doch erst um die Mitte des 19. Jahrhunderts kommt die Frauenbewegung europa- und amerikaweit richtig in Gang.

Die Doppelgesichtigkeit der Französischen Revolution

1891 endlich bekennt sich die SPD im Erfurter Programm zur Gleichberechtigung der Frau, gleichzeitig werden in Heidelberg erstmals Frauen als Gasthörerinnen zum Studium zugelassen. 1906 gesteht Finnland als erster europäischer Staat den Frauen das Wahlrecht zu, es folgen 1913 Norwegen, 1915 Dänemark und Island sowie 1917 die Niederlande und die Sowjetunion. Deutschland zieht schließlich im November 1918 nach. Die verbal zugestandene volle Gleichberechtigung wird zwar schon 1949 im Grundgesetz niedergelegt, die Angleichung des Bürgerlichen Gesetzbuches – z. B. mit dem Wegfall des Vaterrechts, den Bildungsgang der Kinder zu bestimmen – erfolgt jedoch erst 1957. Bis heute ist es nicht gelungen, die Forderung nach gleichem Lohn für gleiche Arbeit durchzusetzen, sind Frauen auf dem Arbeitsmarkt wie in Führungspositionen der Politik benachteiligt – von den Frauen in anderen Gegenden der Welt, die unter Rechtlosigkeit, Schleierzwang, Gewaltrecht des Mannes usw. leiden, ganz zu schweigen! Während in anderen Gegenden der Welt Frauen schon früher in höchste Staatsämter aufstiegen – man denke nur an Indira Gandhi[85], Corazon Aquino[86] oder Benazir Bhutto[87] (allerdings wur-

---

85 Indira Gandhi, 1917–1984 (ermordet), Tochter und langjährige Mitarbeiterin von Pandit Nehru, bestimmte fast 20 Jahre lang die Politik Indiens. Insgesamt 15 Jahre lang war sie Premierministerin; anfäng-

den diese Frauen jeweils von einem mächtigen Familien-Clan mit langer politischer Tradition im Land gestützt) – gelangte in Deutschland mit Angela Merkel erst 2005 zum ersten Mal eine Frau an die Spitze der Bundesregierung.

Warum gibt es selbst in der aufgeklärten westlichen Hemisphäre solche Schwierigkeiten, die Gleichberechtigung der Geschlechter herzustellen?

Hier manifestiert sich das grundlegende Problem, dass Verfassungsrecht nicht gleich Verfassungswirklichkeit ist. Gleichzeitig offenbart sich an dieser Frage sehr deutlich die Tatsache, dass alle niedergelegten Rechte nur so viel wert sind wie die Gesellschaft, für die diese Rechte geschaffen sind, aus ihnen macht: Wenn nicht die Mehrzahl der Bürger hinter den Bestimmungen der Verfassung steht, wenn sie nicht Teil des täglichen Lebens und Strebens der Einzelnen sind, können der Gesetzgeber und der Richter nur wenig erzwingen.

Soziale Grundrechte

Den Gleichheitsrechten folgen die sozialen Grundrechte nach. Diese sind:
- das Elternrecht (Art. 6 II, III GG),
- die Sorge des Staates für das Schulwesen (Art. 7 I GG) und das Recht auf Einrichtung privater Schulen (Art. 7 IV GG),
- das Verbot der Ausbürgerung (Art. 16 I Satz 1 GG),
- das Auslieferungsverbot (Art. 16 II Satz 1 GG),
- das Asylrecht (Art. 16 a GG),
- der Anspruch auf staatliche Fürsorge; dieser wird aus dem Bekenntnis des Grundgesetzes zum Sozialstaatsprinzip (Art. 20 und 28 I GG) abgeleitet.

3.3 Grundkonsens als Bedingung menschlichen Zusammenlebens

Die bisher genannten Grundwerte sind nur die wichtigsten, auf denen das Grundgesetz der Bundesrepublik basiert; Achtung vor der Menschenwürde, Freiheit und Gleichbehandlung müssen ergänzt werden durch weitere Werte:

- **Gerechtigkeit** (vgl. dazu den ersten Teil des Buches).
- **Toleranz**, hier nicht nur im engeren Sinne der Duldung anderer Glaubensrichtungen, sondern umfassend im Sinne einer Hinnahme anderer Lebens-

---

lich dem Sozialismus zugeneigt, später wegen korrupter Wahlpraktiken angeklagt, hielt sie sich durch Staatsstreich und Verfassungsänderungen an der Macht.
86 Corazon Aquino, geb. 1933, Witwe des 1983 ermordeten führenden Oppositionspolitikers Benigno Aquino, war Integrationsfigur des demokratischen Widerstandes gegen die Diktatur von Ferdinand Marcos auf den Philippinen. 1986–1992 war sie nach dessen Sturz Staatspräsidentin.
87 Benazir Bhutto, 1953–2007 (ermordet), Tochter des 1979 hingerichteten Staatspräsidenten von Pakistan, war das erste weibliche Staatsoberhaupt in einem islamischen Staat.

einstellungen und kultureller Ausrichtungen verstanden, hat in Staat und Gesellschaft eine doppelte Schutzfunktion: Sie bewahrt zum einen das jeweils gültige Normen- und Wertesystem vor der Infragestellung und Auflösung durch Andersdenkende, indem diese akzeptiert und möglicherweise integriert werden; zum anderen schützt sie eben jene Andersdenkenden vor Repressionen und Diskriminierung und schafft damit die Voraussetzung für eine friedliche Austragung von Konflikten. Eine freiheitlich demokratische Gesellschaft mit pluralistischer Ausrichtung ist ohne Toleranz nicht aufrechtzuerhalten, da sie auf ständige Auseinandersetzung mit Andersdenkenden (Oppositionellen) angewiesen ist, um Fortschritte zu erreichen.

- **Verzicht auf Eigenmächtigkeit** als Grundwert bedeutet, dass alle Mitglieder der Gesellschaft das Gewaltmonopol des Staates akzeptieren und darauf verzichten, ihre Vorstellungen von Recht und Gerechtigkeit auf eigene Faust zu verwirklichen. Formal wird dieses staatliche Monopol seit langer Zeit nicht mehr infrage gestellt; Gesellschaften, in denen Blutrache und Sippenhaft üblich sind, gelten als rückständig, Organisationen wie der amerikanische Ku-Klux-Klan[88] rufen Äußerungen des Abscheus hervor.
Wie aber steht es mit „Selbsthilfe-Aktionen" wie den Angriffen auf Asylantenheime oder ausländische Mitbürger? Welche Haltung nehmen Schüler ein, die detailgenau die Folterung und Ermordung einer Lehrerin planen?
Eine besondere Gruppe in diesem Zusammenhang bilden die sogenannten „Reichsbürger", die behaupten, das Deutsche Reich von vor 1933 existiere fort, und sich weigern, den Staat BRD anzuerkennen; auch sie halten sich für berechtigt, im Zweifelsfall selbst und sogar mit Waffengewalt „für Ordnung zu sorgen".
Im weitesten Sinne wäre auch über Gewaltverzicht im Bereich der Familie nachzudenken; nur wenn auch hier Friede und Gewaltlosigkeit herrschen, werden sich diese in Gesellschaft und Staat verwirklichen lassen.

Grundrechte und Grundpflichten

1 Im ethischen Sinn gehören zu Rechten auch Pflichten. Gibt es Menschenrechte, ohne deren Inanspruchnahme der Mensch nicht leben kann, dann gibt es
5 auch Menschenpflichten, ohne deren Erfüllung der Mensch nicht menschlich lebt. Rechte ohne Pflichten verkommen zu Privilegien. Pflichten ohne Rechte bleiben leere Forderungen. In ethischer 10 Hinsicht sind die Rechte und Pflichten des Menschen deshalb in ein ausgewogenes Verhältnis zu setzen.

Jürgen Moltmann, Menschenwürde, Recht und Freiheit, Kreuz-Verlag, Stuttgart/Berlin 1979, S. 19.

---

[88] Geheimbund in den Südstaaten der USA nach dem Sezessionskrieg (1861–1865); weiße Farmer schlossen sich gegen die befreiten Schwarzen zusammen und bekämpften diese, z. T. mit Fememorden.

Noch in der Weimarer Verfassung standen die Menschen- und Bürgerrechte in einem Abschnitt, der überschrieben war mit „Grundrechte und Grundpflichten der Deutschen"; hier wurden in fünf Abschnitten jeweils die Rechte und damit verbundenen Pflichten der Einzelperson, sodann bezüglich des Gemeinschaftslebens, der Religion, der Bildung und Schule sowie des Wirtschaftslebens aufgeführt. Der Begriff der Pflicht taucht dabei immer wieder auf.

Auch im Grundgesetz bilden die Grundpflichten das Gegenstück zu den Grundrechten, werden allerdings nur vereinzelt genannt. In der Rechtslehre ist umstritten, ob diese Pflichten ebenso als überstaatlich anzusehen sind wie die Menschenrechte.

Im Allgemeinen rechnet man zu den Grundpflichten
- die Pflicht zur Verfassungstreue (nach Art. 5 III Satz 2 GG),
- die Pflicht der Eltern, ihre Kinder zu erziehen (Art. 6 II GG),
- die öffentliche Dienstleistungspflicht, also Wehr- oder Ersatzdienst-Pflicht für Männer sowie Verpflichtungen für den Verteidigungsfall (Art. 12 a GG),
- die Pflicht zum sozialgerechten Gebrauch des Eigentums (Art. 14 II GG).

Darüber hinaus gibt es die staatsbürgerlichen Rechte und Pflichten der Deutschen, die sich aus dem Verhältnis des Bürgers zum Staat ergeben (Wahlrecht, Steuerpflicht usw.).

Zusammenfassung:
Die Grundwerte im Grundgesetz der Bundesrepublik Deutschland

Das Grundgesetz enthält eine vielfältige Sicherung des **Rechtsstaats** und bekennt sich zu den Grundwerten der **Menschenwürde**, die letztlich alle weiteren Werte in sich schließt.
Ausgeführt werden im Grundgesetz weiterhin die Werte der **Freiheit** mit den anderen **Unverletzlichkeits- und Freiheitsrechten** und der **Gleichheit** mit den nachfolgenden **sozialen Grundrechten**.
Zum **Grundkonsens als Bedingung menschlichen Zusammenlebens** gehören über diese in der Verfassung genannten Prinzipien hinaus aber auch **Gerechtigkeit, Toleranz, Verzicht auf Eigenmächtigkeit** und die Akzeptanz von **Grundpflichten.**

Kriminalität, Strafe, Resozialisierung

1 Der Verantwortungsbegriff

Der Begriff der Verantwortung kommt ursprünglich aus dem Bereich der Gerichtsbarkeit: Hat man etwas zu verantworten, so muss man vor einem Richter auf die Frage antworten, was man getan hat. Man muss Rechenschaft ablegen, weil einem eine bestimmte Handlung und deren Folgen zugerechnet werden.

Beim Verantwortungsbegriff geht es also darum, wer was wovor verantwortet. Der Begriff ist im Grunde dreistellig, hat jedoch inzwischen eine beträchtliche Erweiterung erfahren:

Elemente der Verantwortungsrelation

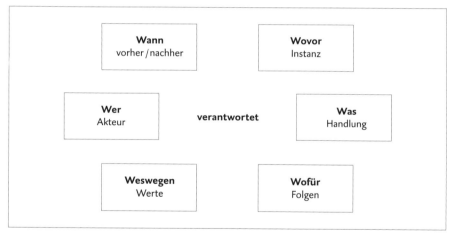

Jemand verantwortet etwas (WER – WAS) heißt, dass ein Subjekt eine Handlung, im Grenzfall auch Unterlassungen oder reine Sprechakte, verantwortet. Dieses Subjekt kann eine einzelne Person oder ein Kollektiv wie etwa ein Planungs- oder Forscherteam sein. Das Übernehmen von Verantwortung geschieht vor einer Instanz (WOVOR), beispielsweise vor dem Gericht, den Mitmenschen, auch vor dem Gewissen oder vor Gott. Übernimmt man Verantwortung, so nimmt man die Folgen des eigenen Tuns auf sich, und zwar die beabsichtigten und die unbeabsichtigten (WOFÜR). Dies kann erst nach getaner Tat, wenn sich die Folgen bereits eingestellt haben, oder auch schon bei der

Planung, soweit die möglichen Handlungsfolgen absehbar sind, geschehen (WANN). Verantwortung kann man nur im Rückgriff auf Werte übernehmen (WESWEGEN), denn nur dann weiß man, weswegen man mit einer Handlung bestimmte Folgen herbeiführen oder vermeiden soll.

Der Einzelne kann sich vor einer sittlichen Instanz, etwa dem eigenen Gewissen, und/oder vor einer rechtlichen Instanz, etwa einem Gericht, verantworten müssen. Demzufolge wird zwischen sittlicher und rechtlicher Verantwortung unterschieden:

- **Sittliche Verantwortung** besteht darin, dass man sich als für die Mitmenschen, die Welt und sich selbst verantwortlich erkennt. Man setzt sich deshalb ein und nicht aufgrund zu erwartender Belohnungen und Strafen (sittliches Engagement gegenüber Selbstinteresse).

- **Rechtliche Verantwortung** betrifft Verpflichtungen aus Aufgaben und Ämtern, die der Einzelne übernommen hat, oder auch das Einhalten der allgemeinen Gebote und Verbote des Rechts. Sie ist an die Bedingung der Zurechnungsfähigkeit gebunden, also daran, ob man aus eigenem Antrieb handeln und die Situation sowie die Handlungsfolgen überschauen kann. Zurechnungsfähigkeit bedeutet ein freiwilliges und bewusstes Handeln, wobei jedoch der Mensch nicht von jeglicher äußeren und inneren Determination frei ist. Im Einzelfall können aber bestimmte Gründe wie Zwang, Nötigung, Irrtum und Geisteskrankheit von Verantwortung teilweise oder vollständig entlasten.

> **Zusammenfassung: Der Verantwortungsbegriff**
>
> Beim Verantwortungsbegriff steht die Frage im Mittelpunkt, **wer was wovor** verantwortet. Weitere Aspekte, wie **wann** man **weswegen wofür** Verantwortung übernimmt, können hinzukommen. Der Einzelne kann vor dem eigenen Gewissen **(sittliche Verantwortung)** und/oder vor einer rechtlichen Instanz **(rechtliche Verantwortung)** Rechenschaft ablegen müssen. Im letzteren Fall kommt der Zurechnungsfähigkeit zentrale Bedeutung zu.

2 Straftheorien

Seit den griechischen Philosophen währt das Gespräch über den Sinn der Strafe. Ob in der wissenschaftlichen Lehre und in der philosophischen Diskussion oder in den Urteilen der Gerichte, in Zeitungen und Zeitschriften, aber auch in den Dienstanweisungen für die Beamten des Strafvollzugs, überall findet man Antworten auf die Frage, warum gestraft werden soll – und diese Antworten stehen sich oft unüberbrückbar gegensätzlich gegenüber.

2.1 Strafrecht und Rechtsstaatlichkeit

Das Strafrecht gehört zum öffentlichen Recht. Es hat die Aufgabe, für das friedliche Zusammenleben der Menschen wichtige Rechtsgüter, welche als **Rechte** und **Interessen** des Einzelnen und der Allgemeinheit definiert sind, zu schützen. Daher werden vom Staat für bestimmte Handlungen oder Verhaltensweisen, durch die solche Rechtsgüter geschädigt werden, Strafen angedroht, gegebenenfalls auch verhängt und schließlich vollstreckt. Den Kernbereich des Strafrechts regelt das **Strafgesetzbuch**.

Das Grundgesetz sichert die **rechtsstaatlichen Grundsätze** des Strafrechts durch eine Vielzahl von Bestimmungen. Dabei gilt nach Art. 103 Abs. 2 GG: „Keine Straftat ohne Gesetz" *(Nullum crimen sine lege)* und „Keine Strafe ohne Gesetz" *(Nulla poena sine lege)*. Dies bedeutet: Zum einen muss im Voraus so genau wie möglich feststehen, welche Handlungen oder Verhaltensweisen mit Strafe geahndet werden; zum anderen muss auch die Art und Höhe der Strafe bereits zum Zeitpunkt der Straftat gesetzlich bestimmt sein.

2.2 Strafe im allgemeinen und im rechtlichen Sinn

Unter Strafe versteht man ganz allgemein ein Übel, das jemand einem anderen mit Absicht zufügt, weil dieser eine missbilligte Handlung ausgeführt hat. Im rechtlichen Sinn wird Strafe nach einem vorsätzlichen Verstoß gegen Rechtsnormen vom Gericht zur Aufrechterhaltung der Rechtsordnung verhängt. Je nach der Schwere der Strafe unterscheidet man bei der Tat zwischen **Vergehen** (Freiheitsstrafe von mindestens einem Monat oder Geldstrafe) und **Verbrechen** (Mindeststrafmaß: ein Jahr Freiheitsstrafe).

Auf jeden Fall fügt die Strafe dem Täter etwas ihm Unangenehmes, Schmerzliches zu. So kennt das deutsche Strafgesetzbuch drei verschiedene Arten von Strafe, nämlich die Freiheitsstrafe, die Geldstrafe und die Strafe des Fahrverbots, also des Verbots, Kraftfahrzeuge zu führen (vgl. S. 150). Durch den Einsatz der Strafe beeinträchtigt das Strafrecht bestimmte Rechtsgüter des Betroffenen, etwa seine persönliche Freiheit. Darum findet das Strafrecht nur dort Anwendung, wo die Mittel des bürgerlichen und öffentlichen Rechts allein ein geordnetes Zusammenleben der Menschen nicht mehr gewährleisten. Bereits das Strafverfahren selbst beschneidet die Freiheits- und Persönlichkeitsrechte des Beschuldigten und ist ein **Zwangsverfahren**. Selbst bei einem Freispruch greifen das Ermittlungsverfahren, der Anklagevorwurf und die – öffentliche – Hauptverhandlung in das Persönlichkeitsrecht ein. Schon diese Bloßstellung in der Öffentlichkeit kann zu wirtschaftlichen Nachteilen oder zum Verlust von gesellschaftlichen und politischen Ämtern führen.

Strafe ist immer ein Übel, niemals Wohltat. Darum bedarf es für eine solche staatlich angeordnete und durchgeführte Übelzufügung nicht nur einer formalen, d. h. durch das Gesetz abgesicherten Legitimation, sondern auch einer inhaltlichen, welche sich aus Ethik und Vernunft ableitet. Hierzu wurden und werden sogenannte Straftheorien entwickelt.

2.3 Grundlegendes zu den Straftheorien

Die zeitgenössischen Straftheorien betonen die Prinzipien der **Vergeltung**, **Abschreckung** und **Besserung**. Keines dieser vorherrschenden Prinzipien vermag für sich allein Strafe annehmbar zu begründen. Vielmehr muss eine differenzierte Gesamtkonzeption deren Verbindung herzustellen versuchen.

Das Problem staatlichen Strafens besteht darin, einen Ausgleich zu schaffen, eine rationale Begründung für Strafe zu finden und Gerechtigkeit wiederherzustellen. Herkömmlicherweise unterscheidet man absolute und relative Straftheorien und kennt daneben noch die sogenannte Vereinigungstheorie, welche die positiven Gesichtspunkte der anderen Theorien zusammenfassen und die negativen beseitigen will (vgl. S. 137–139).

Grundlegende **Unterscheidungsmerkmale** der absoluten und relativen Straftheorien sind die folgenden:

- Die absoluten Straftheorien sehen die Strafe losgelöst vom Erfolg, den sie haben soll oder kann. Die relativen Straftheorien dagegen beziehen die Strafe immer auf den Erfolg, den man mit der jeweiligen Theorie erstrebt.
- Die absoluten Theorien der Strafe strafen, weil gefehlt worden ist *(punitur quia peccatum est)*. Die Strafe blickt nur zurück auf bereits Geschehenes, das Strafmaß wird allein durch die Schwere der Tat bestimmt, auf die sie sich bezieht.

Die relativen Theorien der Strafe strafen, damit in Zukunft nicht mehr gefehlt werde *(punitur ne peccetur)*. Für sie ist die Strafe auf die Zukunft bezogen, sie ist zweckhaftes menschliches Handeln, welches künftige Missetaten verhindern soll. Deshalb nennt man diese Theorien auch präventive Lehren: Je nachdem, ob sie auf zukünftiges rechtstreues Verhalten seitens der Allgemeinheit oder seitens des Einzelnen abzielen, werden sie als generalpräventive oder spezialpräventive Lehre bezeichnet.

2.4 Die absolute Straftheorie

In der absoluten Straftheorie (auch Vergeltungstheorie, Retributionstheorie oder „Gerechtigkeitstheorie") findet Strafe allein rückwärts betrachtet ihre Berechtigung. Diese Theorie will lediglich einen **Grund** für Strafe, keinen Zweck abgeben. Strafe hat zweckfrei zu sein und ist damit absolut.

Als ihr bedeutendster Vertreter gilt der Philosoph Immanuel Kant (1724–1804). Er sieht die Strafe frei von Zwecken und allein in dem Gebot der Gerechtigkeit begründet. Nur so bleibt für ihn auch der Bestrafte in seiner Würde als Person geachtet:

Immanuel Kant

1 Richterliche Strafe [...] kann niemals bloß als Mittel, ein anderes Gute zu befördern, für den Verbrecher selbst oder für die bürgerliche Gesellschaft, sondern
5 muss jederzeit nur darum wider ihn verhängt werden, *weil er verbrochen* hat; denn der Mensch kann nie bloß als Mittel zu den Absichten eines anderen gehandhabt und unter die Gegenstände
10 des Sachenrechts gemengt werden, wowider ihn seine angeborene Persönlichkeit schützt. [...] Er muss vorher *strafbar* befunden sein, ehe noch daran gedacht wird, aus dieser Strafe einigen Nutzen
15 für ihn selbst oder seine Mitbürger zu ziehen. Das Strafgesetz ist ein kategorischer Imperativ, und wehe dem! welcher die Schlangenwindungen der Glückseligkeitslehre durchkriecht, um
20 etwas aufzufinden, was durch den Vorteil, den es verspricht, ihn von der Strafe oder auch nur einem Grade derselben entbinde, nach dem pharisäischen Wahlspruch: „Es ist besser, dass *ein*
25 Mensch sterbe, als dass das ganze Volk verderbe"; denn wenn die Gerechtigkeit untergeht, so hat es keinen Wert mehr, dass Menschen auf Erden leben.

Immanuel Kant: Die Metaphysik der Sitten, S. 192 f.

Vor allem der letzte Satz spiegelt das zeitlos gültige Gerechtigkeitsverlangen der Menschen wider. Kant versuchte, Gerechtigkeit auch für den Einzelfall der Größe nach überzeitlich festzulegen. Er glaubte, diese Gerechtigkeit der einzelnen Strafe sei nur in dem Prinzip des Talion, also der Vergeltung von „Gleichem mit Gleichem" („Aug' um Auge") gewährleistet:

> 1 Welche Art aber und welcher Grad der Bestrafung ist es, welche die öffentliche Gerechtigkeit sich zum Prinzip und Richtmaße macht? Kein anderes als das
> 5 Prinzip der Gleichheit […], sich nicht mehr auf die eine als auf die andere Seite hinzuneigen. […] Nur das Wiedervergeltungsrecht (ius talionis), aber wohl zu verstehen vor den Schranken des Ge-
> 10 richts (nicht in deinem Privaturteil), kann die Qualität und Quantität der Strafe bestimmt angeben; alle anderen sind hin und her schwankend und können, anderer sich einmischenden Rück-
> 15 sichten wegen, keine Angemessenheit mit dem Spruch der reinen und strengen Gerechtigkeit enthalten.
>
> *Immanuel Kant: Die Metaphysik der Sitten, S. 193.*

Strafe bedeutet nicht die Befriedigung persönlicher Rachebedürfnisse, sondern dient allein der Verwirklichung von Gerechtigkeit. Sie ist **Vergeltung** von Übel mit Übel. Dabei sieht Kant den Menschen als autonomes, indeterminiertes Wesen, das sich prinzipiell in einem Akt freier Selbstbestimmung für oder gegen die Einhaltung des Sittengesetzes entscheiden kann.

Auch der Philosoph Georg Wilhelm Friedrich Hegel (1770–1831) bestimmte die absolute Auffassung der Strafe entscheidend mit. Während Kant die Strafe ausschließlich als Gebot der Gerechtigkeit darstellt, sieht Hegel in ihr die ideelle **Wiederherstellung** des verletzten Rechts. Andere Vertreter der absoluten Straftheorie, so etwa Thomas von Aquin (1225–1274), betrachten die Strafe als **Heilmittel**, das die Seele des Straftäters reinigt und durch die **Sühne** läutert. Gleichzeitig wird so die von der Gerechtigkeit verlangte Gleichheit wiederhergestellt. Auch die Strafrechtslehre der Gegenwart erkennt den Sühnezweck der Strafe an.

2.5 Die relativen Straftheorien

Die relativen Straftheorien verfolgen das Ziel, Verbrechen in Zukunft zu verhindern.

Die generalpräventive Lehre (Abschreckungstheorie)

Strafe kann auch generalpräventiv verstanden werden. Diese Ansicht vertritt beispielsweise der Philosoph Arthur Schopenhauer. Am prägnantesten formulierte diese Theorie jedoch der Strafrechtler Paul Johann Anselm Ritter von Feuerbach (1775–1833). Während man bisher die abschreckende Strafvollstreckung betonte (man denke an die im Mittelalter übliche besonders grausame Vollstreckung möglichst harter Strafen), so stellte Feuerbach die **Strafandrohung** in den Mittelpunkt seiner Theorie.

Paul Johann Anselm Ritter von Feuerbach

Er argumentierte folgendermaßen: Der Staat habe die Aufgabe, Rechtsverletzungen seitens der Bürger zwangsweise zu verhindern. Allein mit physischem Zwang sei dies nicht möglich, denn es lasse sich nicht immer erkennen, wann eine Rechtsverletzung bevorstehe. Der Staat müsse sich daher außerdem eines „psychologischen Zwanges" bedienen, d. h., seinen Bürgern für den Fall einer Rechtsverletzung ein empfindliches Übel, nämlich die Strafe, androhen. Die Strafandrohung hebe den sinnlichen Antrieb zur Rechtsverletzung auf, womit der Einzelne für die künftige Rechtsverletzung nicht mehr ausreichend motiviert sei. Er habe ja damit zu rechnen, als Folge dieser Rechtsverletzung einen Nachteil zu erleiden, der größer sei als der mit ihr verbundene Vorteil. Es komme nur darauf an, das verbotene Tun im Gesetz genau zu beschreiben, und darauf, dass jedermann das Gesetz kenne:

> Der Zweck der Androhung der Strafe im Gesetz ist Abschreckung aller von Rechtsverletzungen. Der Zweck der Zufügung derselben ist die Begründung der Wirksamkeit der gesetzlichen Drohung, inwiefern ohne sie diese Drohung leer (unwirksam) sein würde. Da das Gesetz alle Bürger abschrecken, die Vollstreckung aber dem Gesetz Wirkung geben soll, so ist der mittelbare Zweck (Endzweck) der Zufügung ebenfalls bloße Abschreckung der Bürger durch das Gesetz.

Anselm von Feuerbach, Lehrbuch des peinlichen Rechts, 1832, § 12.

Entscheidend ist also nach Feuerbach die Strafandrohung durch den Gesetzgeber, nicht die Strafvollstreckung durch den Vollzugsbeamten. Letztere diene lediglich dazu, der Strafandrohung Glaubwürdigkeit zu verleihen. Das Strafziel des Staates ist es, ein künftig **rechtskonformes Verhalten** nicht des einzelnen Straffälligen (Spezialprävention), sondern der **Allgemeinheit** (Generalprävention) herzustellen und den begangenen Schaden wiedergutzumachen.

In der neueren Literatur findet sich die Unterscheidung zwischen negativer und positiver Generalprävention. Strafe – wie Feuerbach sie versteht – dient allein der Abschreckung anderer und ist damit **negative Generalprävention**. Zielt Strafe jedoch darauf ab, den Einzelnen von der Begehung künftiger Straftaten abzuschrecken, so ist sie als **positive Generalprävention** zu bezeichnen; sie will dann das Rechtsbewusstsein des Einzelnen bestätigen und ihm helfen, seine Rachegelüste zu verarbeiten.

Die spezialpräventive Lehre (Resozialisierungstheorie)

Die spezial- bzw. individualpräventive Lehre oder Resozialisierungstheorie wird gewöhnlich weniger von Philosophen und Strafrechtswissenschaftlern als von Kriminologen und Sozialwissenschaftlern vertreten. Als bedeutendster Rechtslehrer gilt Franz von Liszt (1851–1919), der Ende des 19. Jahrhunderts diese Lehre ausformulierte. Ganz im Geiste des immer stärker werdenden naturwissenschaftlichen Denkens jener Zeit sah er das Verbrechen als Produkt von Anlage des Verbrechers und Einflüssen der Umwelt. Der zu bestrafende Verbrecher sei die Ursache von Verbrechen, und diese Ursache könne zu weiteren Verbrechen führen. Deshalb müsse sie als solche bekämpft werden. Strafe ist damit ein Mittel solcher **Verbrechensbekämpfung**.

Liszt fragte nach den Wirkungen, welche die Strafe auf den einzelnen Verbrecher habe, und kam zu der Erkenntnis: „Besserung, Abschreckung, Unschädlichmachung: das sind […] die unmittelbaren Wirkungen der Strafe."[89]

Diesen Wirkungen gemäß unterschied Liszt die folgenden, noch heute gültigen Verbrechergruppen:

- den **Augenblicks- oder Gelegenheitstäter**, der durch die Strafe nur abgeschreckt werden soll,
- den **besserungsfähigen Gewohnheitsverbrecher**, der durch die Strafe gebessert werden soll, und
- den **unverbesserlichen Gewohnheitsverbrecher**, der durch die Strafe aus der Gesellschaft entfernt und dadurch unschädlich gemacht werden soll.

---

89 Franz von Liszt: Strafrechtliche Aufsätze und Vorträge, Bd. 1, 1905, S. 164.

Liszt ließ die generalpräventive Wirkung der Strafe durchaus gelten, aber er verneinte, dass dies ihr Zweck sei. In der auf ihn zurückgehenden „soziologischen Richtung" in der Straftheorie wird der Vergeltungsstrafe die **Schutzstrafe** oder **Zweckstrafe** gegenübergestellt und der Gedanke der Spezial- bzw. Individualprävention tritt in den Vordergrund. Dabei kann in verschiedener Weise auf den Täter eingewirkt werden:

- die **negative Individualprävention** will dem einzelnen Straftäter quasi einen „Denkzettel" erteilen, um ihn so von der Begehung weiterer Straftaten abzuschrecken;
- die **positive Individualprävention** zielt auf die Resozialisierung des einzelnen straffällig Gewordenen ab;
- die **Freiheitsentziehung** sichert den Täter für eine bestimmte Zeit, da er in einer Justizvollzugsanstalt einsitzen muss.

Franz von Liszt

Die spezialpräventive Straftheorie Liszts gilt heute als die wichtigste Theorie in der Strafrechtslehre der Bundesrepublik. Denkt man sie konsequent zu Ende, so muss Strafe letztendlich überflüssig und durch **Therapien** ersetzt werden. In diesem Sinne fordert etwa der amerikanische Psychologe Karl Menninger (1893–1990) die Abschaffung und Ersetzung der staatlichen Strafe:

> An uns – den Repräsentanten einer Gesellschaft, die es nicht vermocht hat, diesen Menschen zu integrieren, die ihn gewissermaßen im Stich gelassen hat, die ihm wehgetan hat und der er seinerseits wehgetan hat – an uns ist es, die Initiative zu ergreifen. *Wir* sollten etwas tun. Und was wir tun, sollte konstruktiv, rational und zweckbezogen sein, statt atavistisch, vergeltungssüchtig und aggressiv. An uns, die wir im Auftrag der Gesellschaft handeln, liegt es, dem Spiel „wie du mir, so ich dir", auf das sich der Straftäter törichterweise eingelassen und in das er uns hineingezogen hat, ein Ende zu machen. *Wir* werden nicht, wie er, zu unüberlegten und ungehemmten Handlungsweisen getrieben. [...] An die Stelle der Vergeltung sollte die gelassenere und würdigere Reaktion eines therapeutischen Resozialisierungsprogramms treten, der Schutz der Gesellschaft vor dem Straftäter für die Dauer der Behandlung und seine möglichst baldige, durch Bewährungshilfe geförderte Rückführung in den Stand eines nützlichen Staatsbürgers.

Karl Menninger: Therapie statt Strafe. In: Norbert Hoerster (Hrsg.), Reclam: Stuttgart 1987, S. 246 f.

2.6 Die Vereinigungstheorie

Die heutige Rechtspraxis erkennt allgemein an, dass Strafe kein Selbstzweck sein darf. Strafe ist vielmehr in ihrer Zweckhaftigkeit für die Zukunft begründet. Dem Staat kommt ein Notwehrrecht zur Abwehr sozialschädlicher Verhaltensweisen zu, denn er muss sowohl die Gesellschaft als auch die Grundwerte des Gemeinschaftslebens schützen.

Die in der Bundesrepublik Deutschland geltende Vereinigungstheorie versucht, durch eine Verbindung der drei Grundauffassungen von Strafe die jeweiligen Vorzüge zur Geltung zu bringen und die Nachteile zu beseitigen. Sicherlich bleibt auch hier die Tat rückwärts betrachtet Ausgangspunkt des Strafens. Zugleich ist die Strafe durch das Maß der Tatschuld begrenzt: Es darf also niemand aus Gründen der General- oder Spezialprävention härter bestraft werden, als es dem Gewicht seiner Tat und seinem persönlichen Verschulden entspricht; nur die **schuldangemessene Strafe** gilt als gerecht. Dabei sollen die verschiedenen Strafzwecke – Schuldausgleich, Sicherung des Rechtsfriedens der Allgemeinheit und Resozialisierung – berücksichtigt werden; doch darüber, welche Strafzwecke nun tatsächlich vorherrschen sollen, besteht ein unentschiedener Streit.

Das Bundesverfassungsgericht äußert sich dazu in einer Entscheidung vom 21. Juni 1977 folgendermaßen:

1 Das geltende Strafrecht und die Rechtsprechung der deutschen Gerichte folgen weitgehend der so genannten Vereinigungstheorie, die – allerdings mit
5 verschieden gesetzten Schwerpunkten – versucht, sämtliche Strafzwecke in ein ausgewogenes Verhältnis zueinander zu bringen. Dies hält sich im Rahmen der dem Gesetzgeber von Verfassungs we-
10 gen zukommenden Gestaltungsfreiheit, einzelne Strafzwecke anzuerkennen, sie gegeneinander abzuwägen und miteinander abzustimmen. Dem gemäß hat das Bundesverfassungsgericht in seiner
15 Rechtsprechung nicht nur den Schuldgrundsatz betont, sondern auch die anderen Strafzwecke anerkannt. Es hat als allgemeine Aufgabe des Strafrechts bezeichnet, die elementaren Werte des Ge-
20 meinschaftslebens zu schützen. Schuldausgleich, Prävention, Resozialisierung des Täters, Sühne und Vergeltung für begangenes Unrecht werden als Aspekte einer angemessenen Strafsanktion be-
25 zeichnet.
Bundesverfassungsgerichtsentscheid, 1977.

Entsprechend lesen wir in §46 des Strafgesetzbuches: „Die Schuld des Täters ist Grundlage für die Zumessung der Strafe. Die Wirkungen, die von der Strafe für das künftige Leben des Täters in der Gesellschaft zu erwarten sind, sind zu berücksichtigen." Doch gerade die tatsächlichen Wirkungen der beabsichtigten Strafzwecke sind umstritten, denn im Einzelfall sind sie

Kriminalität, Strafe, Resozialisierung

Problem staatlichen Strafens: Ausgleich schaffen, rationale Begründung finden, Gerechtigkeit wiederherstellen		
Absolute Straftheorie (Vergeltungstheorie, Retributionstheorie, „Gerechtigkeitstheorie") *quia peccatum est* (weil gefehlt wurde), losgelöst von Erfolgsaussichten/nicht wirkungsbezogen/zweckfrei/absolut	**Relative Straftheorien** *ne peccetur* (damit nicht mehr gefehlt werde), wirkungs- und erfolgsbezogen, zukunftsorientiert	
	Generalpräventive Lehre (Abschreckungstheorie)	**Spezial-/Individualpräventive Lehre** (Resozialisierungstheorie)
Strafzweck: • Vergeltung: Ausgleich der Schuld, die der Täter durch seine Tat auf sich geladen hat („Aug' um Auge") • Verwirklichung von Gerechtigkeit • Wiederherstellung der durch den Täter verletzten Ordnung	**Strafzweck:** • Vorbeugung gegenüber der Allgemeinheit (Wiedergutmachung) • Abschreckung der Allgemeinheit durch Strafe • Sicherung des Rechtsfriedens für alle	**Strafzweck:** • Vorbeugung im „Einzelfall" *(suum cuique)* • den individuellen Täter am Begehen weiterer Straftaten hindern • dessen Wiedereingliederung in die Gesellschaft
Vorteile: + Die Strafe darf nie härter sein, als es der Schuld des Täters entspricht + Strafe ohne Ansehen der Person → keine richterliche Willkür	**Vorteile:** + Sicherung des Rechtsfriedens für alle + Strafe auch bei fehlender Wiederholungsgefahr durch den Täter begründbar	**Vorteile:** + keine Strafe um ihrer selbst willen + Strafe dient der Wiedereingliederung des Täters und ist somit eine echte Hilfe für den Täter, der sich helfen lassen will/kann + Verhinderung neuer Straftaten durch soziale und psychologische Hilfen/Therapien + Berücksichtigung verschiedener Tätergruppen (Gelegenheits-, Gewohnheits-, Hangtäter) und gesellschaftlicher Determinanten
Nachteile: – ungeeignet für Vorbeugung und Verhinderung künftiger Straftaten: Prävention bleibt unberücksichtigt – keine Wiedereingliederung des Täters – ungenügende Berücksichtigung der Motive des Täters, seiner Situation und der Umstände zur Zeit der Tat – Vergeltung um ihrer selbst willen, Vergeltung von Übel mit Übel	**Nachteile:** – keine Begrenzung der Strafhöhe durch die Tatschuld – Möglichkeit von (unverhältnismäßig) hohen Unterdrückungsstrafen (Prinzip: „Mehr Abschreckung durch härtere Strafen") → richterliche Willkür – wenig Wirkung bei niedriger Aufklärungsquote oder auch bei Gewaltdelikten durch Konflikt- und Hangtäter	**Nachteile:** – keine Begrenzung des Strafmaßes durch die Tat: unverhältnismäßig hohe Strafen (zur Verhinderung eines weiteren Abgleitens des Täters in die Kriminalität) und unverhältnismäßig niedrige Strafen (etwa bei Tat in einer Konfliktsituation ohne „Wiederholungsgefahr") möglich → richterliche Willkür – kann nur die Wiederholung von Straftaten verhindern – Erfolg beruht auf Anerkennung der Rechtsordnung durch den Täter und ist damit nicht erzwingbar – zu geringe Beachtung der Interessen des Opfers sowie des Schutzes der Allgemeinheit
Vertreter: Kant, Hegel, Thomas v. Aquin, Pius XII.	Vertreter: Feuerbach, Schopenhauer, Hobbes, Bentham	Vertreter: Liszt, Menninger

nicht messbar. So lässt sich beispielsweise nicht bestimmen, ob der Verurteilte gerade deswegen keine weiteren Straftaten mehr beging, weil die verhängte Strafe zu eben diesem Ergebnis führte. Insbesondere an der Wirkungseignung der negativen Generalprävention, d. h. der Abschreckung potenzieller Täter, bestehen Zweifel.

Die moderne Rechtsprechung betont am stärksten den Aspekt der **Wiedereingliederung des Täters in die Rechtsgemeinschaft**. Dieser Resozialisierungsanspruch leitet sich aus dem in Art. 20 Abs. 1 des Grundgesetzes festgelegten Sozialstaatsprinzip ab. Vor allem angesichts der zahlreichen Fälle von Kindesmisshandlungen und Kinderschändungen wurden jedoch in den letzten Jahren immer mehr Stimmen laut, die forderten, das Augenmerk stärker auf die Interessen der Opfer als auf die der Täter zu richten. Tatsächlich ist der Kurs der Justiz seit der zweiten Hälfte der 90er-Jahre wesentlich härter geworden.

2.7 Das Jugendstrafrecht

Das Jugendstrafrecht ist ein Sonderstrafrecht für Jugendliche (14–17 Jahre) und Heranwachsende (18–20 Jahre) und ist im Jugendgerichtsgesetz (JGG) geregelt. Im Vordergrund steht der **Erziehungsgedanke:** Man geht davon aus, dass die Straftaten jugendlicher Menschen meist entwicklungsbedingt sind und aus einer Konfliktsituation ihres Alters resultieren. Deshalb gelten die jugendstrafrechtlichen Sanktionen nicht der Bestrafung, sondern bestehen hauptsächlich in erzieherischen Maßnahmen. Das Jugendstrafrecht kann somit als Erziehungsstrafrecht angesehen werden. Zweck der Bestrafung ist es, den straffällig gewordenen jungen Menschen zur Selbstbesinnung und Einkehr anzuhalten und ihm so den Weg zu einem rechtschaffenen Leben zu ermöglichen.

Was die **Strafmündigkeit**, also die Verantwortlichkeit für eine Straftat, betrifft, so gilt: Kinder bis zum 14. Lebensjahr sind strafunmündig, Jugendliche zwischen dem 14. und dem 18. Lebensjahr sind bedingt strafmündig, mit dem 18. Lebensjahr tritt die volle Strafmündigkeit ein.

Ein Jugendlicher bzw. Heranwachsender ist dann für seine Tat strafrechtlich verantwortlich, wenn er zur Zeit der Tat reif genug war, das begangene Unrecht einzusehen und nach dieser Einsicht zu handeln. Das Jugendgericht entscheidet über diese Reife mithilfe von Ermittlungsverfahren, in deren Verlauf die Lebens- und Familienverhältnisse des Beschuldigten sowie alle anderen Umstände untersucht werden. So lässt sich erkennen, ob bei dem Betreffenden jugendstrafrechtliche Sanktionen oder das Erwachsenenstrafrecht zur Anwendung kommen sollen. Auf jeden Fall wird das Jugendstrafrecht dann angewandt, wenn die sittliche und geistige Entwicklung des Täters zur Tatzeit der eines Jugendlichen entsprach oder wenn sich die Tat als „Jugendverfehlung" einstufen lässt.

Im Jugendstrafrecht gibt es drei Arten von Sanktionen:

- **Erziehungsmaßregeln** sind Weisungen, welche die Lebensführung des Jugendlichen regeln und dadurch seine Erziehung fördern und sichern sollen. Beispielsweise können sie den Aufenthalt, die Wohnung, die Arbeitsstelle und das Verbot des Besuchs von Gaststätten oder Vergnügungsstätten betreffen. Sie können auch in gemeinnützigen Arbeiten in sozialen Einrichtungen, der Teilnahme an sozialen Trainingskursen, in Bemühungen um einen Täter-Opfer-Ausgleich oder der Betreuung und Aufsicht durch einen Bewährungshelfer bestehen.

- Reichen diese Erziehungsmaßregeln nicht aus, so können **Zuchtmittel** wie Verwarnungen und die Auflage der Schadenswiedergutmachung oder der Jugendarrest verhängt werden. Der Jugendarrest kann ein Freizeitarrest (ein- bis viermal wöchentlich), ein Kurzarrest (2 bis 6 Tage) oder ein Dauerarrest (mind. eine Woche, höchstens vier Wochen) in einer Jugendarrestanstalt sein. Der Jugendarrest kann schon ab dem 14. Lebensjahr verhängt werden, und seine Vollstreckung darf nicht zur Bewährung ausgesetzt werden.

- Die härteste Sanktion ist die **Jugendstrafe**, welche ein echter Freiheitsentzug ist. Sie kann mindestens sechs Monate und maximal zehn Jahre dauern, wobei gutes Verhalten den Freiheitsentzug erheblich verkürzen kann. Die Jugendstrafe wird dann verhängt, wenn Erziehungsmaßregeln und Zuchtmittel wegen der stark schädigenden Neigung des Jugendlichen nicht ausreichen oder wenn die Schwere der Schuld diese Strafe erfordert. In der Regel ist die Jugendstrafe in einer Jugendvollzugsanstalt zu verbüßen. Nach Vollendung des 18. Lebensjahres kann sie jedoch auch in einer Erwachsenenstrafanstalt vollzogen werden.

Mit Ausnahme der Jugendstrafe hat keine der Maßnahmen des Jugendstrafrechts die Rechtswirkung einer Strafe. Damit werden diese Maßnahmen lediglich ins Erziehungsregister und nicht ins Strafregister eingetragen. Letzteres ist ein amtliches Verzeichnis aller gerichtlichen Verurteilungen, die wegen strafbarer Handlungen ausgesprochen werden.

Kritiker des Erziehungsstrafrechts sprechen von einer im Gesetz angelegten und in die Praxis umgesetzten Erziehungsideologie, welche den strafenden Charakter des jugendgerichtlichen Verfahrens und der jugendrichterlichen

Sanktionen leugne. Unter dem „Deckmantel" der Erziehung habe dies teilweise zu einer Benachteiligung Jugendlicher beziehungsweise Heranwachsender gegenüber erwachsenen Straftätern geführt, denn das Jugendstrafrecht verfüge über weniger Rechtsmittelmöglichkeiten als das Erwachsenenstrafrecht.

2.8 Der Täter-Opfer-Ausgleich

Die bisher geschilderten Straftheorien konzentrieren sich auf den Gerechtigkeitsausgleich sowie auf die Täterbehandlung und erwähnen die **Opferhilfe** lediglich am Rande. Der Täter-Opfer-Ausgleich (TOA) dagegen stellt das primäre Anliegen, das des Opfers an **Wiedergutmachung**, in den Mittelpunkt. Er kann laut §46a Strafgesetzbuch nur dann Anwendung finden und eine weitere Strafverfolgung verhindern, „wenn keine höhere Strafe als Freiheitsstrafe bis zu einem Jahr oder Geldstrafe bis zu dreihundertsechzig Tagessätzen" ausgesprochen wird (zu den Begriffen Geldstrafe und Tagessätze siehe S. 150).

Der Täter-Opfer-Ausgleich ist fester Bestandteil des Sanktionenkatalogs des **Jugendstrafrechts:** Bemüht sich der jugendliche Täter, der eine geringfügige Straftat – wie den Diebstahl einer Handtasche – begangen hat, um einen Ausgleich mit dem Opfer und will er den Schaden wiedergutmachen, so kann dies sogar zum Strafverzicht führen und das Verfahren wird eingestellt. Um eine Wiedergutmachung zu erzielen, muss der Täter bereit sein, erhebliche persönliche Leistungen oder persönlichen Verzicht auf sich zu nehmen; so kann er beispielsweise dem Opfer bei der Arbeit in Haus und Garten helfen oder gemeinnützige Arbeiten, etwa in einem Biotop, verrichten müssen. Auch im **Erwachsenenstrafrecht** kann nach einem Täter-Opfer-Ausgleich von Strafe abgesehen bzw. diese gemildert werden.

Der Täter-Opfer-Ausgleich bietet viele Vorteile sowohl für Täter als auch Opfer, wenn beide zu einem freiwilligen Ausgleichsversuch bereit sind:

Vorteile für das Opfer:
- schnelle und unbürokratische Wiedergutmachung des Schadens
- direkte und persönliche Vertretung der eigenen Belange
- Verdeutlichung der Folgen gegenüber dem Täter
- Abbau von Ängsten und Verärgerung

Vorteile für den Täter:
- Wiedergutmachung des Schadens aus eigener Kraft
- Übernahme von Verantwortung für die begangene Straftat
- direkte und persönliche Entschuldigung
- Einsicht in das Fehlverhalten und dessen Auswirkungen

Beide können ihre Vorstellung einer Wiedergutmachung einbringen und aktiv dazu beitragen, einen friedlichen Umgang miteinander wiederherzustellen. Unter Umständen kann auch auf eine weitere Strafverfolgung verzichtet werden. Bei schwerwiegenden Straftaten, bei Wiederholungstaten und wenn der Täter zu keinem Ausgleich bereit ist, kann der Täter-Opfer-Ausgleich allerdings keine Anwendung finden. Vielmehr muss auf die Schutzfunktion der Strafe, von einer Wiederholung der Tat abzuhalten, zurückgegriffen werden.

Die Erfahrung zeigt, dass die Bereitschaft der Opfer, mit den Tätern Kontakte aufzunehmen und auch deren Situation kennenzulernen, sehr groß ist. Sollten die Schlichtungsbemühungen scheitern, so bleibt Tätern und Opfern der Rechtsweg offen und das normale Strafverfahren wird fortgeführt.

Die grundsätzliche Akzeptanz in der Bevölkerung für diese Sanktionsform ist außergewöhnlich hoch, wie verschiedene Täter-Opfer-Ausgleichsprojekte (etwa in Braunschweig, Köln, München/Landshut und Reutlingen) zeigen. Träger des Projektes Täter-Opfer-Ausgleich ist der KONTAKT e.V. – Verein für Konfliktschlichtung und -beratung, ein gemeinnütziger Verein, der sich ausschließlich mit dem Problem der Konfliktschlichtung beschäftigt.

Zusammenfassung: Straftheorien

In der Bundesrepublik Deutschland wird nach der **Vereinigungstheorie** Recht gesprochen. Diese Theorie versucht durch eine Vereinigung der drei Grundauffassungen von Strafe, die jeweiligen Vorzüge zur Geltung zu bringen und ihre Nachteile zu beseitigen: Die Strafe ist durch das Maß der Tatschuld begrenzt, und die verschiedenen Strafzwecke – Schuldausgleich, Wiedereingliederung des Täters in die Rechtsgemeinschaft und Sicherung des Rechtsfriedens der Allgemeinheit – sollen angemessen berücksichtigt werden.

Jugendliche Straftäter werden nach dem **Jugendstrafrecht** verurteilt. Im Gegensatz zum Erwachsenenstrafrecht steht hier der Erziehungsgedanke im Vordergrund. Die Strafen fallen milder aus und zielen auf eine Besserung des jugendlichen Straftäters ab.

Konzentrieren sich die geschilderten Straftheorien auf Gerechtigkeitsausgleich und Täterbehandlung, so stellt der **Täter-Opfer-Ausgleich** die Opferhilfe und den Anspruch des Opfers auf Schadenswiedergutmachung in den Mittelpunkt. Er findet bei geringfügigen Straftaten Anwendung, wenn der Täter zu einem aktiven Ausgleich der Schuld bereit ist, und führt dann zu einer Einstellung der Strafverfolgung.

3 Schuld

Das Wort Schuld kann in der Alltagssprache ethisch indifferent gebraucht werden: An etwas schuld zu sein bedeutet ein Bewirkthaben, ein Urhebersein von etwas. Im moralischen und rechtlichen Sinne kommt dem Begriff der Schuld eine andere Bedeutung zu.

3.1 Moralische und rechtliche Schuld

Moralische und rechtliche Schuld unterscheiden sich sowohl in ihrer **Definition** als auch hinsichtlich der **Voraussetzungen für Schuldfähigkeit** und bezüglich der **Strafe**, die auf die Verfehlung folgt.

Moralische Schuld	Rechtliche Schuld
Sie besteht in einem **Verstoß** gegen das eigene **Gewissen** und **sittliche Normen** durch Handlungen oder Unterlassungen oder schon durch bloßen **Vorsatz**.	Sie besteht im **faktischen Verstoß** gegen derzeit gültige **Gesetze**.
Voraussetzung für Schuldfähigkeit ist die bewusste und freie Entscheidung des Menschen. Damit setzt moralische Schuld **Willensfreiheit** und **Verantwortlichkeit** voraus. Der Mensch muss wählen zwischen sittlicher Pflicht und sittlich nicht zu rechtfertigendem Interesse. So darf er beispielsweise nicht gegen die sittliche Norm der Wahrhaftigkeit verstoßen, um sich einen persönlichen Vorteil zu verschaffen.	Rechtliche Schuld betrifft allein **äußere Handlungen**, nicht die Gesinnung. Sie setzt Strafmündigkeit und **Zurechnungsfähigkeit** voraus.
Strafe ist **sekundär**, da der moralisch Schuldige primär sich selbst als sittliches Wesen verfehlt.	**Strafe** und Strafmündigkeit sind **primär**. Rechtliche Schuld wird in jedem Fall **sanktioniert** und mit dem rechtlich zumessbaren Strafmaß belegt.

Unter **Strafmündigkeit** versteht man die Verantwortlichkeit für eine Straftat. Kinder sind bis zum 14. Lebensjahr strafunmündig; Jugendliche sind zwischen dem 14. und 18. Lebensjahr bedingt strafmündig. Die volle Strafmündigkeit tritt mit dem 18. Lebensjahr ein.

Zurechnungsfähigkeit ist die Fähigkeit, das Unrecht einer Tat einzusehen und nach dieser Einsicht zu handeln. Sie ist gleichbedeutend mit **Schuldfähigkeit** und ist Voraussetzung für eine Bestrafung.

Das **Schuldprinzip** ist Grundlage staatlichen Strafens. Es ist von drei Voraussetzungen abhängig: erstens von einem objektiven Resultat, dem Tatererfolg, zweitens von der Zurechnungsfähigkeit des Täters und drittens vom Fehlen von Gründen, die Schuld ausschließen. Die wichtigste Konsequenz des Schuldprinzips ist darin zu sehen, dass die Strafe das Maß der Schuld nicht überschreiten darf. Wenn zum Beispiel das Schutzbedürfnis der Gesellschaft eine Sicherungsverwahrung des Täters erfordern würde, so muss der Staat sich in seinem Strafmaß zurückhalten. Dies geschieht in Anerkennung der Menschenwürde und der elementaren Freiheitsrechte des Einzelnen. So gesehen wird das Schuldprinzip vor allem zur Einschränkung der Strafe und somit zugunsten des Täters angewendet.

3.2 Die Problematik der Trennung von moralischer und rechtlicher Schuld

Moralische und rechtliche Schuld fallen oft zusammen. Es gibt aber auch Fälle, in denen keine Übereinstimmung besteht:

- Moralische Schuld kann bestehen bleiben, wenn die akzeptierte rechtliche Schuld getilgt ist. So kann beispielsweise eine Gefängnisstrafe verbüßt und damit die rechtliche Schuld abgegolten sein; der betreffende Mensch kann sich aber immer noch moralisch schuldig fühlen.
- Rechtliche Schuld kann bestehen bleiben, wenn die akzeptierte moralische Schuld getilgt ist. Dies wäre etwa dann der Fall, wenn sich nach einem Verkehrsunfall mit Personenschaden die „gegnerischen Parteien" einigen würden. Der Staatsanwalt müsste aber auf jeden Fall auf einer rechtlichen Sanktionierung bestehen, da er wertvolle Rechtsgüter, wie das Recht auf Unversehrtheit der Person, schützen muss.
- Keine moralische Schuld liegt vor bei Taten, die aus Furcht (etwa bei einer Erpressung), in Notwehr (beispielsweise bei Mordversuch), unter Drohung (zum Beispiel in einem totalitären Regime) und unter Gefahr zur Rettung von Leben geschehen. In solchen Fällen geht in der Regel auch die Rechtsprechung von einer Notwehr- oder Notstandstat aus, sodass eine „Schuld" des Täters im rechtlichen Sinn ebenfalls nicht gegeben ist.

Exkurs: Besonderheiten des Schuldbegriffs der christlichen Ethik

Die christliche Ethik sieht eine durch die Erbsünde bedingte grundsätzliche Schuld des Menschen. Ferner fasst sie Schuld nicht nur als Verfehlung des sittlichen Wesens des Menschen auf, sondern auch als **Verfehlung gegen Gott** und damit als Sünde. Der Einzelne kann zwar durch Reue und Umkehr diese Schuld sühnen. Die Aufhebung der Schuld ist jedoch nicht von seinem sittlichen Willen, sondern allein von seinem Glauben an die rechtfertigende **Gnade Gottes** (*sola fide* bei Luther) abhängig. Nur Gott kann ihm seine Schuld vergeben.

Szene der Vertreibung aus dem Paradies als Strafe für die Sünde der ersten Menschen, vom Baum der Erkenntnis des Guten und des Bösen gegessen zu haben.

Zusammenfassung: Schuld

Man unterscheidet zwischen moralischer und rechtlicher Schuld. Während **moralische Schuld** das eigene Gewissen, sittliche Normen, Willensfreiheit und Verantwortlichkeit betrifft, besteht **rechtliche Schuld** in einem faktischen Verstoß gegen derzeit gültige Gesetze durch äußere Handlungen. Sie setzt Strafmündigkeit und Zurechnungsfähigkeit voraus. Strafe ist hier primär, wohingegen sie bei moralischer Schuld sekundär ist. Oft fallen moralische und rechtliche Schuld zusammen. In manchen Fällen kann sich jedoch eine **Problematik ihrer Trennung** ergeben, wenn etwa die rechtliche Schuld getilgt ist, die moralische Schuld aber noch bestehen bleibt.

4 Strafe und Gnade

Strafe ist ganz allgemein ein Übel, das jemand einem anderen, weil dieser eine missbilligte Handlung ausgeführt hat, mit Absicht zufügt. Man spricht auch von einer **Sanktion**.

4.1 Die Geschichte der Strafe

Über Art und Gründe von Strafen **in prähistorischen Religionen** ist nichts bekannt. Im Bereich der Stammesreligionen werden beispielsweise Diebstahl, Unzucht, Mord und Verletzung der magischen Verhaltensweisen bestraft. Die Strafe hat den Sinn, das Verbrechen zu bekämpfen, von ihm abzuschrecken und die Ordnung wiederherzustellen. Sehr wichtig ist die Bestrafung der verantwortlichen Gruppe, wobei durchaus Einzelne für die Gruppe büßen können und die Gruppe den Schuldigen unschädlich machen muss. Da aber die Gruppe oft versagt, spielt die Blutrache eine bedeutende Rolle. Das Motiv der Besserung fehlt gänzlich. Nach dem mit der Zeit aufkommenden *ius talionis*, also dem Prinzip der Vergeltung, entspricht die Strafe dem Vergehen („Leben um Leben").

In den monotheistischen und polytheistischen **Kulturreligionen** der Frühzeit sind Gott oder die Götter Geber, Hüter und Wahrer des Rechts. Verstößt jemand gegen die Gesetze, so stört er die göttliche Weltordnung und muss den Zorn der Götter, d. h. ihre Vergeltung, fürchten. Als Strafen gelten beispielsweise Unheil, Krankheiten, Seuchen und Tod. Um den Zorn der Götter abzuwenden, bestraft man die Übeltäter vorher. Man glaubt nämlich, der Götterzorn richte sich nicht nur gegen den Übeltäter selbst, sondern auch gegen dessen Familie, dessen Nachkommen und dessen Volk. Der Blutrache, der familialen Haftung und dem Vergeltungsprinzip kommt dabei zentrale Bedeutung zu.

Die Qualen des Tantalus: Tantalus beleidigte die Götter, indem er seinen Sohn Pelops tötete und dessen gekochtes Fleisch den Göttern vorsetzte. Als Strafe leidet Tantalus ewigen Hunger und Durst, denn das Wasser des Sees, in dem er steht, und die über seinem Kopf hängenden Früchte weichen bei jedem Versuch, sie zu erreichen, zurück.

So treffen etwa in Babylonien, Assyrien und Ägypten Strafen von Göttern und Menschen die Übeltäter auf Erden und im Jenseits (Totengericht). Bei den alten Persern lassen die Priester Bösewichte schinden, köpfen und pfählen. Bei den Griechen ziehen sittliche Vergehen die Rache der Götter nach sich. Auch jenseitige Strafen sind bekannt; man denke nur an Tityos, Tantalus und Sisyphus, die wegen der Frevel, die sie im Diesseits begangen haben, im Jenseits unsagbare Qualen erdulden müssen.

In vielen **Hoch- und Weltreligionen** werden Strafen von Gott oder den Göttern verhängt. Als schlimmste Strafen gelten die Gefährdung des Heils und das Unheil. Im Islam zum Beispiel sind Strafen Allahs Recht oder menschliches Recht. Allahs Strafen sind Heilsentzug und die Hölle. Die Menschen bestrafen etwa mit Verstümmelung; so wird einem Dieb die Hand abgehauen.

Bis ins **Mittelalter** herrscht der Gedanke vor, Strafe diene dazu, die Sünder zu bestrafen und so den Zorn Gottes bzw. der Götter abzuwenden. Erst in der **Renaissance** gelangt man zu der Auffassung, der Mensch sei für sein Tun verantwortlich, er habe Willensfreiheit und könne somit schuldig werden. Sinn der Strafe ist nun nicht mehr die Beschwichtigung Gottes bzw. der Götter, sondern die Vergeltung der Schuld.

Der **moderne Rechtsstaat** hält den Verbrecher nur für bedingt willensfrei und berücksichtigt deshalb Determinanten, welche die Willensfreiheit und damit die Verantwortlichkeit und Schuld des Täters einschränken. Solche Determinanten können zum Beispiel sozialer Natur sein, wie eine Kindheit in einem zerrütteten Elternhaus.

4.2 Der Sinn des Strafens

Es wird gestraft, damit eine Verfehlung durch ein nach Form und Inhalt als verantwortbar angesehenes Übel vergolten werden kann.

Strafen im rechtlichen Sinne dienen nicht nur der Abschreckung und Vergeltung sowie dem gerechten Interessenausgleich der beteiligten Individuen, sondern sollen den Straftäter auch dazu befähigen, künftig sittlich gut zu handeln. Strafe wird als **Sühne** für rechtliche Schuld verstanden und hat somit moralische Qualität. **Reue** ist nur möglich, wenn der Straftäter seine moralische und rechtliche Schuld erkennt: Der Schuldige soll nicht aufgrund äußeren Zwangs, sondern aus freiem Willen seine Tat als Schuld annehmen und in die Strafe einstimmen. Nur so gelingt es ihm, sich zur **Umkehr**, d. h. zur Ausrichtung seines Handelns an den sittlichen Normen, zu entscheiden.

Abgrenzung der Strafe von Vergeltung, Sühne, Rache und Maßregel

Der Begriff der Strafe darf nicht gleichgesetzt werden mit Vergeltung, Sühne, Rache oder Maßregel.

- **Vergeltung** ist immer nur handelnde Reaktion auf ein Verhalten; so kann sowohl eine gute Tat (in Form einer Belohnung) als auch eine böse Tat vergolten werden.
- Unter **Sühne** versteht man die Wiederherstellung des durch eine Verfehlung gestörten Verhältnisses zwischen Gott/Göttern und Mensch.
- Bei der **Rache** liegt das wesentliche Unterscheidungsmerkmal nicht in äußeren Handlungen, sondern darin, was der Handelnde bezwecken will: Rache ist die Vergeltung erlittenen Unrechts auf eigene Faust.
- **Maßregeln** sind auf die Verhinderung künftiger Straftaten ausgerichtet. Ihr Ziel ist die Sicherung der Gesellschaft vor dem Straftäter (man denke an die Sicherungsverwahrung) und/oder seine Besserung (beispielsweise die Entziehung des Führerscheins).
- Von **Strafe** sprechen wir erst in Rechtssystemen, in denen die Sanktionen einem Gericht übertragen und somit verobjektiviert werden. Im Gegensatz zum Racheverlangen werden Strafe und der dahinterstehende Sühnegedanke ethisch höher bewertet. Wichtig ist ferner, dass Strafe immer von der Gesellschaft, nicht vom Einzelnen ausgeht.

Das Gewaltmonopol des Staates

Ein Recht, das sich an den Grundsätzen der Freiheit und Gleichheit orientiert, kann es weder unter den Bedingungen einer Diktatur noch unter denen eines freien Spiels der gesellschaftlichen Kräfte geben. In einer Diktatur beschaffen sich die Machthaber Privilegien und diskriminieren die Machtunterworfenen. Das freie Spiel der Kräfte hat ein Recht des Stärkeren zur Folge, das die Schwächeren abhängig macht. Freiheit und Gleichheit können nur auf der Grundlage einer Gewalten teilenden demokratischen Verfassungsordnung bestehen und fortentwickelt werden. Diese Verfassungsordnung lässt sich als vierstöckiger pyramidenförmiger Stufenbau beschreiben.

Die Demokratie stellt keineswegs das Fundament der Pyramide dar, sondern setzt die bürgerlichen und politischen Rechte voraus. Diese wiederum sind nur in einem System möglich, welches auf der Gewaltenteilung beruht. Letztere basiert ihrerseits auf dem Gewaltmonopol des Staates.

Die vier Stufen der Verfassungsordnung

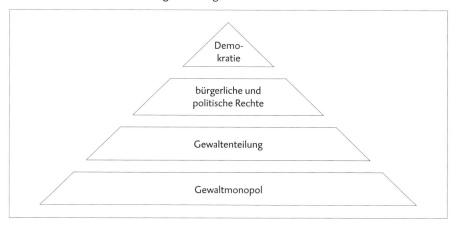

Das Prinzip der Gewaltenteilung ist in modernen Verfassungsstaaten derart realisiert, dass die staatliche Gewalt nach ihren Funktionen in Legislative (mit dem Parlament als Träger), in Exekutive (mit der Regierung und Verwaltung als Träger) und in Judikative (mit den Gerichten als Träger) aufgeteilt ist, wobei sich ihre Träger gegenseitig kontrollieren *(balance of powers)*. Die jeweils fundamentalere Stufe ist also eine notwendige Bedingung für die höheren Stufen.

Das Fundament der stufenförmig aufgebauten Pyramide bildet das Gewaltmonopol des Staates, welches Bedingung des inneren Friedens ist. Die Sicherung des inneren Friedens allein kann Freiheit und Gleichheit gewährleisten. Ohne sie wäre der Unbewaffnete und Friedliche dem Bewaffneten und Gewaltbereiten ausgeliefert, er wäre ihm gegenüber unfrei.

Der moderne **Verfassungsstaat** oder **Rechtsstaat** – wie die Bundesrepublik Deutschland – ist als staatliche Organisationsform nach den Ideen der Freiheit und Rechtssicherheit definiert. In ihm herrscht nicht die Willkür bestimmter Personen, sondern es herrschen Recht und Gesetz, wobei staatliches Handeln durch unabhängige Bereiche kontrolliert wird. Der Begriff enthält die Forderung an den Staat, dem Recht den Vorrang einzuräumen und seine Staatsgewalt zugunsten der Freiheit seiner Bürger einzuschränken. Der Rechtsstaat zeichnet sich ferner dadurch aus, dass er durch die Anerkennung von Grundrechten die gesellschaftliche Freiheit seiner Bürger sichert. Außerdem müssen alle staatlichen Handlungen unter dem Gebot der Rechtssicherheit stehen, was zum Beispiel auch bedeutet, dass freiheitsbeschränkende Gesetze nicht rückwirkend erlassen werden dürfen.

4.3 Strafen im modernen Rechtsstaat

Das deutsche Strafrecht kennt zwei Hauptstrafen: die Geldstrafe und die Freiheitsstrafe. Daneben kann als Strafe auch der (zeitweilige) Entzug des Führerscheins verhängt werden.

- Die **Geldstrafe** wird in über 90 Prozent der Verurteilungen ausgesprochen. Sie bemisst sich nach dem sogenannten Tagessatzsystem, welches sich aus der Zahl der zu verhängenden Tagessätze (5 bis 360) und der Höhe des einzelnen Tagessatzes (1 Euro bis 5 000 Euro) zusammensetzt. Das Gericht legt die Höhe des Tagessatzes fest, indem es die Einkommens- und Vermögensverhältnisse des Täters berücksichtigt. Wird der Angeklagte beispielsweise zu einer Geldstrafe von 20 Tagessätzen verurteilt und der Tagessatz auf 30 Euro festgelegt, so sind 600 Euro Strafe zu entrichten. Bezahlt der Verurteilte die Geldstrafe nicht, so tritt an ihre Stelle die Freiheitsstrafe.
- Die **Freiheitsstrafe** (auch **Haftstrafe**) kann zeitlich begrenzt (mindestens ein Monat bis höchstens 15 Jahre) oder lebenslänglich sein. Die lebenslange Freiheitsstrafe wird insbesondere bei Mord und Völkermord verhängt. Die zeitlich begrenzte Freiheitsstrafe kann mit oder ohne Bewährung sein. Mit **Bewährung** bedeutet, dass der Verurteilte nur dann die Haftstrafe antreten muss, wenn er sich nicht bewährt, das heißt, wenn er in der Bewährungszeit neue Straftaten begeht. Bei Freiheitsstrafen von über zwei Jahren ist die Bewährung ausgeschlossen.

Für **Strafverzicht** spricht sich das Gericht dann aus, wenn die Folgen einer Tat den Täter so schwer getroffen haben, dass die Verhängung einer Strafe verfehlt wäre. Dies gilt nur bei Taten, die mit weniger als einem Jahr Freiheitsstrafe geahndet würden. Wenn etwa bei einem Verkehrsunfall, bei dem zwei weitere Personen leicht verletzt werden, der Unfallverursacher selbst so schwere Verletzungen davonträgt, dass ihm beide Beine amputiert werden müssen, kann das Gericht auf Strafe verzichten.

Eine **Verfahrenseinstellung** kann dann angebracht sein, wenn das Verfahren lediglich ein Vergehen (mit weniger als einem Jahr Freiheitsstrafe oder Geldstrafe geahndet) zum Gegenstand hat. Die Schuld des Täters wird als gering angesehen, und es besteht kein öffentliches Interesse an der Verfolgung. Dies kann zum Beispiel bei einem Kaugummidiebstahl im Kaufhaus der Fall sein.

Gnadenerweise

Die rechtliche Lage eines Gefangenen wird nicht allein von den bestehenden Rechtsnormen bestimmt. Neben dem Recht gibt es **Gnadenakte**, die rechtlich relevante Folgen aufweisen. Sie dürfen zwar vorherige rechtliche Entscheidungen nicht aufheben, aber können deren Auswirkungen und Konsequenzen mildern. Gnade tritt **vor das Recht**.

Traditionsgemäß beziehen sich Gnadenakte auf gerichtliche Strafsanktionen und spielen vor allem **bei der Vollstreckung von Freiheitsstrafen** eine wichtige Rolle. Falls etwa ein Hafturlaub trotz fehlender Flucht- oder Missbrauchsgefahr nicht gestattet werden kann – da etwa die einem Sträfling zustehenden Urlaubstage schon verbraucht sind –, kommt in Einzelfällen eine Beurlaubung durch **Gnadenträger** infrage. Gnadenträger sind in der Regel die Ministerpräsidenten der Länder bzw. die Senate der Stadtstaaten oder auch der Bundespräsident. Um eine einigermaßen gleichmäßige Gnadenpraxis zu erreichen, sind von den Gnadenträgern **Gnadenverordnungen**, Erlasse und allgemeine Verfügungen herausgegeben worden. Gna-

Strafgerichtsszene im Mittelalter

denerweise dürfen nicht willkürlich, sondern nur gerechtigkeitsorientiert und in rechtsstaatlichen Grenzen erfolgen. Sie sind richterlicher Entscheidung zu unterwerfen und dürfen den Grundsatz der Gewaltenteilung nicht unterlaufen. Lässt sich das Ziel auch auf gesetzlichem Weg erreichen, so sind Gnadenakte zu unterlassen.

Gnadenakte sind nicht nur der Ausdruck vereinzelter Mildtätigkeit. Eine bedeutsame kriminalpolitische Funktion besteht in der Korrektur individueller Härten, die bei allgemeinen Gesetzen nie ganz zu vermeiden sind. Vereinzelte Härten des Rechts werden durch **übergeordnete Gerechtigkeitserwägungen** gemildert, und das Recht erscheint dann insgesamt akzeptabler. So kann beispielsweise im Einzelfall die lebenslange Freiheitsstrafe in eine befristete umgewandelt werden.

Die Todesstrafe

Die Geschichte der Strafrechtspflege zeigt deutlich eine Entwicklung von den grausamen Lebens- und Leibesstrafen hin zu einem humanen Strafsystem, das sich differenzierter Formen des Strafens bedient. Dies bedeutet allerdings nicht, dass die Todesstrafe in allen demokratischen Ländern abgeschafft ist; so halten beispielsweise die USA an der Vollstreckung der Todesstrafe fest.

Als **Vorformen** der Todesstrafe gelten die Blutrache und das Menschenopfer, welches kultischen Zwecken diente.

Als **archaische, altertümliche Strafen** sind zu nennen: die Friedlosigkeit, bei der der Missetäter aus der Gemeinschaft vertrieben und für „vogelfrei" erklärt wurde (indirekte Tötung); die Steinigung als direkte Form der Tötung durch die gesamte Gemeinschaft; der Felssturz, bei dem erstmals ein Henker auftritt; die Kreuzigung, das Hängen, Enthaupten, Rädern und Vierteilen.

Vorwiegend **Frauenstrafen** waren das Ertränken, das Lebendig-Begraben und das Verbrennen – Strafen, welche vor allem bei Kindsmord, Abtreibung, Giftmischerei und Ehebruch verhängt wurden.

Die **modernen Hinrichtungsarten** sind die Tötung durch die Guillotine, welche einen kurzen und schmerzlosen Tod bezwecken soll, der Elektrische Stuhl (erstmals 1890 in den USA), das Giftgas (erstmals 1924 in den USA), das Erschießen und – nach wie vor – das Erhängen am Galgen.

Die Anzahl der Anhänger der Todesstrafe steht in Abhängigkeit von Verbrechenszunahmen beziehungsweise von Verbrechensabnahmen und ihrer jeweiligen „Vermarktung" durch die Presse. Gerade in der letzten Zeit ist angesichts der zahlreichen Sexualdelikte mit tödlichem Ausgang der Ruf nach der Todesstrafe immer lauter geworden.

Argumente für die Todesstrafe	Argumente gegen die Todesstrafe
• Prinzip der Vergeltung von Schuld: „Seele um Seele, Auge um Auge, Zahn um Zahn" (2 Mose 21,24) • Ideal der Gerechtigkeit und damit der Vergeltung von Bösem mit Bösem (Verteidiger: Immanuel Kant) • abschreckende Wirkung (neuzeitliches Argument) • Bedürfnis nach dauerhafter Sicherheit vor gefährlichen Gewaltverbrechern • billiges Verfahren • Todesstrafe nur bei Mord	• Frage nach individueller Schuld (Affekthandlung?) • Menschen können das Ideal vollkommener Gerechtigkeit nie erreichen • keine abschreckende Wirkung – kein Bezug zur Höhe der Kriminalität • Bau sicherer Anstalten, z. B. von Hochsicherheitstrakten nötig • Kostenfragen sind nur ein vorgeschobener Grund; eigentlich geht es um das Streben nach Vergeltung. Gefahr des Missbrauchs, v. a. in totalitären Regimen • Gefahr des nicht wiedergutzumachenden Justizirrtums • keine qualfreie Tötung möglich; Todesangst kann nicht genommen werden • Der Staat darf kein Leben und damit auch nicht die Möglichkeit zur Sühne und Reue nehmen.

Was die Kosten einer Hinrichtung in demokratischen Staaten mit einem differenzierten Rechtsprechungssystem betrifft, ist festzuhalten, dass eine Hinrichtung weitaus mehr als eine lebenslängliche Haft kostet. So müssen zum Beispiel in Florida für eine Hinrichtung ca. 3,18 Mio $ gegenüber ca. 516 000 $ für lebenslängliche Haft ausgegeben werden. Die Gründe hierfür sind der Mehraufwand an Expertengutachten und Ermittlern, längere Verfahren, Berufungsverfahren, Kosten für zusätzliches Wachpersonal usw.

In der Bundesrepublik Deutschland ist die Todesstrafe abgeschafft (Art. 102 GG), was in Verbindung mit Art. 1 Abs. 1 GG zu sehen ist: „Die Würde des Menschen ist unantastbar. Sie zu achten und zu schützen ist Verpflichtung aller staatlichen Gewalt." In diesem Sinne äußerte sich der Bundesgerichtshof 1996 zur Todesstrafe. Gerade das Primat des absoluten Lebensschutzes erfordere, dass der Staat durch den Verzicht auf die Todesstrafe die Unverletztheit des menschlichen Lebens als obersten Wert bekräftige. Zudem müsse die Rechtsgemeinschaft die Gefahr des Missbrauchs der Todesstrafe und entsprechende Fehlurteile von vornherein ausschließen.

Zusammenfassung: Strafe und Gnade

Strafe ist ein mit Absicht zugefügtes Übel für erlittenes Unrecht.
Im Laufe der Geschichte gab es Strafen sehr vielfältiger Art, und sie waren unterschiedlich motiviert. Strafe hat nur **Sinn**, wenn sie beim Einzelnen zu **Sühne**, Reue und Umkehr führt. Sie muss von Vergeltung, Sühne, Rache und Maßregel unterschieden werden.
Im modernen Verfassungs- oder Rechtsstaat basiert eine Strafzufügung auf dem **Gewaltmonopol des Staates**. Das Strafrecht kennt die **Geldstrafe** und die **Freiheitsstrafe** als die beiden Hauptstrafen. Daneben gibt es in Einzelfällen **Gnadenakte**, die zwar rechtliche Entscheidungen nicht aufheben, deren Konsequenzen aber mildern können („Gnade vor Recht").
In vielen, auch manchen demokratischen Staaten existiert nach wie vor die **Todesstrafe**. In der Bundesrepublik Deutschland ist die Todesstrafe abgeschafft, denn oberstes Prinzip ist die Achtung der Menschenwürde – ein Prinzip, welches als mit der Todesstrafe unvereinbar gilt.

5 Der Strafvollzug

Unter Strafvollzug versteht man die Durchführung einer freiheitsentziehenden Sanktion. Der Strafvollzug umfasst sowohl den **Vollzug der Freiheitsstrafe** (einschließlich den der Jugendstrafe) als auch den **Vollzug freiheitsentziehender Maßregeln der Sicherung und Besserung**. Diese werden neben der Strafe verhängt und dienen der Besserung des Straftäters und der Sicherung der Gesellschaft. Sie können unterschiedlicher Natur sein und betreffen z. B. die Unterbringung in einem psychiatrischen Krankenhaus oder einer Erziehungsanstalt oder bestehen in einer Sicherungsverwahrung, in der Führungsaufsicht mit Bewährungshelfern, in der Entziehung der Fahrerlaubnis bei Verkehrsdelikten oder in einem Berufsverbot bei Verletzung beruflicher Pflichten.

Die folgende Tabelle gibt Aufschluss über die Anzahl der Strafgefangenen und Sicherungsverwahrten in Deutschland und zeigt die Entwicklung in den Jahren 2000 bis 2015 auf.

Strafgefangene und Sicherungsverwahrte in Deutschland

Alter	Männer				Frauen				gesamt			
	2000	2005	2010	2015	2000	2005	2010	2015	2000	2005	2010	2015
unter 25	12 470	12 769	11 064	7 673	383	504	458	361	12 853	13 273	11 522	8 034
25–40	31 087	30 034	27 870	25 104	1 249	1 464	1 491	1 590	32 336	31 498	29 361	26 694
über 40	14 855	17 724	18 634	16 530	754	1 038	1 176	1 154	15 609	18 762	19 810	17 684
gesamt	58 412	60 527	57 568	49 307	2 386	3 006	3 125	3 105	60 798	63 533	60 693	52 412

5.1 Vollzugsziele

Als vorrangiges Vollzugsziel nennt das Strafvollzugsgesetz die rückfallverhütende Behandlung des Gefangenen und meint damit dessen **Resozialisierung**. Der Strafvollzug soll aber auch dem **Schutz der Allgemeinheit** vor weiteren Straftaten dienen. Letzteres bedeutet, dass das Übel der Strafe in der anstaltsmäßigen Entziehung der Fortbewegungsfreiheit besteht. Was die Resozialisierung betrifft, so ist diese nach § 2 Satz 1 StVollzG für die gesamte Vollzugsorganisation und -tätigkeit bestimmend. Hierzu führte das Bundesverfassungsgericht 1973 aus:

1 Vom Täter aus gesehen erwächst dieses Interesse an der Resozialisierung aus seinem Grundrecht aus Art. 2 Abs. 1 in Verbindung mit Art. 1 GG. Von der Gemeinschaft aus betrachtet verlangt das Sozialstaatsprinzip staatliche Vor- und Fürsorge für Gruppen der Gesellschaft, die aufgrund persönlicher Schwäche oder Schuld, Unfähigkeit oder gesellschaftlicher Benachteiligung in ihrer persönlichen und sozialen Entfaltung behindert sind; dazu gehören auch die Gefangenen und Entlassenen. Nicht zuletzt dient die Resozialisierung dem Schutz der Gemeinschaft selbst: Diese hat ein unmittelbares eigenes Interesse daran, dass der Täter nicht wieder rückfällig wird und erneut seine Mitbürger oder die Gemeinschaft schädigt.

Bundesverfassungsgerichtsentscheid, 1973.

5.2 Die Entwicklung der Deliktstruktur im allgemeinen Strafvollzug

Die folgende Tabelle gibt einen Überblick über die Entwicklung der Deliktstruktur im allgemeinen Strafvollzug:

Delikt	Männer			Frauen		
	2005	2010	2015	2005	2010	2015
Straftaten gg. Staat, öffentl. Ordnung, im Amt	977	998	884	46	57	63
Straftaten gg. die sexuelle Selbstbestimmung	4868	4412	3686	39	28	29
Straftaten gg. das Leben	4304	4158	3634	252	293	254
Straftaten gg. die körperliche Unversehrtheit und die persönliche Freiheit	7115	8116	6919	210	230	250
Diebstahl, Unterschlagung	13083	11778	11071	785	796	876
Raub, Erpressung, räub. Angriff auf Kraftfahrer	7973	7321	6593	215	196	199
Betrug, Untreue, Urkundenfälschung	6716	7187	6059	713	884	897

Strafgefangene und Sicherungsverwahrte nach Art der Straftat (Straftaten nach dem StGB, o. V.) in Deutschland

Die Tabelle umfasst den Zeitraum von 2005 bis 2015 und unterscheidet zwischen männlichen und weiblichen Gefangenen. Es fällt auf, dass die männlichen Gefängnisinsassen in fast allen Deliktgruppen weniger geworden sind, während bei den Frauen die Zahlen – im Vergleich zu den Männern insgesamt auf sehr niedrigem Niveau – stabil sind bzw. teilweise steigen. Bei den Männern ist der häufigste Haftgrund „Diebstahl, Unterschlagung", bei den Frauen ist dieser Haftgrund mit „Betrug, Untreue, Urkundenfälschung" gleichauf.

5.3 Die innere Ausgestaltung des Strafvollzugs

Durch den Strafvollzug wird nicht nur die Fortbewegungsfreiheit aufgehoben, sondern auch die Handlungsfreiheit erheblich eingeschränkt. Das liegt nicht zuletzt an der anstaltsmäßigen Unterbringung, bei der sich individuelle Wünsche und Vorstellungen nur sehr begrenzt berücksichtigen lassen.

Heute geht die Tendenz dahin, den Strafvollzug so zu gestalten, dass das Leben der Inhaftierten dem „Leben draußen" so weit wie möglich angeglichen ist. Damit will man den negativen Folgen des Vollzugs, die sich zwangsläufig aus dem Abbruch der persönlichen Bindungen und der Anpassung an die künstliche Anstaltswelt ergeben, entgegenwirken. Beispielsweise verzichtet man jetzt auf das bisher übliche Blech- und Plastikgeschirr, stellt den Gefangenen eine besondere Freizeitkleidung zur Verfügung und ermöglicht ihnen die freie Auswahl des Lesematerials.

Blick in einen Gefängnistrakt

Einzelzelle in der JVA Wuppertal-Ronsdorf

§ 141 Abs. 2 StVollzG unterscheidet im Erwachsenenrecht zwischen Anstalten des offenen und des geschlossenen Vollzugs. § 10 StVollzG schafft einen eindeutigen Vorrang des offenen Vollzugs und erklärt ihn zur Regelvollzugsform: Bereits vom ersten Tag der Inhaftierung an soll der Straftäter auf den Tag der Entlassung vorbereitet werden, um dann ein Leben in Freiheit ohne Straftaten führen zu können.

Im **geschlossenen Vollzug** sollen Gefangene außerhalb ihrer Zellen ständig und unmittelbar beaufsichtigt werden. Derartige Sicherungen sind jedoch bei der überwiegenden Zahl der Gefangenen nicht erforderlich.

Im **offenen Vollzug** werden keine oder nur verminderte Vorkehrungen gegen eine mögliche Flucht getroffen. Das Gesetz sieht Lockerungen des Vollzugs vor wie den Freigang oder die Außenbeschäftigung unter und ohne Aufsicht. Man geht von bestimmten Phasen des Vollzugs aus, wobei die Anfangs- und die Schlussphase zwangsläufig schon vorgegeben sind. Im Allgemeinen wird der erste Abschnitt restriktiver, der letzte offener, der Entlassungssituation ähnlicher gehalten. So soll beispielsweise Regelurlaub erst gewährt werden, wenn sich der Gefangene mindestens sechs Monate im Strafvollzug befunden hat; für Lebenslängliche, die im geschlossenen Vollzug untergebracht sind, ist eine Wartezeit von 10 Jahren erforderlich. Um die Entlassung vorzubereiten, sollen den geschlossenen Anstalten offene Einrichtungen angegliedert werden. In der Praxis können diese Regelungen wegen eines Mangels an Außenbeschäftigungen und an offenen Vollzugseinrichtungen aber häufig nicht umgesetzt werden.

Auch die **Arbeits- und Ausbildungsangebote** im Vollzug entsprechen oft nicht den Bedingungen in Freiheit. Die geringe Entlohnung (fünf Prozent des durchschnittlichen Arbeitsentgelts) vermittelt kaum eine positive Einstellung zur Arbeit und kann auch nicht zur Schuldentilgung beitragen. Gerade die Schuldenlast bedeutet für viele Gefangene das größte Hindernis für ein späteres straffreies Leben. Der einzelne Gefangene hat keinen Anspruch auf Arbeit oder auf Ausbildung. Jedoch muss von Gesetzes wegen bei der Festsetzung der Belegungsfähigkeit jeder Anstalt eine ausreichende Anzahl von Plätzen für Arbeit, Aus- und Weiterbildung berücksichtigt werden.

5.4 Rückfallquoten

Die Rückfallquote bezeichnet den prozentualen Anteil derer, die nach der Inhaftierung erneut in einer bestimmten Weise straffällig werden.

Sie liegt bei Jugendlichen um einiges höher als bei Erwachsenen. Zu den immer wieder festgestellten **Gesetzmäßigkeiten des Rückfalls** zählt also zum einen die Altersabhängigkeit des Rückfalls. Außerdem ist die Rückfallgefahr in den ersten Monaten nach der Entlassung am größten. Ferner gilt: Je „schärfer" die Strafe vollstreckt wird und je weniger Lockerungen gewährt werden, desto höher fällt im Allgemeinen der Rückfall aus. Wem etwa die Vollstreckung des Restes der Freiheitsstrafe zur Bewährung ausgesetzt wird, der hat im Allgemeinen bessere Aussichten als ein vom Strafmaß vergleichbarer Gefangener, der seine Strafe voll verbüßen muss. So erklärt es sich auch, dass die Rückfallquoten im offenen Vollzug geringer sind als im geschlossenen Vollzug.

Allerdings ist es problematisch, die **Effizienz des Strafvollzugs** anhand von Rückfallquoten zu messen. Es bleibt unberücksichtigt,

- ob der Inhaftierte ohne Strafvollzug nicht innerhalb kurzer Zeit weitere Straftaten oder gar Verbrechen verübt hätte;
- dass zumindest während der Inhaftierung ein Schutz der Gesellschaft erreicht wurde;
- dass auch in den Strafvollzugsanstalten Straftaten, zum Teil auch schwere (wie Raub und sexuelle Nötigung) erfolgen;
- dass aufgrund der Inhaftierung weitere entsozialisierende Folgen eintreten können, zum Beispiel Obdachlosigkeit, Verlust des Arbeitsplatzes, Scheitern der Ehe, Alkoholismus und Drogenabhängigkeit.

5.5 Die „Mitbestrafung" Dritter

Wenn überhaupt an die „Mitbestrafung" Dritter gedacht wird, stehen verständlicherweise die Lebensgefährten und die Kinder der Gefangenen im Vordergrund. Bei den **Lebensgefährten** entstehen Entfremdungsprozesse und die Angst um den Bestand der Ehe oder Partnerschaft. Außerdem stellen das Gefühl der Einsamkeit und finanzielle Sorgen extreme Belastungen dar. Letztlich lässt sich die finanzielle Notlage der Familien Inhaftierter als ökonomische Mitbestrafung Nichtverurteilter interpretieren. Da die Sozialhilfe zwar regelmäßig die Mietkosten übernimmt, müssen die Familien zwar nicht umziehen, doch bereiten zum Beispiel laufende Ratenzahlungsverpflichtungen, Schadensersatzansprüche, Gerichts- und Anwaltskosten besondere Sorgen. In Ehen mit herkömmlicher Funktionsverteilung führt der Ausfall des Familienvaters zu einer Umkehrung der sozialen Rollen: Die Frauen versorgen selbstständig die gesamte Familie, während die Männer nun den Status des Unterhaltsabhängigen erhalten.

Die **Kinder** erleben die Inhaftierung des Vaters oder der Mutter als Entzug einer nahen Bezugsperson. Gleichzeitig sind sie durch die Überforderungen und Einschränkungen des verbleibenden Elternteils direkt betroffen. Wenn die Mutter einsitzt oder arbeiten geht, sehen sie sich neuen Bezugspersonen gegenüber. Oft verschweigen die Mütter lange Zeit die Gefängnisbestrafung des Vaters. Erfahren die Kinder die Realität, so führt dies nicht selten zu Vertrauensbrüchen, Identitätskrisen und Minderwertigkeitsgefühlen, welche sich wiederum in Schulversagen und Aggressivität ausdrücken können.

Zusammenfassung: Der Strafvollzug

Der **Strafvollzug** umfasst den Vollzug der Freiheitsstrafe und den Vollzug freiheitsentziehender Maßregeln der Sicherung und Besserung. Als **Vollzugsziele** gelten die rückfallverhütende Behandlung (Resozialisierung) des Gefangenen und der Schutz der Allgemeinheit vor weiteren Straftaten.

Bei der Entwicklung der **Deliktstruktur** im allgemeinen Strafvollzug unterscheiden sich männliche und weibliche Inhaftierte sowohl zahlenmäßig (weitaus mehr Männer als Frauen) als auch hinsichtlich der von ihnen verübten Straftaten.

Im Strafvollzug gibt es den **geschlossenen Vollzug**, bei dem der Gefangene außerhalb seiner Zelle ständig überwacht wird, und den **offenen Vollzug**, der Lockerungen wie Freigang oder die Außenbeschäftigung unter und ohne Aufsicht vorsieht.

Die **Rückfallquoten** sind unterschiedlich hoch. Jugendliche Straftäter und solche, die während der Strafverbüßung keine Lockerungen erfahren durften, werden öfter rückfällig.

Bei der Verbüßung einer Haftstrafe im geschlossenen Vollzug werden die Lebensgefährten/Ehepartner und die Kinder der Gefangenen psychisch stark belastet und sozial oft benachteiligt.

6 Resozialisierung

Die Resozialisierung ist nach wie vor der maßgebende Faktor in der Strafrechtslehre und dem Strafvollzug der Bundesrepublik Deutschland.

Unter Resozialisierung versteht man die **Wiedereingliederung** eines straffällig Gewordenen in die soziale Gemeinschaft. Der Sache nach entspricht die Resozialisierung der Sozialisation, d. h. dem Prozess der Anpassung des Einzelnen an seine soziale Umwelt und deren Normen und Gebräuche. Ziel ist es, den Straftäter dazu zu befähigen, künftig straffrei und verantwortungsbewusst am gesellschaftlichen Leben teilzunehmen. Dabei sind zwei Aspekte zu unterscheiden:

- Zum einen muss „schädlichen" Folgen des Freiheitsentzugs entgegengewirkt werden, wobei es vor allem darauf ankommt, eine Verschlechterung der späteren Startposition zu vermeiden.
- Zum anderen sind mit der Resozialisierung Hilfen gemeint, welche es dem Strafgefangenen ermöglichen, sich nach der Entlassung in das Leben in Freiheit einzugliedern.

Eine so verstandene Resozialisierung ist ein Unterfall der Spezial- oder Individualprävention:

> 1 Im Anschluss an Franz von Liszt kann man innerhalb der spezialpräventiven Zwecke der Kriminalsanktionen zwischen dem der Abschreckung oder
> 5 „Warnung" des Täters vor neuen Taten, dem der Sicherung (oder neuerdings wieder: Unschädlichmachung: incapa-
> citation [...]) und eben dem der Resozialisierung unterscheiden [...], wobei eine
> 10 resozialisierende Behandlung selbstverständlich keine sichernde stationäre Unterbringung voraussetzt, sondern eher „in Freiheit" oder „ambulant" gelingt.

Michael Walter, Strafvollzug, Boorberg: Stuttgart 2. Aufl. 1999.

6.1 Stationäre und ambulante Resozialisierung

Keine Resozialisierung kommt ohne die Vermittlung gewisser **sozialethischer Grundsätze** aus. Eine solche Vermittlung kann im Laufe der sogenannten stationären Resozialisierung, welche während des Freiheitsentzugs stattfindet, geschehen oder auch durch die sogenannte ambulante Resozialisierung, bei der die Strafe zur Bewährung ausgesetzt wird.

Die **stationäre Resozialisierung** will den Strafgefangenen während des Vollzugs auf das Leben außerhalb der Mauern vorbereiten. Dazu gehören in erster Linie Anti-Aggressivitäts-Trainingsmaßnahmen, welche insbesondere in Jugendvollzugsanstalten in unterschiedlicher Weise praktiziert werden. Sie haben das Ziel, die Gewaltbereitschaft seitens der Strafgefangenen abzubauen, was etwa in Form von Gesprächssitzungen, Rollenspielen und sporttherapeutischen Betätigungen geschieht. Diese planmäßigen Methoden betreffen den einzelnen Gefangenen und suchen die Gründe für die Auffälligkeit in seinem Verhalten festzustellen.

Die **ambulante Resozialisierung** ist nur möglich bei Freiheitsstrafen von höchstens einem Jahr und wenn wahrscheinlich ist, dass der Verurteilte sich in Zukunft straffrei verhalten wird. In einem solchen Fall kann die Freiheitsstrafe zur **Bewährung** ausgesetzt werden. Damit hat der Straftäter die Möglichkeit, sich durch Wohlverhalten nach der Tat Straffreiheit zu verdienen, und es können Schäden durch den Vollzug kurzer Freiheitsstrafen vermieden werden. Das Gericht setzt einen Bewährungszeitraum zwischen zwei und fünf Jahren fest und kann dem Verurteilten Weisungen und Auflagen erteilen sowie einen Bewährungshelfer zur Seite stellen. Dieser berät und betreut den Verurteilten und überwacht seine Lebensführung vor allem hinsichtlich der zu erfüllenden gerichtlichen Auflagen. Insbesondere für straffällig gewordene Jugendliche sind Bewährungshelfer von großer Bedeutung. Verstößt der Verurteilte schwerwiegend gegen die vom Gericht verhängten Auflagen oder wird er erneut straffällig, so wird die Strafaussetzung in der Regel widerrufen und er muss die zur Bewährung ausgesetzte Haftstrafe antreten.

6.2 Die „elektronische Fußfessel" als Sonderform des kontrollierten Hausarrests

Der kontrollierte Hausarrest kann zum einen die Resozialisierung erleichtern und die Gefängnisse entlasten; zum anderen bringt er für den Verurteilten selbst erhebliche Vorteile mit sich. Straftäter, die in einem intakten sozialen Umfeld leben, können so einen Gefängnisaufenthalt und damit ein mögliches Abrutschen ins kriminelle Milieu vermeiden. Sie können zu bestimmten Zeiten, die mit der Vollzugsanstalt vereinbart werden, sogar ihre Wohnungen verlassen, um etwa einen Arzt oder einen Therapeuten aufzusuchen oder um ihrem Beruf nachzugehen.

Bei der klassischen Fußfessel ist der Straftäter über einen Sender, der die Größe einer Zigarettenschachtel hat und am Fußgelenk – oder auch am Handgelenk – befestigt wird, mit einer Basisstation verbunden, die bei fehlendem Empfang aufgrund zu weiter Entfernung des Straftäters über das Telefonnetz ein Signal an die Polizei sendet. Inzwischen gibt es aber auch Fußfesseln, die mobilfunkgestützt arbeiten und eine ständige Überwachung des Aufenthaltsorts erlauben. Die Fußfessel darf in Deutschland seit 2011 laut Paragraf 68 b des Strafgesetzbuches zur Aufsicht eingesetzt werden. Inzwischen sind alle Bundesländer einem Staatsvertrag beigetreten, der eine gemeinsame Überwachungsstelle für die entsprechenden Delinquenten vorsieht.

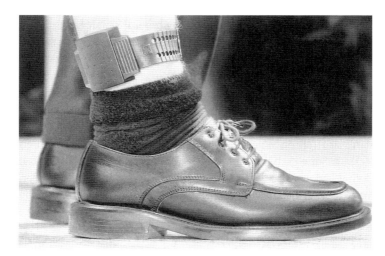

Im Jahr 2015 wurden über 70 Personen mit einer Fußfessel überwacht.

Vor dem Hintergrund eines terroristischen Anschlages auf einen Berliner Weihnachtsmarkt (Dezember 2016) mit 12 Opfern trat Anfang Juli 2017 ein BKA-Gesetz in Kraft, nach dem die elektronische Fußfessel auch bei sogenannten Gefährdern eingesetzt werden kann – gemeint sind damit potenzielle Terroristen. Das Gesetz wurde viel diskutiert, da es auf der einen Seite einen erheblichen Eingriff in die Freiheit eines Menschen darstellt und auf der anderen Seite fraglich ist, wie damit Terroranschläge verhindert werden sollen. Die neue gesetzliche Regelung wurde als Teil eines größeren Maßnahmenbündels für mehr Sicherheit verteidigt. Als Vorteile der so verwendeten Fußfessel wurde angeführt, dass sie abschreckend wirke, die Festnahme von flüchtigen Tätern vereinfache und die Ermittlungsarbeit der Polizei erleichtere – beispielsweise, wenn man wissen möchte, ob sich ein Gefährder möglicherweise in verdächtigen Kreisen aufhält.

Zusammenfassung: Resozialisierung

Die Resozialisierung zielt auf die Wiedereingliederung des straffällig Gewordenen in die Gesellschaft ab. Man unterscheidet zwischen der **stationären Resozialisierung**, die den Strafgefangenen während des Vollzugs auf das Leben in Freiheit vorbereitet, und der **ambulanten Resozialisierung**, die durch entsprechende Maßnahmen wie Weisungen, Auflagen und der Zuteilung eines Bewährungshelfers während des Bewährungszeitraums erfolgt.
Als Sonderform des kontrollierten Hausarrests ist die „**elektronische Fußfessel**" anzusehen, die den Straftäter in seiner Bewegungsfreiheit erheblich einschränkt, ihm jedoch ein Leben in seinem gewohnten sozialen Umfeld ermöglicht.

7 Kriminalität

Das Verhältnis vieler Menschen zur Kriminalität ist gespalten: Einerseits bewerten sie Kriminalität negativ und verurteilen sie moralisch, andererseits bewundern sie raffiniert durchgeführte Verbrechen und erfreuen sich an Kriminalromanen und -filmen. Zu dieser Freude am Zuschauen kommt die reale Kriminalitätsanfälligkeit vieler. Auch die Einstellung zur staatlich angeordneten Strafe kann sich ändern: So lösen Fälle von Kindesmisshandlung und -tötung nicht selten den Ruf nach einer härteren Strafe aus, während die strafrechtlichen Anforderungen nach einem Verkehrsunfall oder seitens des Finanzamtes oft als zu hoch empfunden werden.

Das Foto der Staatsanwaltschaft Aachen (Nordrhein-Westfalen) zeigt am 14.09.2015 beschlagnahmte Waffen, die man sonst eher nur in Filmen zu Gesicht bekommt.

7.1 Lagebild der Kriminalität

Das Kriminalitätslagebild setzt sich aus unterschiedlichen Informationen zusammen:

- Das **subjektive Kriminalitätslagebild** betrifft die persönlichen Erfahrungen von Kriminalität. Diese beruhen auf dem Erleben von Kriminalität als Opfer, Zeuge oder Täter beziehungsweise auf Gesprächen und Berichten über Kriminalität in Nachbarschaft und Umgebung. Auch die Information durch die Medien spielt eine bedeutende Rolle.

- Das **objektive Kriminalitätslagebild** setzt sich aus der polizeilichen Kriminalstatistik, der gerichtlichen Verurteiltenstatistik und Dunkelfelduntersuchungen zusammen. Die polizeiliche Kriminalstatistik (PKS) wird vom Bundeskriminalamt (BKA) in Zusammenarbeit mit den Landeskriminalämtern erstellt und gibt die polizeilich registrierten Straftaten (ohne Verkehrsdelikte) wieder.

7.2 Die Ursachen von Kriminalität

Kriminalität ist zu vielschichtig, als dass sie sich mit einer einzigen Theorie erklären ließe. Heute folgt man einem **multikausalen Ansatz** oder **Mehrfaktorenansatz** für die Erklärung von Kriminalität. Häufig sind mehrere Erklärungen für eine einzelne Straftat erforderlich.

Im Folgenden werden verschiedene Theorien zu den Ursachen von Kriminalität dargestellt.

Biologische Ansätze

Die biologischen Kriminalitätstheorien sehen die Ursachen für Kriminalität in verschiedenen körperlichen Bedingungen.

- **Erbanlagen:** Die Kriminologie, also die Lehre von den Ursachen der Kriminalität, geht auf den italienischen Arzt Cesare Lombroso (1835–1909) zurück. Unter dem Einfluss der Vererbungsgesetze von Johann Mendel (1822–1884) stellte er die **Lehre vom „geborenen Verbrecher"** auf und meinte, aufgrund von Äußerlichkeiten den typischen Verbrecher von Geburt an erkennen zu können. Heute wird der erbbiologische Ansatz von der Wissenschaft verworfen. Allerdings sind in der Bevölkerung derartige Ansichten weit verbreitet, und es gibt immer wieder vereinzelte Stimmen, die Chromosomenabweichungen für Verbrechen verantwortlich machen.

- **Hormonstörungen:** Liegt ein Überschuss oder ein Mangel an bestimmten Hormonen vor, so beeinflusst dies das Verhalten der Menschen und kann auch für kriminelles Verhalten verantwortlich sein. Diese Erklärung wird oft für Sexualdelikte herangezogen.

- **Triebtheorie:** Der Verhaltensforscher Konrad Lorenz (1903–1989) entwickelte die sogenannte **Triebtheorie der Aggression**. Er nennt den Aggressionstrieb auch Instinkt und betrachtet aggressives Verhalten als angeboren. Bestimmte Zentren des Gehirns entwickeln eine Antriebsenergie, welche für eine bestimmte Verhaltensweise spezifisch ist. Sie wird in den Gehirnzellen aufgestaut (Triebstau) und durch auslösende Reize freigegeben, wodurch die Verhaltensweise abläuft. Einer aggressiven Endhandlung folgt nach Lorenz eine entspannende (kathartische) Wirkung.

Die tiefenpsychologische Erklärung

Sigmund Freud (1856–1939), der Begründer der Psychoanalyse, sieht den Menschen als von Trieben gesteuert. Als grundlegende Triebe unterscheidet er den Lebenstrieb (Eros, Libido, Sexualtrieb) und den Todestrieb (Thanatos).

Während der Lebenstrieb die Selbsterhaltung des Menschen und sein Sexualverhalten steuert, ist der **Todestrieb** für das destruktive und aggressive Verhalten des Menschen verantwortlich. Er bewirkt, dass der Mensch seine Aggressionen an den anderen Menschen zu befriedigen, sie an ihnen auszuleben sucht (*homo homini lupus*: „Der Mensch ist dem Menschen ein Wolf").

Die individualpsychologische Erklärung

Alfred Adler (1870–1937) geht in seiner Individualpsychologie davon aus, dass der Mensch von Natur aus ein „Mängelwesen" ist. Schon als Kind fühlt er sich den Erwachsenen gegenüber hilflos, unterlegen und minderwertig. Das **Gefühl der Minderwertigkeit** kann er nur in der Gemeinschaft mit anderen überwinden, indem er Erfolg und Anerkennung findet. Gelingt ihm dies nicht, so kommt es zur Ausbildung von sogenannten Minderwertigkeitskomplexen, von Neurosen und von Kriminalität. Verantwortlich für das Entstehen von Minderwertigkeitskomplexen können beispielsweise eine vernachlässigende, aber auch eine verwöhnende Erziehung, eine ungünstige Position in der Geschwisterreihe oder körperliche Mängel sein. Das Individuum glaubt dann, den Anforderungen des Lebens nicht gewachsen zu sein.

Alfred Adler

Die Entwicklungstheorie

Im kindlichen und jugendlichen Alter werden häufig leichtere und mittlere Straftaten begangen, da Normen erst erlernt werden müssen. Gerade die **Jugendkriminalität** ist durch die Entwicklungsphase des Menschen bedingt. Verhaltensnormen, auch solche strafrechtlicher Natur, müssen in einem Erfahrungsprozess erlernt werden, was vorwiegend in Form von Lob und Tadel geschieht. Zahlreiche kriminologische Untersuchungen haben nachgewiesen, dass Kinder- und Jugendkriminalität nicht automatisch zum „Gewohnheitsverbrecher" führt. Dafür spricht auch die große Anzahl Nichterwischter und damit Nichtsanktionierter.

Die Theorie der Moralentwicklung

Lawrence Kohlberg, Professor für Pädagogik und Psychologie in Harvard (USA), entwickelte ein **Modell der moralischen Entwicklung**, die in der Regel jeder Mensch durchläuft. Das Modell umfasst sechs Stufen und orientiert sich an der Gerechtigkeit als Maß der Erkenntnis. Dabei unterscheidet Kohlberg eine **vorkonventionelle Ebene** (Stufe 1 und 2), eine **konventionelle Ebene** (Stufe 3 und 4) und eine **nachkonventionelle Ebene** (Stufe 5 und 6).

- **Stufe 1:** Das Kind reagiert bereits auf moralische Regeln wie gut – böse, recht – unrecht, setzt diese aber noch mit Begriffen wie angenehm und unangenehm gleich.
- **Stufe 2:** Nun hat das Kind eine klarere Vorstellung von Gerechtigkeit als Gegenseitigkeit und Gleichheit des Teilens, doch steht noch die Befriedigung der eigenen Bedürfnisse im Vordergrund. So wird die „Goldene Regel" („Was du nicht willst, was man dir tu, das füg' auch keinem andern zu") im Sinne des Austausches von Gefälligkeiten oder aber der Vergeltung von Übeltaten aufgefasst.
- **Stufe 3:** Belohnung und Bestrafung legen das Verhalten fest, wobei sich die Kinder oder Jugendlichen an stereotypen Rollen einer konkreten Bezugsgruppe – Familie, Freunde, Bekannte – orientieren und deren Tugenden erfüllen wollen. Sie verstehen die Goldene Regel nun im Sinne von „Behandle die anderen so, wie du von ihnen behandelt werden möchtest".
- **Stufe 4:** Das Handeln richtet sich auf dieser sogenannten Law-and-Order-Stufe an der staatlichen Gesellschafts- und Rechtsordnung aus. Rechtes Verhalten besteht darin, seine Pflicht zu tun sowie die Autoritäten und die gegebene soziale Ordnung zu respektieren.
- **Stufe 5:** Erstmals können moralische Werte und Prinzipien unabhängig von der Autorität der Gruppen und Personen, welche die Prinzipien vertreten, bestimmt werden. Auf dieser Stufe ist zwar das Bewusstsein von Werten und Normen deutlich ausgeprägt, doch ist die höchste Stufe der möglichen Moralentwicklung noch nicht erreicht.
- **Stufe 6:** Erst jetzt wird die höchste Stufe der moralischen Entwicklung, nämlich eine „universale Moralität", erreicht. Sie enthält im Kern die universalen Prinzipien der Gerechtigkeit, der Gegenseitigkeit, der Gleichheit und der Achtung vor der Würde des Individuums – universale Prinzipien, wie sie die kantische Ethik entwickelt. Moralische Werte und Normen sind verinnerlicht (internalisiert), der Einzelne handelt autonom.

In der Regel durchläuft nach Kohlberg jeder Mensch diese sechs Stufen. Jüngeren Schätzungen Kohlbergs zufolge befindet sich jedoch der weitaus überwiegende Teil der Erwachsenen, die in den modernen westlichen Industrienationen leben, auf Stufe 4.

Empirische Untersuchungen zeigen, dass Kriminelle die letzten Stufen nicht erreichen. Sie erkennen Normen und Werte, die weder für sie selbst noch für die eigene Gruppe gelten, meist nicht an. Ihr Gewissen vermag ihnen auch nicht zu helfen, wenn sie entscheiden müssen, wie sie handeln sollen.

Die Theorie des Beobachtungs- und Imitationslernens

Die Lerntheorie geht davon aus, dass kriminelles Verhalten wie viele andere Verhaltensweisen durch Beobachtung und Nachahmung gelernt wird. Folglich ist es auch möglich, den Abbau physischer Aggression durch Lernprozesse zu beeinflussen. Albert Bandura (geb. 1925), der Hauptvertreter dieser Theorie, vertritt die Auffassung, dass aggressives Verhalten eines **Modells** – sei es das der Eltern und Erzieher oder das eines Filmhelden und Popidols – eher dann vom Beobachter nachgeahmt wird, wenn das Modell für sein Verhalten belohnt wird. Wird es dagegen bestraft oder erreicht es sein Ziel nicht, findet es wahrscheinlich auch keine Nachahmung.

Die Gewaltvorführungen in den Medien mögen zwar nur selten zu unmittelbarer Nachahmung führen, aber sie bringen sicher eine Gewöhnung an Gewalt und Brutalität mit sich. Wenn Gewalt als normales Mittel der Konfliktlösung dargestellt wird und der Gewalttätige sogar siegt, dann ist die bewusste oder unbewusste Übernahme solcher Verhaltensmuster nicht auszuschließen.

Beispiel für Beobachtungs- und Imitationslernen: Darstellung von Gewalt in „The Matrix".

Sozialpsychologische Theorien

Vertreter der sozialpsychologischen Theorie meinen, dass Jugendliche seltener als Einzelne, sondern häufiger in **Gruppen** kriminell werden. Sie entwickeln ihre eigenen Normen, die in eben dieser Gruppe gelten, und grenzen sich so von den Erwachsenen ab. In der Clique erfahren sie Anerkennung und eine Steigerung ihres Selbstwertgefühls und finden Ersatz für persönliche und soziale Nachteile. Sie begehen kriminelle Handlungen in Gruppen leichter, da sie die Verantwortung an die Gruppe oder an deren Anführer abgeben können. Überdies gibt es Gruppenzwänge, die in nicht wenigen Fällen bis hin zu kriminellen Mutproben führen können.

Die Frustrations-Aggressions-Theorie

Die Vertreter dieser Theorie sehen in der Gewaltkriminalität eine Folge von **persönlicher Ohnmacht und Frustration**. Aggression ist damit kein angeborener Trieb, sondern immer eine Reaktion auf Frustration. Letztere stellt sich dann ein, wenn die Ausführung einer zielgerichteten Handlung unterbrochen oder gestört wird, wenn sie also „vergeblich" ist (lat. *frustra:* vergeblich). Häufig entlädt sich der Ärger auf Schwächere, und es werden Sündenböcke gesucht.

Soziologische Ansätze

Unter der Bezeichnung „soziologische Ansätze" werden verschiedene Theorien zur Entstehung von Kriminalität unterschieden.

- **Frustrationstheorie:** Dieser Ansatz erklärt kriminelles Verhalten als Folge von **frustrierenden gesellschaftlichen Bedingungen** und unterscheidet sich damit grundlegend von der psychologischen Frustrations-Aggressions-Theorie, die aggressives Verhalten durch persönlichen Misserfolg ausgelöst sieht. Er besagt, dass beispielsweise Jugendliche, die in sogenannten „Wohnsilos" wohnen, mit Vandalismus reagieren oder dass sie, um der Monotonie ihrer Umwelt zu entkommen, sich auf das „Abenteuer Kriminalität" einlassen.

- **Anomietheorie:** Im soziologischen Sinne meint **Anomie** den Verlust der Orientierung an sozialen Normen. Der Name ist aus dem Griechischen entlehnt: *a nomos* bedeutet „ohne Gesetz". Die Theorie geht davon aus, dass die Gegenstände, welche einen hohen Lebensstandard symbolisieren, nicht allen Mitgliedern der Gesellschaft in gleichem Maße verfügbar sind. Gerade bei Arbeitslosen, Auszubildenden und finanziell Schlechtgestellten besteht zwischen den gesellschaftlichen Leitbildern und den verfügbaren Finanzmitteln eine Lücke, die von einigen mit ungesetzlichen Mitteln wie Diebstahl ausgefüllt wird. Vor allem die Diebstahlkriminalität Jugendlicher und Heranwachsender, die noch nicht die erforderlichen Geldmittel haben, wird oft mit dieser Theorie erklärt.

- **Sozialisationstheorie:** Wiederholt sich Kriminalität, so ist dies häufig eine Folge misslungener Sozialisation und damit eine Folge fehlerhafter Erziehung in der Kindheit, vor allem in den ersten Lebensjahren. Gerade diese Zeit hat maßgeblichen Einfluss auf die Entwicklung eines Menschen. Deshalb können hier angelegte Fehlentwicklungen zu Kriminalität führen. Letztere ist nach dieser Theorie die Folge von **Sozialisationsdefiziten**, welche sich insbesondere aus dem Fehlen einer dauerhaften Bezugsperson und einem Mangel an Urvertrauen ergeben. In schwierigen sozialen Verhältnissen lassen sich außerdem notwendige Triebeinschränkungen nur schwer vermitteln.

Nach der Frustrationstheorie neigen Jugendliche, die sich verlassen und unausgefüllt fühlen, häufig zu aggressivem Verhalten.

7.3 Möglichkeiten der Gewaltprävention

Aggressives Verhalten lässt sich nur mindern, wenn man davon ausgeht, dass es erlernt wird, d. h. unter wesentlicher Beteiligung von Lernprozessen entsteht. Große Bedeutung kommt hierbei dem Beobachtungs- und dem Bekräftigungslernen zu. **Beobachtungslernen** beginnt im Elternhaus und betrifft später die Schule, Gruppen von Gleichaltrigen und die Medien. Physisch aggressive Kinder haben beispielsweise häufig selbst die Erfahrung von Gewalt in ihren Familien gemacht. **Bekräftigungslernen** erfolgt im Zusammenhang mit anderen Personen, etwa mit Eltern, Geschwistern, Lehrern und Gleichaltrigen. Vor allem Jungen werden häufig für die physisch aggressive Durchsetzung eigener Interessen gelobt und von Gleichaltrigen bewundert.

Wenn sich der Abbau physischer Aggression durch Lernprozesse beeinflussen lässt, so müssen Kinder beispielsweise so aufwachsen können, dass sie keine gesellschaftlichen Benachteiligungen verspüren und damit keine Frustrationen und Selbstwertverletzungen entwickeln. Auch müssen eine unkontrollierte Präsentation aggressiver Modelle und die Bekräftigung aggressiven Verhaltens unterbleiben. So ist es etwa die Aufgabe der Eltern, das Fernsehverhalten ihrer Kinder sinnvoll zu lenken.

Ferner kann **Gewaltprävention** nur dann erfolgreich sein, wenn physische Aggression für den Akteur unmittelbare Konsequenzen nach sich zieht. Es ist notwendig, sofort zu handeln, und Strafmaßnahmen dürfen nicht hinausgezögert werden. Vor allem darf ein Wegschauen nicht toleriert werden. Dies bedeutet beispielsweise, dass Lehrer und Lehrerinnen Schlägereien auf dem Schulhof nicht übersehen, dass Mitfahrende in Bus und Bahn tätliche Übergriffe auf andere Mitfahrer nicht ignorieren und dass Behörden auf Körperverletzungen nicht mit Gleichgültigkeit oder Verzögerung reagieren. Gewaltprävention will nicht ein Mehr an Strafen, sondern **konsequentes Handeln**. Aggressives Verhalten muss zu Konsequenzen für den Täter führen. Auch der (potenzielle) Täter muss dies wissen und voraussehen können.

> **Zusammenfassung: Kriminalität**
>
> Die Theorien zur Kriminalität wollen diese lediglich erklären und sie in keiner Weise rechtfertigen. Eine **Vielzahl von Erklärungsansätzen** geht von der gesellschaftlichen Abhängigkeit der Kriminalität aus. So können die Lern- und Aggressionstheorie die Gewaltkriminalität erklären, die Lern- und Anomietheorie machen den Anstieg bei der Eigentums- und Vermögenskriminalität verständlich und die Sozialisationstheorie vermag Wiederholungstaten zu begründen. Die gesellschaftliche Verantwortung schließt jedoch in keiner Weise die Eigenverantwortlichkeit des Individuums aus.
> Um das komplexe Phänomen der Kriminalität zu erklären, beruft man sich heute zunehmend auf den **multikausalen Ansatz** oder **Mehrfaktorenansatz**. Danach tragen Bedingungen geistiger, körperlicher, charakterlicher und gesellschaftlicher Natur dazu bei, kriminelles Verhalten zu erklären.
> Geht man davon aus, dass aggressives Verhalten erlernt wird (Beobachtungs- und Bekräftigungslernen), so folgt daraus, dass auch der Abbau physischer Aggression durch Lernprozesse beeinflusst werden kann. Eine erfolgreiche **Generalprävention** erfordert konsequentes Handeln seitens des Einzelnen, aber auch Staat und Gesetzgeber sind dazu aufgerufen, aggressives Verhalten zu mindern.

8 Berühmte Prozesse der Weltgeschichte

Einige Prozesse der Weltgeschichte haben große Bedeutung erlangt. Manche waren sehr folgenreich, andere sehr spektakulär, und oft beruhten die harten Strafen auf fadenscheinigen Argumenten.

8.1 Der Prozess des Sokrates

Dem griechischen Philosophen Sokrates wurde im Jahre 399 v. Chr. in Athen der Prozess gemacht. Er war damals im siebzigsten Lebensjahr, und man beschuldigte ihn, nicht an die Staatsgötter zu glauben und die Jugend zu verführen. Er wurde zum Tod durch den Schierlingsbecher, d. h. durch Gift, verurteilt.

Die Anklage ging an eines von zehn Geschworenengerichten, welches mit 501 ausgelosten Mitgliedern besetzt war und gegen dessen Urteil es kein Rechtsmittel gab. Sokrates verteidigte sich mit einer Rede, deren Wortlaut sein Schüler Platon festhielt. Er lehnte es wiederholt ab, die Gunst der Richter

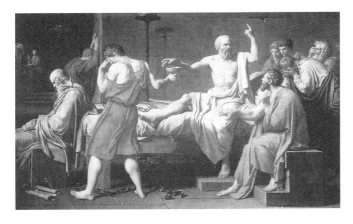

Der Tod des Sokrates, Gemälde von Jacques-Louis David, 1787

zu suchen und bezeichnete sich selbst als ein großes Geschenk, welches der Gott den Athenern zu ihrer Besserung geschickt habe. Diese stolze Rede rief den Unwillen des Gerichtes hervor, doch Sokrates verstand es, den Ankläger Meletos so zu widerlegen, dass der Freispruch nahe war. Nun aber wurden die beiden anderen Ankläger Anytos und Lykon aktiv und argumentierten: Vielleicht sei die Anklage unnötig gewesen, aber da sie nun mal erhoben sei, müsse Sokrates auch verurteilt werden. Sie schafften es, dass Sokrates mit 61 Stimmen Mehrheit verurteilt wurde.

Nachdem die Ankläger den Tod beantragt hatten, hielt Sokrates eine zweite Rede, welche uns wiederum Platon überlieferte. Sokrates hatte das Recht, eine mildere Strafe zu beantragen, doch erneut verhöhnte er die Richter. Statt einer Strafe forderte er die höchste Ehrung. Ferner argumentierte er, er wisse nicht, ob der Tod ein Übel sei; dass aber Gefängnis, Geldbuße und Verbannung ein Übel seien, das sei sicher und er lehne all dies ab. Da er jedoch seine Richter nicht mit Gewalt ins Unrecht treiben wolle, erklärte er sich bereit, eine Geldbuße zu zahlen. Doch nun war es zu spät. Die Richter wussten, dass Sokrates unschuldig war, aber sie fällten das Todesurteil.

Kurz vor der Hinrichtung bestürmten ihn seine Freunde, vor allem Kriton, sich wegen des ungerechten Urteils dem Tod durch Flucht zu entziehen. Sokrates lehnte ab und begründete seine Entscheidung wie folgt: Er habe immer die Gesetze respektiert und auch ihren Schutz genossen. Deswegen wolle er sie jetzt nicht brechen. Selbst ein ungerechtes Urteil verdiene Beachtung. Würde man es nicht beachten, so würden die Gesetze insgesamt ihre Gültigkeit verlieren. Sind die Gesetze schlecht, müsse man sie ändern; gelinge das nicht, müsse man ihnen gehorchen. Sokrates nahm den Schierlingsbecher in eben dem Bewusstsein, sein Gehorsam gegenüber dem ungerechten Richterspruch werde das verletzte Recht wiederherstellen. Er stellte die Achtung vor dem Recht eindeutig über seine persönlichen Interessen und belehrte seine Freunde bis kurz vor seinem Tod über die Richtigkeit seiner Gesinnung.

8.2 Der Prozess des Jesu von Nazareth

Der Prozess des Jesu von Nazareth war der folgenreichste Prozess der Weltgeschichte – auch wenn mit Jesus kurzer Prozess gemacht wurde. Überliefert ist uns dieser Prozess in den Berichten der Evangelien, welche verständlicherweise tendenziös sind (siehe Mk 14,53–15; Mt 26,57–27,30; Lk 22,66–23; Joh 18,12–19,14).

Jesus wurde in Jerusalem im Garten Gethsemane verhaftet und nach einer Voruntersuchung dem jüdischen Gericht übergeben. Unter dem Vorsitz des Kaiphas wurden die drei Anklagepunkte formuliert: Tempelschändung, Steuerverweigerung gegenüber der kaiserlichen Regierung und angemaßte Messianität. Die Verhandlung fand in der Nacht im Amtspalast des Kaiphas statt. Da aber nach jüdischem Recht Gerichtsverhandlungen am Tage abgehalten werden mussten, berief man am Morgen weitere Gerichtsmitglieder ein und ein vollständiges Gericht von einundsiebzig Richtern konnte zur Sitzung zusammentreten.

Christus vor Kaiphas,
aus der Kleinen Passion von Albrecht Dürer

Die Juden beschlossen, Jesus an den römischen Statthalter Pontius Pilatus auszuliefern, weil sie selbst kein Recht auf peinliche Gerichtsbarkeit besaßen und verhindern wollten, dass Pilatus wegen des „Aufwieglers" Jesus gegen das jüdische Volk vorging. Vor Pilatus wurde die Frage der Steuerverweigerung seltsamerweise nicht behandelt, dafür stellte man die angemaßte Königswürde in den Mittelpunkt.

Da Jesus aus Galiläa stammte und sich der galiläische Landesfürst Herodes Antipas anlässlich des Passahfestes gerade in Jerusalem aufhielt, schickte Pilatus Jesus zu Herodes. Dieser freute sich anfangs darüber, Jesus zu treffen, denn er hoffte, ein Zeichen seines Wirkens zu sehen. Jesus aber antwortete auf keine seiner Fragen. Deshalb verspottete Herodes Jesus und sandte ihn zu Pilatus zurück.

Beim Passahfest war es üblich, dass der römische Statthalter einen jüdischen Gefangenen freigab. Pilatus fragte das jüdische Volk, wem er nun die Freiheit geben solle – Jesus oder Barabbas, der wegen Aufruhrs und Mordes angeklagt war. Das Volk entschied sich für Barabbas. Dies bedeutete für Jesus die Kreuzigung, denn nach römischem Recht galt die angemaßte Königswürde als Majestätsbeleidigung des Kaisers, die mit der Kreuzigung, der grausamsten aller Hinrichtungsarten, bestraft wurde.

8.3 Der Prozess der Jeanne d'Arc

Jeanne d'Arc wurde 1412 in Domrémy in den Vogesen als Tochter wohlhabender Landleute geboren und 1431 in Rouen auf dem Scheiterhaufen als Hexe verbrannt. Sie nannte sich selbst **Jeanne la Pucelle** (*pucelle:* Jungfrau) und ging in die Geschichte als **Jungfrau von Orléans** ein. Schon als fünfzehnjähriges Mädchen fühlte sie sich durch Stimmen aus dem Himmel berufen, den französischen König Karl VII. nach Reims zur Krönung zu führen und Frankreich von den Engländern, die einen Großteil des Landes besetzt hielten, zu befreien.

Im Jahr 1429 empfing der zukünftige König sie tatsächlich in Chinon und teilte sie dem Heer zu. Durch ihren Einfluss gelang den Soldaten die Aufhebung der englischen Belagerung von Orléans. Kurz darauf folgte ein weiterer Sieg und im Juli 1429 wurde Karl mit Jeanne d'Arcs Hilfe in Reims zum König gekrönt. Die Missgunst der Höflinge, die den Einfluss Jeanne d'Arcs auf den König fürchteten, wurde immer größer, sodass der König schließlich auf Jeannes Hilfe verzichtete. Im Mai 1430 wurde sie vor Compiègne in Nordfrankreich von Burgundern, deren Gebiete von den Engländern besetzt waren, gefangen und gegen eine hohe Summe an die Engländer ausgeliefert. Der französische Hof tat nichts für sie.

Jeanne d'Arc in heroischer Pose, lavierte Zeichnung von Jean Auguste D. Ingres

Im Februar 1431 leitete Bischof Pierre Cauchon in Rouen den kirchlichen Prozess gegen Johanna ein. Dies war ein Scheinprozess, denn in Wirklichkeit wollten sich die Engländer der Jungfrau von Orléans als dem Symbol des Widerstandes gegen sie entledigen. Johanna verteidigte sich selbst gegen die Anklage der Hexerei und der Ketzerei, doch angesichts des drohenden Feuertodes widerrief sie im Mai 1431. Man verurteilte sie zu lebenslänglicher Haft, worauf sie bald den Widerruf zurückzog. Am 29. Mai 1431 wurde sie im Alter von neunzehn Jahren als rückfällige Ketzerin verbrannt. Im Jahre 1456 hob man in einem neuen kirchlichen Prozess ihre Verurteilung auf.

Johanna beeindruckte vor allem durch die Kraft ihrer Persönlichkeit und ihren festen Glauben. Nur so erklärt es sich, dass sich die durch Zwietracht gelähmten französischen Kräfte vorübergehend gegen die englische Machtstellung aufbäumen konnten. Johanna wurde bereits von ihren Zeitgenossen verherrlicht. Immer wieder hat sie Künstler, Maler, Schriftsteller und Filmemacher inspiriert. Im 19. Jahrhundert wurde sie zur französischen Nationalheldin. 1920 sprach die katholische Kirche sie heilig.

8.4 Prozesse des 20. Jahrhunderts: die Hauptkriegsverbrecher-Prozesse

Im Folgenden soll auf die nach dem Zweiten Weltkrieg stattfindenden Hauptkriegsverbrecher-Prozesse und auf die Nürnberger Nachfolgeverfahren eingegangen werden.

Die für die nationalsozialistische Herrschaft Verantwortlichen sollten vor einem internationalen Gerichtshof im Namen der Vereinten Nationen, welche 1945 in Nachfolge des Völkerbundes entstanden waren, zur Rechenschaft gezogen werden. Bereits im November 1943 war die Bestrafung der „Hauptkriegsverbrecher" angekündigt worden. Die Anklagepunkte waren:
- Verschwörung gegen den Frieden,
- Verbrechen gegen den Frieden,
- Kriegsverbrechen,
- Verbrechen gegen die Menschlichkeit,
- Vorbereitung und Durchführung eines Angriffskrieges.

Die Tatsache, dass die Sieger über die Verlierer zu Gericht saßen, mochte manchen auf der Verliererseite als eine Art Rachejustiz und weniger als ein Beitrag zur Entwicklung des internationalen Rechts erscheinen. Problematisch war auch die Frage, ob hier nicht der Grundsatz „keine Strafe für eine Tat, die zur Zeit der Ausführung noch nicht unter Strafe stand" verletzt würde, denn der letztgenannte Anklagepunkt war völlig neu in der Geschichte des Rechts. Aber zur Verurteilung der Angeklagten reichten die herkömmlichen Strafgesetze vollkommen aus, und keiner wurde nur wegen des einen neuen Anklagepunktes verurteilt.

Die Hauptkriegsverbrecher-Prozesse („Nürnberger Prozesse")
Die Eröffnungssitzung des Internationalen Gerichtshofes fand am 18. Oktober 1945 in Berlin statt. Die Verhandlungen begannen am 20. November 1945 in Nürnberg und endeten nach 218 Prozesstagen mit der Urteilsverkündung am 1. Oktober 1946.

Bei diesen „Nürnberger Prozessen" waren 24 Personen der Führungselite des NS-Regimes angeklagt, unter anderen der ehemalige „Reichsmarschall" Hermann Göring, Hitlers Stellvertreter Rudolf Heß, Außenminister Joachim von Ribbentrop, der Großadmiral und Hitlernachfolger Karl Dönitz und Rüstungsminister Albert Speer. Angeklagt waren aber auch sechs Kollektive, die als „verbrecherische Organisationen" definiert waren und für die auch die Angeklagten stellvertretend auf der Anklagebank saßen: die deutsche Reichs-

Gerichtssaal bei den Nürnberger Prozessen

regierung, NSDAP, SS, Geheime Staatspolizei, SA, Generalstab und Oberkommando der Wehrmacht.

Von den 24 Angeklagten konnten bis zum Urteilsspruch lediglich 21 zur Verantwortung gezogen werden; die Gründe dafür waren Selbstmord, Verhandlungsunfähigkeit und Verhandlung in Abwesenheit. Verhältnismäßig milde bestraft wurde z. B. Dönitz (10 Jahre Gefängnis). Heß musste als einziger seine lebenslange Haftstrafe verbüßen. Alle anderen Angeklagten verurteilte man zum Tod durch den Strang. Das Urteil wurde am Morgen des 16. Oktobers 1946 vollzogen. Göring hatte sich am Vorabend vergiftet.

Die Nürnberger Nachfolgeverfahren

Ursprünglich wollte man weitere Prozesse unter gemeinsamer Gerichtshoheit der Alliierten anstrengen, doch der beginnende Kalte Krieg machte dies unmöglich. Deshalb fanden einzelne Prozesse in allen vier Besatzungszonen und auch in den von den Deutschen befreiten Ländern wie Polen, den Niederlanden und Italien statt.

Am aufsehenerregendsten waren die zwölf Verfahren, welche die Amerikaner unmittelbar nach den Hauptkriegsverbrecher-Prozessen in Nürnberg führten. Diese „Nachfolge-Prozesse" dauerten bis Mitte 1949 und boten eine

Art Querschnitt durch Politik, Wirtschaft und Diplomatie des NS-Regimes: Im Ärzteprozess ging es beispielsweise um „Euthanasie" und Menschenversuche, im Milch-Prozess um die Kriegsrüstung, im Flick-Prozess um Zwangsarbeit und Raub ausländischen Eigentums, im Wilhelmstraßenprozess standen Diplomaten vor Gericht und im Einsatzgruppenprozess wurden die Mordaktionen an Juden in den besetzten Ostgebieten untersucht.

Diese Prozesse vermochten zwar nicht, die Gerechtigkeit gänzlich wiederherzustellen, aber sie waren der Beginn der Aufklärung über die nationalsozialistische Diktatur.

> **Zusammenfassung: Berühmte Prozesse der Weltgeschichte**
>
> Der Prozess des Sokrates, der des Jesu von Nazareth und der der Jeanne d'Arc waren **Scheinprozesse**, mit denen man sich unbequem gewordener Zeitgenossen entledigte. Die Anklagepunkte waren die folgenden:
>
> Sokrates: Gotteslästerung und Verführung der Jugend
> Jesus: angemaßte Königswürde
> Jeanne d'Arc: Hexerei und Ketzerei
>
> Bei den **Hauptkriegsverbrecher-Prozessen** und den **Nürnberger Nachfolgeverfahren** dagegen saßen die Schuldigen des NS-Regimes auf der Anklagebank und erfuhren die ihnen zustehende Bestrafung.

Friedenskonzepte in Theorie und Praxis

1 Krieg

„Krieg ist der Vater aller Dinge" heißt es bei dem altgriechischen Philosophen Heraklit; das dtv-Lexikon von 1970 gibt an, Krieg sei „auf primitiven Stufen der Zivilisation das gewöhnliche Mittel zum Austragen von Gruppenkonflikten"[92]; Thomas Hobbes sagt, das normale Zusammenleben in der menschlichen Gesellschaft sei ein „Krieg aller gegen alle". Gemeint ist in allen Fällen eine mehr oder weniger gewaltsame Auseinandersetzung zwischen Menschen mit dem Ziel, den jeweiligen Gegner zu besiegen.

Innerer und äußerer Krieg

Heute bezeichnen wir als Krieg einen bewaffneten Konflikt und unterscheiden **Krieg innerhalb von Staaten** (meist: Bürgerkrieg) von **Krieg zwischen Staaten**. Die Ursachen von Kriegen lassen sich in einem Schema darstellen:

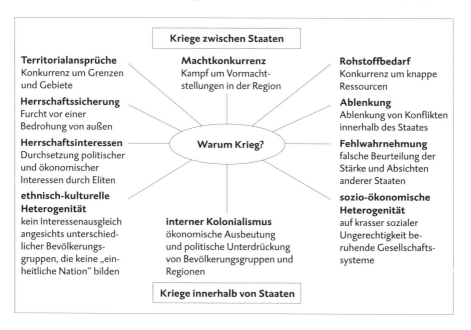

---

92 dtv-Lexikon. Ein Konversationslexikon in 20 Bänden, München 1970, Bd. 11, S. 7.

Gerechter Krieg (bellum iustum)

Bereits Platon sah den Krieg als praktisch schwer vermeidbaren wiewohl nicht wünschenswerten, der Krankheit ähnlichen Zustand, den man durch perfekte Übung der Kräfte geradezu verhindern könne. Aristoteles betrachtete Krieg als „Erwerbskunst" von Menschen, die vom Naturzustand her zum Dienen bestimmt sind, aber nicht dienen wollen; Krieg sei nur dann moralisch verwerflich, wenn er zum Selbstzweck werde. Cicero rechtfertigte in seiner berühmten *bellum-iustum*-Theorie den Krieg als moralisch rechtens, wenn er entweder dem eigenen Schutz oder der Erfüllung einer Verpflichtung aus einem Schutz- und Trutzbündnis diene und zusätzlich – nach der Ablehnung einer Forderung um Genugtuung durch den Gegner – angekündigt und formell angesagt sei.

Mit der Übernahme des Christentums als Staatsreligion mussten die frühen Christen ihre grundsätzliche Ablehnung des Kriegsdienstes ablegen. Augustinus übernahm den Begriff des *bellum iustum* und definierte ihn als Krieg des Guten gegen das Böse, wenn ein bestehender Friedenszustand ungerecht ist und der gerechte Frieden hergestellt werden soll. Im Anschluss daran ergänzte Thomas von Aquin die Kriterien eines gerechten Krieges: Legitimität der Herrschaft, gerechter Grund (gegen Schuldige in irgendeiner Form) sowie die Absicht, Gutes zu befördern bzw. Böses zu verhindern – kurz: das Gemeinwohl durchzusetzen; in diesem Sinne kann auch ein Angriffskrieg – insbesondere gegen Heiden – ein gerechter Krieg sein, was die Kreuzzüge rechtfertigte.

Auf dieser Grundlage galt das *ius ad bellum* – das freie Kriegführungsrecht der Staaten – als selbstverständlicher Grundsatz des sich ausbildenden Völkerrechts. Die Aufklärung stellte Krieg und Frieden wieder in den Mittelpunkt ihrer Betrachtungen, ging allerdings davon aus, dass so lange Krieg herrschen müsse, wie die rechtlichen und sozialen Verhältnisse ungerecht seien.

Im 19. Jahrhundert bildete sich mit dem wachsenden Nationalismus der *Bellismus* aus: Hegel betonte den fortschrittssichernden Wert des Krieges, bedeutende Historiker wie Burckhardt waren der Ansicht, der Krieg bringe die wahren Kräfte eines Volkes zu Ehren; zwischenstaatlich galt die berühmte Äußerung von Clausewitz, Krieg sei „die Fortsetzung der Politik mit anderen Mitteln".

Erst nach der Erfahrung der **Totalität des Krieges**[93] und dem Eintritt ins Atomzeitalter begann ein sehr viel ernsteres Nachdenken darüber, ob es einen gerechten Krieg überhaupt geben könne. Trotzdem gingen während der Epoche des Kalten Krieges beide Supermächte von der prinzipiellen Berechtigung zur Kriegführung aus. Die sowjetische Seite definierte in der Nachfolge Lenins

---

93 Der traditionelle Krieg bis ins 19. Jahrhundert hinein erlaubt noch eine Trennung zwischen „Kriegsgebiet" und „Hinterland", zwischen Kämpfenden und Zivilbevölkerung; dies endete im Ersten Weltkrieg.

„fortschrittliche Kriege" gegen die reaktionären Ausbeuterklassen der Bourgeoisie und den „kapitalistischen Imperialismus" im Interesse der revolutionären Bewegung des Proletariats als gerecht. Für die USA galt stets und gilt wohl auch heute noch Kriegführung als vertretbar, wenn es sich entweder um einen Verteidigungskrieg gegen einen Aggressor oder aber um Unterstützung anderer zur Wiederherstellung und Sicherung des Völkerrechts handelt.

Die Grenzen eines so begründeten Rechts auf Kriegführung zeigten sich klar infolge der von Al-Qaida verübten Terroranschläge vom 11. September 2001, bei denen das World Trade Center in New York zum Einsturz gebracht und weitere Passagiermaschinen zu lebenden Bomben umfunktioniert wurden. Während der anschließende Angriff auf das Taliban-Regime in Afghanistan noch als **Kampf gegen den Terror** die Zustimmung der meisten Verbündeten fand, wurde der nachfolgende, mit der Entwicklung von Massenvernichtungswaffen begründete Krieg der USA gegen Saddam Hussein schnell als Vorwand aufgedeckt, ein unliebsames Regime an energietechnisch bedeutsamer Stelle zu beseitigen. Unter dem US-Präsidenten Donald Trump wandelte sich schließlich die Argumentation ganz offen dahingehend, dass die USA sich nur engagieren sollten, wenn ihre eigene Wirtschaft direkt davon profitiert.

Doch auch der Kampf gegen den Terror, der ja weitestgehend akzeptiert ist, wird immer wieder missbraucht. Machthaber erklären ihre Gegner zu Terroristen und bekämpfen sie, wie z. B. im Jahr 2019 der türkische Präsident Recep Tayyip Erdogan die kurdischen Milizen, die bei der Bekämpfung des radikalen „Islamischen Staates" Hervorragendes geleistet haben.

Heiliger Krieg

Eine besondere Form des gerechten Krieges stellt der aus religiösen Gründen geführte Kampf gegen Ungläubige dar. Papst Urban II. 1095 ebenso wie Bernhard von Clairvaux 1146 erklärten die Kreuzzüge zu solchen Kriegen, man malte Bilder, in denen Christus den Rittern unmittelbar voranritt.

Am bekanntesten aber ist die Idee des *Dschihad*, des Heiligen Kriegs der gläubigen Muslime im Dienst der Ausbreitung ihrer Religion. Nach bestimmten Auslegungen der Lehre Mohammeds besteht die Pflicht, den Islam in der Welt zu verbreiten. Der Prophet habe versprochen, dass jeder, der im Dschihad zu Tode komme, sofort ins Paradies eingehen werde. Sowohl die Anschläge vom 11. September als auch die zahlreichen Selbstmordattentate in Afghanistan und im Irak sowie in den letzten Jahren auch in Europa stehen im Kontext dieser Lehre, aber auch die furchtbaren Gräueltaten der Milizen von al-Shabaab in Somalia oder des IS in Syrien. All diese islamistischen Bewegungen sind mit dafür verantwortlich, dass dort dauerhafter Friede in weiter Ferne steht.

> **Zusammenfassung: Krieg**
>
> Von jeher galt **Krieg** (ob Bürgerkrieg im Inneren oder zwischenstaatlicher äußerer Krieg) als gerechtfertigtes Mittel gegen „bösartige" Gegner *(bellum iustum)*; eine Sonderform ist der religiös motivierte **Heilige Krieg**.

2 Friedensethik

Frieden

Frieden ist mehr als die Abwesenheit von Krieg – darüber herrscht weitgehende Einigkeit. Heute bezeichnen wir den Zustand des bloßen Nichtkrieges als **negativen Frieden** im Unterschied zum **positiven Frieden**, der einen dynamischen Prozess der Minimierung von Gewalt, Not, Unfreiheit und destruktiver Aggressivität hin zu einem idealen Zustand abgerüsteter Sicherheit, sozialer Gerechtigkeit und schließlich allgemeiner menschlicher Harmonie beinhaltet.

Historische Friedenskonzepte

Jede Theorie vom idealen Staat enthält eine Idee vom Frieden in diesem Staatswesen. Konkrete Verwirklichung fand ein solches Konzept zunächst in der *Pax Romana* des römischen Kaiserreiches, wo der Friede allerdings ein den beherrschten Völkern von außen aufgezwungener und rein machtpolitisch verstandener Zustand von Nichtkrieg, Sicherheit und Ordnung war.

Im Protest gegen diese Herrschaft entwickelte die christliche Theologie, besonders Augustinus, ein neues Friedensverständnis: Durch eine unmittelbare Zuordnung von Frieden und Gerechtigkeit wird jener ausschließlich als sittliche Aufgabe verstanden; in der Nachfolge des Apostels Paulus unterscheidet man den **weltlichen** vom **jenseitigen Frieden**, den es zu erlangen gilt. Die durch den Tod Christi hergestellte **Versöhnung** zwischen Gott und den Menschen kann als Nächstenliebe und Bemühen um Eintracht Frieden zwischen den Menschen schaffen. Diese Konzeption schlug sich nieder in der **Gottesfriedens-** bzw. **Landfriedensbewegung** des späten Mittelalters.[94]

---

[94] Seit dem 10. Jh. verkündeten kirchliche Institutionen z. T. den Gottesfrieden *(pax dei)*, der bestimmte Personen (Frauen, Geistliche, Juden) oder Örtlichkeiten (Kirchen, Mühlen, Wohnhäuser) unter Friedensschutz stellte; die *treuga dei* verbot kriegerische Handlungen an bestimmten Tagen, für Nichtadlige zeit-

Mit den Religionskriegen zu Beginn der Neuzeit rückt ein absoluter Sicherheitsbegriff in den Mittelpunkt des innerstaatlichen Friedensverständnisses, der zwischenstaatliche Friede tritt demgegenüber zurück. 1713 entwickelte der französische Abbé Charles de Saint-Pierre das Konzept einer europäischen Union mit einer zentralen Friedensinstanz und der Aufstellung einer gemeinsamen Armee zur Sicherung eines ewigen Friedens. Die Aufklärung entpolitisierte den Friedensbegriff, indem sie ihn als Folge der Errichtung einer rechtlichen Verfassung im Inneren verstand. Kant sah den Krieg durch die Vernunft als unbedingt geächtet an und wollte Frieden verwirklicht sehen in einer durch Legalität und Moralität (Sittlichkeit) gekennzeichneten republikanischen Verfassung im Inneren sowie einem Föderalismus freier Staaten nach außen.

Als Gegenbewegung zum Bellismus entwickelte sich auf der Basis der von Quäkern gegründeten **Friedensgesellschaften** im 19. Jahrhundert der **Pazifismus** mit seiner Forderung nach internationalen Institutionen zur Überwindung zwischenstaatlicher Gegensätze, der zunächst zur Gründung von Friedensgesellschaften und Friedenskongressen, aber auch des Internationalen Roten Kreuzes führte.

Berühmte Friedenskonzepte durch Aufruf zur **Gewaltlosigkeit**, aber auch zum **passiven Widerstand** entwickelten Mahatma Gandhi im spätkolonialen Indien und Martin Luther King im rassistischen Amerika der frühen 60er-Jahre. Fortgesetzt werden deren Ideen in der kompromisslosen Ablehnung jeglicher Gewalt in der heutigen **Friedensbewegung**.

Zusammenfassung: Friedensethik

Vom **Frieden als Nichtkrieg** zum **Pazifismus** moderner Prägung führt eine lange Geschichte verschiedener **Friedenstheorien**:
- **Gottesfriedens-** bzw. **Landfriedensbewegung** im späten Mittelalter.
- In der Aufklärung wurde Friede nach außen als Folge der Errichtung einer rechtlichen **Verfassung** im Inneren betrachtet.
- 19. Jahrhundert: Gründung von Friedensgesellschaften, Haltung des **Pazifismus**.
- 20./21. Jahrhundert: Aufruf zur **Gewaltlosigkeit** bzw. zum **passiven Widerstand**; z. T. kompromisslose **Ablehnung jeglicher Gewalt**.

weilig sogar das Tragen von Waffen. Ab dem 13. Jh. versuchten die Kaiser, ihrerseits das Fehdewesen zu ordnen und die Bestrafung von Rechtsbrechern an sich zu ziehen. Ein berühmter Reichslandfriede wurde 1235 von Friedrich II. erlassen und 1495 durch Maximilian I. als „Ewiger Landfriede" verkündet.

3 Konzepte für einen dauerhaften Frieden

Der Gedanke, den Weltfrieden durch kollektives Zusammenwirken möglichst vieler Staaten zu sichern, geht letztlich auf den amerikanischen Präsidenten Woodrow Wilson zurück, der nach dem Ersten Weltkrieg die Idee des **Völkerbunds** durchsetzte. Leider wurde der Staatenbund allzu locker und wenig schlagkräftig geschlossen, um dauerhaft weitere Kriege verhindern zu können.

1928 ächtete der Briand-Kellogg-Pakt jeden Krieg, doch echte Chancen, wirklich weltweit für den Frieden zu wirken, ergaben sich erst mit der Gründung der UNO 1945. Weltfriede und internationale Sicherheit sind nunmehr eng verknüpft und zur Aufgabe aller Mitgliedsstaaten erklärt; auch in der Zeit des Kalten Krieges konnten sich die Kontrahenten weder der gemeinsamen Verantwortung noch der Tatsache entziehen, dass man zumindest auf diesem Terrain immer wieder zu Gesprächen zusammentraf. Über die gegenüber dem Völkerbund erheblich verstärkte **kollektive Sicherheit** hinaus, die eine gegenseitige Beistandspflicht der Mitglieder kodifiziert, enthält die UN-Charta auch ein allgemeines **Gewaltverbot**, das bereits die Androhung von Gewalt ächtet. Ausnahmen sind in eng begrenzten Fällen zur Landesverteidigung sowie auf Beschluss des Sicherheitsrates wegen fremder Aggression gestattet.

Faktisch hat sich die UNO über Jahrzehnte selbst an der Durchsetzung dieses Gewaltverbots gehindert. Die Veto-Regelung im Sicherheitsrat[95] blockierte immer wieder einen effektiven gemeinsamen Einsatz; immerhin scheint eine Übereinstimmung seit dem Zusammenbruch der Sowjetunion in bestimmten Fällen leichter zu erzielen zu sein – wie im Fall des ansonsten durchaus nicht von allen Seiten anerkannten Golfkriegs von 1990/1991 –, oder der blockierende Staat ist wenigstens zu Vermittlungstätigkeiten bereit – wie beim Kosovokrieg 1999.

Irak, Golfkrieg 1991: Vormarsch der US-Truppen

---

95 Jedes der ständigen Mitglieder des Sicherheitsrates kann durch das Einlegen seines Vetos jeden Beschluss verhindern.

Friedensforschung

Möglichkeiten einer Friedenssicherung und Ursachen für Gewalt und Kriege untersucht die Friedensforschung, da sie Krieg im Zeitalter nuklearer Vernichtungspotenziale für moralisch nicht mehr legitimierbar erachtet. Der **Friede durch Abschreckung**, der jahrzehntelang herrschte, sei ein Angst- und Terrorfriede; deshalb müsse eine Ethik der technischen Welt eine Welt-Friedensordnung planen. Heute müssen wir erkennen, dass z. B. Armut und Perspektivlosigkeit dazu führen, dass Eltern ihre Kinder in Taliban-Ausbildungslager geben, wo sie zu Selbstmordattentätern erzogen werden – **sozialer Friede** auch zwischen dem reichen Westen und der armen „Dritten Welt" muss hergestellt werden. Darüber hinaus zwingt uns die drohende Klimakatastrophe zum Nachdenken über einen **Frieden mit der Natur**; denn einen Krieg gegen diese kann die Menschheit eigentlich nur verlieren.

Friedensstrategien

Friedensstrategien sehen einen Spannungsabbau durch Beseitigung von Vorurteilen, Abrüstung und Gespräche über politische Streitfragen vor und hoffen, langfristig durch rationale Lern- und Kommunikationsprozesse die Kriegsgefahr beseitigen zu können.

Friedensstrategien müssen auf drei verschiedenen Ebenen ansetzen:

- „Da Kriege im Geist der Menschen entstehen, muss auch der Frieden im Geist der Menschen verankert werden", heißt es in der Präambel der Verfassung der UNESCO. Einsicht jedes Einzelnen in die positive Wirkung eines friedlichen Miteinanders, Beseitigung von Vorurteilen und Vermittlung von Wissen über das Funktionieren von Gesellschaft und internationalen Systemen sind heute Ziel von Friedenserziehung.

- „Demokratisierung als Friedensstrategie" ist das Schlagwort für die Idee, dass man nur die über Krieg entscheiden lassen müsse, die am meisten darunter zu leiden haben – also die einfachen Bürger –, und es werde keinen Krieg mehr geben. Die Friedensforschung hat bewiesen, dass Demokratien untereinander so gut wie nie Krieg führen; deshalb ist die Verbreitung der Demokratie eines der besten Sicherungsmittel für den Frieden.

- Im Jahr 1992 entwickelte der damalige UN-Generalsekretär Boutros-Ghali die „Agenda für den Frieden" als Konzept für eine Friedenssicherung auf überstaatlicher Ebene. Diese sah vor:
    a) vorbeugende Diplomatie *(preventive diplomacy)* zur Verhinderung von Konflikten, gegebenenfalls bereits verstärkt durch präventive Truppen-

einsätze *(preventive deployments)* von UN-Truppen, z. B. an der Grenze zwischen Staaten,

b) Friedensschaffung *(peace making)* durch internationale diplomatische Vermittlungsangebote im Falle von Spannungen oder stattgefundenen militärischen Handlungen,

c) Friedenssicherung *(peace keeping)* durch Schaffung international beschickter Pufferzonen und Missionen zur Überwachung von Vereinbarungen, notfalls auch Friedenserzwingung durch militärische Gewalt *(use of military force)* gemäß Art. 42 der UN-Charta, angewandt z. B. im Golfkrieg 1991 und im Bosnienkrieg 1992–1995,

d) Friedenskonsolidierung *(post conflict peace building)* durch humanitäre Maßnahmen für Wiederaufbau und Förderung staatlicher Strukturen zur Demokratisierung der Gesellschaft.

Die Angst vor der allgemeinen Vernichtung hat seit 1945 zumindest den großen Krieg verhindert; dauerhaft wird man den positiven Frieden jedoch nur herstellen können, wenn durch eine Erziehung zum Ausgleich, zur Anerkennung der Rechte des anderen und zur Bereitschaft, zugunsten aller auf unmäßige Wünsche zu verzichten, ein weltweiter **Frieden durch soziale Kompetenz** erreicht wird.

Zusammenfassung: Konzepte für einen dauerhaften Frieden

Die nach dem Ende des Ersten Weltkriegs im **Völkerbund** erstmals umgesetzte Idee einer **kollektiven Friedenssicherung** wurde mit der **Gründung der UNO** befestigt und durch **Friedensstrategien** wie der „Agenda für den Frieden" zu verwirklichen versucht. Dauerhaft wird jedoch nur ein **Friede durch soziale Kompetenz** aller Menschen sein.

Das Thema dieses Buches schließt den Kreis mit einem Zitat von Augustinus:

Gerechtigkeit schafft Frieden.

Stichwortverzeichnis

Namensverzeichnis

Aristoteles 8, 29, 31 f., 35, 36, 37, 48, 102, 106, 180
Augustinus 7, 29, 32 f., 35, 123, 180, 182, 186
Cicero 116 f., 180
Darwin, Charles 55, 71
Gobineau, Graf von 55
Hegel, Georg Wilhelm Friedrich 48 f., 75, 133, 138, 180
Hobbes, Thomas 11, 34, 43 ff., 75, 78, 138, 179
Jonas, Hans 18
Kant, Immanuel 18, 30, 33, 35, 38, 40, 107, 117, 132 f., 138, 152, 167, 183
Liszt, Franz von 135 f., 138, 160
Locke, John 45 f., 75, 78

Luther, Martin 8, 145
Marx, Karl 41, 51 ff., 75, 78, 89, 94, 108, 110, 114
Mill, John Stuart 49 f.
Montesquieu 46 f., 58, 75
Platon 5, 8, 29, 30 f., 35, 37, 89, 107, 172 f., 180
Rawls, John 30, 34 f., 78
Rousseau, Jean-Jacques 47 f., 75, 78
Smith, Adam 30, 33 f., 35, 55
Sokrates 172 f., 178
Suárez, Francisco 8, 37
Taylor, Charles M. 79
Thomas von Aquin 7, 28, 37, 78, 133, 138, 180

Sachverzeichnis

Abschreckungstheorie 131, 134 f., 138
Anhörungspflicht 62
Asylbewerber 96 f.
Aufklärung 9, 10, 29, 54, 70, 76, 78, 98, 107, 114, 117, 138, 178, 180, 183
Autoritäre Regime 69 f.
Befreiungstheologie 93 f.
Bewährung 140, 150, 158, 160 ff.
Billigkeit 37 f.

Biologische Ansätze zur Erklärung von Kriminalität 165
Bundesverfassungsgericht 59 f., 66 f., 94
Chancengleichheit 35, 78, 83 f., 101, 122 f.
Common Law 10
Deliktstruktur 155 f., 159
Demokratie 46–50, 56 f., 59, 73, 80–82, 92, 113, 120, 148, 185
Drittwirkung von Grundrechten 122

Eigentum 4, 8, 23, 25, 35, 45 f., 47, 49, 52 ff., 76, 78, 85 f., 89, 91 f., 101, 103, 105, 117, 119, 127, 155, 171
Elektronische Fußfessel 161–163
Entwicklungstheorie 166
Epikie 37 f.
equity 38
Erbrecht 21, 24, 25, 113, 119
Erziehungsgedanke 139, 142
Europäische Sozialcharta 112
Ewigkeitsklausel 74, 116
Familienrecht 22 ff.
Freiheit 4, 8, 16, 19, 33, 43, 45–50, 54 ff., 72, 75, 80–84, 89, 93, 94, 103, 105, 107, 110 f., 116, 118–121, 125, 127, 143, 145, 147, 148 f.
Freiheitsstrafe 130, 150 f., 153 f., 158 f.
Frieden 14, 33, 43, 58, 74, 78, 109, 114, 116, 149, 176, 180, 182–186
Friedensforschung 185
Friedensstrategien 185 f.
Frustrations-Aggressions-Theorie 169 f.
Führerprinzip 70
Gastarbeiter 95 f.
Geldstrafe 16, 130, 141, 150, 153
Gemeinlastprinzip 19
Gemeinwohl 13 f., 16, 30 ff., 57, 78 f., 92, 101, 180
Generationenvertrag 94
Gerechtigkeit, personale 2, 28
– soziale 76 ff., 90
– strukturelle 2, 28
Gesetzesvorbehalt 60
Gewaltenteilung 47, 58 f., 75, 115, 148 f., 151
– temporäre 59

Gewaltmonopol 6, 63, 126, 148 f., 153
Gewaltprävention 170 f.
Gewohnheitsrecht 9 f., 108
Gleichberechtigung 21, 22, 61, 84, 123 ff.
Gleichheit 33, 36, 45, 49, 61, 70, 89, 110 f., 122–125, 133, 148 f.
Gnade 38 f., 42, 145, 146 ff.
Gnadenerweise 150 f.
Gottesgnadentum 69
Grundpflichten 126 f.
Hartz IV 100 f.
Heiliger Krieg 181
Individualprävention 136, 160
Individualpsychologische Erklärung von Kriminalität 166
Islam 21, 113, 147, 181
Jugendstrafrecht 139–141
Kastenwesen 72 f.
Kollektivismus 56, 75
Kommunismus 52 ff., 56, 70, 75, 78, 89
Kommunitaristen 79
Kriminalitätslagebild 164
Lebenspartnerschaftsgesetz 25
Legalität 57, 65, 183
Legitimität 27, 57, 180
Liberalismus 49, 54 f., 75
– Wirtschafts~ 34, 35, 55
Macht 5 f., 12, 14, 35, 45, 50, 91
Marxismus 41, 51 ff., 108, 114
Maßregeln 148, 154, 159
Mehrfaktorenansatz 165
Menschenrechte 16, 17, 54, 57, 66 f., 69, 79, 102–127
Menschenwürde 67, 112 f., 116 ff., 122, 125, 127, 144, 153
Milde 37
Minderheiten 34, 97 f., 101
Mitbestimmung 86 ff., 90, 94, 101

Monarchie 46, 49
Moral 5, 6, 14, 15, 17 f., 26 f., 33 f., 40, 45, 51, 73, 78, 143 f., 180
Motive der Rechtsetzung 10 f.
Munt 21
Nachtwächterstaat 88
Nationalsozialismus 12, 26, 56, 69, 99, 108, 115, 120, 176 ff.
Naturrecht 6 ff., 9, 12, 14, 46, 107
Naturzustand 7, 43, 45, 47, 180
Neue Armut 94, 100
Opferhilfe 141
Partizipation 50, 57, 81 ff., 101, 119, 120
pater familias 10, 20
Patriarchat 21
Pazifismus 183
Petition 67 f., 120
Pluralismus 57, 69, 75, 78
Polizeistaat 69, 88
Prozesse
– Jeanne d'Arc 174 f.
– Jesus 173 f.
– Schauprozesse des 20. Jahrhunderts 176–178
– Sokrates 172 f.
Rache 148
Randgruppen 98 ff.
Rassismus 70 f.
Recht, absolutistisches 11
– archaisches 10
– formelles 4
– liberales 11
– materielles 4
– objektives 4
– öffentliches 4
– patriarchalisches 10
– privates 4
– römisches 108
– soziales 11
– subjektives 4

Rechtsgleichheit 61 ff., 75
Rechtspositivismus 8, 12, 14, 42
Rechtssicherheit 12 f., 16, 25, 39, 46, 61 ff., 115, 149
Rechtsstaat 57 ff., 75, 115 f., 127, 147, 149 ff.
Rechtsstaatliche Grundsätze des Strafrechts 130
Rechtswirklichkeit 17
Reformen 91 ff., 101
Resozialisierung 154 f., 159, 160 ff.
– ambulante 161
– Begriff 160
– stationäre 160 f.
Resozialisierungstheorie 135 f.
Reue 37, 145, 147, 152, 153
Richterrecht 10
Rückfallquoten 158
Scheidung 22 ff.
Schuld 143–144
Schuldprinzip 23, 144
Sitte 5, 10, 14, 17, 33
Solidaritätsprinzip 79 f.
Sondergericht 61
Sophisten 5, 7, 8
Sozialdarwinismus 55 f., 75
Soziale Frage 49, 55, 86, 91, 110
Soziale Grundrechte 90, 125, 127, 149
Soziale Marktwirtschaft 84 f., 101
Sozialenzykliken 91 f.
Sozialisationstheorie 170
Sozialpsychologische Theorien 169
Soziologische Ansätze 169 f.
Stoa 8, 107
Strafe 130 ff., 146 ff.
Strafmündigkeit 139, 143, 145
Straftheorien 130 ff.
– absolute 132 f.
– relative 134–136
Strafverzicht 141, 150

Strafvollzug 154 ff.
– Begriff 154
– geschlossener Vollzug 157
– offener Vollzug 157
Strafzweck 132–139, 142
Subsidiaritätsprinzip 80 f., 101
Sühne 147 f.
Talionsprinzip 36
Täter-Opfer-Ausgleich 141 f.
Tauschgerechtigkeit 2
Theodizee 33
Theorie der Moralentwicklung 167 f.
Theorie des Beobachtungs- und Imitationslernens 168
Tiefenpsychologische Erklärung von Kriminalität 165 f.
Todesstrafe 151–153
Toleranz 37, 57, 98, 126
Totalitarismus 56 f., 75
Triebtheorie der Aggression 165
Tugend 29–31, 35
Umweltschutz 18 ff.
Utilitarismus 34, 40, 49, 50
Verantwortung 18, 27, 35, 38, 63, 80, 83, 88, 95, 128 f., 141, 171
Verbrechen 130

Vereinigungstheorie 137, 142
Verfahrenseinstellung 150
Verfassungsbeschwerde 66
Verfassungsrecht 4, 17, 59, 66, 125
Verfassungsstaat 149
Vergehen 130
Vergeltung 131, 133, 136, 138, 146 f., 148, 152 f.
Vergeltungstheorie 132 f.
Vernunft 6–8, 14, 29 f., 38, 45, 48 f., 107, 131, 183
Verteilungsgerechtigkeit 2
Verursacherprinzip 19
Vierte Gewalt 59
Volksbegehren/Volksentscheid 68
Volkssouveränität 8, 47, 57, 73, 75, 110
Vorsorgeprinzip 19
Widerstand 8, 46, 71, 73 f., 75, 76, 105, 125, 175, 183
Wiedergutmachung 32, 37, 138, 141 f.
Wohlfahrtsstaat 88
Zurechnungsfähigkeit 36, 129, 143 f., 145

Bildnachweis

Umschlagbild: Justitia © Billion Photos / Shutterstock. (2) Werner Schwehm – fotolia (5) Das Eselreiten, Abbildung aus dem „Trachtenbuch" des C. Weiditz, 1530. (7) Carlo Crivelli, 1476. (9) Code de Hammurabi, roi de Babylone, Wikipedia, CC BY 3.0. (20) Vorindustrieller Haushalt, aus: Heinrich Ebel/Rolf Eickelpasch/Eckehard Kühne, Familien in der Gesellschaft , Leske & Budrich: Opladen 1984, Seite 61. (23) Scheidungsraten, Quelle: Statistisches Bundesamt, Wiesbaden. (33) Domenico Ghirlandaio, 1480. (38) Die Luzerner Chronik des Diebold Schilling aus dem Jahre 1513, Bürgerbibliothek Luzern. (43) W. Faithorne: Thomas Hobbes, 1668. (44) Thomas Hobbes, Der Leviathan, 1651. (48) Maurice Quentin de La TourJean-Jacques, 1753. (49) Jakob Schlesinger, 1831. (51) John Jabez Edwin Mayall, 1875. (59) Die Teilung der Staatsgewalt, Bergmoser + Höller Verlag AG. (67) Europäischer Gerichtshofs für Menschenrechte, Straßburg, https://commons.wikimedia.org/wiki/File:Stra%C3%9Fburg_Europ%C3%A4ischer_Gerichtshof_f%C3%BCr_Menschenrechte_1.jpg. Dieses Bild ist lizenziert unter der „Creative Commons Attribution-Share Alike 4.0 International license". Fotograf: Zairon. (74) Briefmarken: Dem Deutschen Widerstand zum Jahrestag des 20. Juli 1944/1964, © Prof. Gerd Aretz, Wuppertal. (77) https://www.flickr.com/photos/48861782@N05/4492446765. Attribution 2.0 Generic (CC BY 2.0) Fotograf: Thomas Rodenbücher. (79) Soziale Sicherung um die Jahrhundertwende, http://www.landesarchiv-bw.de/plink/?f=1-108140-1, CC BY 3.0 DE. (82) https://commons.wikimedia.org/wiki/File:Stuttgart,_Fridays_for_future,_Plakat_3,_Stuttgart_Erstickt,_Klimastreik_am_20190920,_yj.jpg. Fotograf: Fyrtaarn / CC BY-SA 3.0 (via Wikimedia Commons). (96) Karikatur, © Gerhard Mester, Wiesbaden. (102) British Library, London. (104) Declaration des Droits de l'Homme et du Citoyen, 1789. (106) aus: Axel Hermann, Menschenwürde, Menschenrechte Themen im Unterricht, Lehrerheft 10, Bundeszentrale für politische Bildung: Bonn 1997, S. 4 [ohne 20. Jhd.]. (109) http://digi.ub.uni-heidelberg.de/diglit/cpg164/0047, CC BY-SA 3.0; http://digi.ub.uni-heidelberg.de/diglit/cpg164/0052, CC BY-SA 3.0. (115) Verkündung des Grundgesetzes, © ullstein bild - BPA. (118) aus: Axel Hermann, Menschenwürde, Menschenrechte Themen im Unterricht, Lehrerheft 10, Bundeszentrale für politische Bildung: Bonn 1997, S. 7. (121) Kreismodell von Freiheitsrechten, aus: Hans Joachim Hitschold, Staatskunde, Boorberg-Verlag, Stuttgart 11. Auflage 2000. (123) Die „Mütter des Grundgesetzes", © ullstein bild – HDG Bonn. (126) Jürgen Moltmann, Menschenwürde, Recht und Freiheit, Kreuz-Verlag, Stuttgart/Berlin 1979, S. 19. (128) Schema zur Verantwortung, basierend auf: Hans Lenk und Günter Ropohl, Technik und Ethik, Reclam: Stuttgart 1987. (132) Gottlieb Doebler, 1791. (145) Vertreibung aus dem Paradies, Biblioteca Apostolica Vaticana. (149) Stufenbau, basierend auf: Martin Kriele, Funkkolleg "Recht", Beltz Verlag: Weinheim und Basel. (154, 155) Quelle: Statistisches Bundesamt, Wiesbaden. (156) Gefängnistrakt: © Juhla / iStockphoto; Einzelzelle in der JVA Wuppertal-Ronsdorf, https://commons.wikimedia.org/wiki/File:JVA_Wuppertal-Ronsdorf_Einzelzelle.bmp.jpg. Dieses Bild ist lizenziert unter der „Creative Commons Attribution 3.0 Unported license". Fotograf: Morty. (162) Fußfessel, © ullstein bild – AP. (164) picture alliance / dpa. (168) The Matrix, USA 1999, Regie: Andy Wachowski, Larry Wachowski. © INTERTOPICS. (170) Jugendliche im Wohnsilo, © Corepix / Dreamstime.com. (172) „Der Tod des Sokrates", Gemälde von Jacques Louis David, 1787 (Ausschnitt), Catharine Lorillard Wolfe Collection, Wolfe Fund, 1931. (174) Albrecht Dürer. (177) Nürnberger Prozesse, U.S. National Archives and Records Administration. (179) Schema: Kriege zwischen Staaten, aus: Uli Jäger/Volker Matthies: Krieg in der Zweidrittel-Welt. Verein für Friedenspädagogik: Stuttgart/Tübingen 1992, S. 6. (184) Verteidigungsministerium der Vereinigten Staaten.

Textnachweis

(12, 15) Radbruch, Gustav: Rechtsphilosophie, Quelle und Meyer, Leipzig, 1932, S. 178, 41. (58) Charles Montesquieu, Vom Geist der Gesetze 1748, hrsg. Ernst Forsthoff, H. Laupp'sche Buchhandlung: Tübingen 1951, Bd. 1. (61) „Lettre de chachet" Ludwigs XIV von Frankreich. (111) Allgemeine Erklärung der Menschenrechte der Vereinten Nationen, 1948. (110) Karl Marx, Die Frühschriften, Kröner: Stuttgart 1971, S. 537. (114) ai-LehrerInnen-Service Nr. 37/1994, S.3. (116) Richard v. Coudenhove-Kalergi, Totaler Staat – totaler Mensch, Glarus: Paneuropa-Verlag 1937. (117) Cicero: De officiis. (122) Anatole France, Le Lys Rouge VII. (126) Jürgen Moltmann, Menschenwürde, Recht und Freiheit, Kreuz-Verlag, Stuttgart/Berlin 1979, S. 19 (132) Immanuel Kant, Die Metaphysik der Sitten, Reclam: Stuttgart 1990, S. 192 f. (133) Immanuel Kant: Die Metaphysik der Sitten, Reclam: Stuttgart 1990, S. 193. (134) Anselm von Feuerbach, Lehrbuch des peinlichen Rechts, 1832, § 12. (136) Karl Menninger: Therapie statt Strafe. In: Norbert Hoerster (Hrsg.), Reclam: Stuttgart 1987, S. 246 f. (137) Bundesverfassungsgerichtsentscheid, 1977. (155) Bundesverfassungsgerichtsentscheid, 1973. (160) Michael Walter, Strafvollzug, Boorberg: Stuttgart 2. Aufl. 1999.

Ihre Anregungen sind uns wichtig!

Liebe Kundin, lieber Kunde,

der STARK Verlag hat das Ziel, Sie effektiv beim Lernen zu unterstützen. In welchem Maße uns dies gelingt, wissen Sie am besten. Deshalb bitten wir Sie, uns Ihre Meinung zu den STARK-Produkten in dieser Umfrage mitzuteilen.

Unter *www.stark-verlag.de/ihremeinung* finden Sie ein Online-Formular. Einfach ausfüllen und Ihre Verbesserungsvorschläge an uns abschicken. Wir freuen uns auf Ihre Anregungen.

www.stark-verlag.de/ihremeinung

Richtig lernen, bessere Noten
7 Tipps wie's geht

1. **15 Minuten geistige Aufwärmzeit** Lernforscher haben beobachtet: Das Gehirn braucht ca. eine Viertelstunde, bis es voll leistungsfähig ist. Beginne daher mit den leichteren Aufgaben bzw. denen, die mehr Spaß machen.

2. **Ähnliches voneinander trennen** Ähnliche Lerninhalte, wie zum Beispiel Vokabeln, sollte man mit genügend zeitlichem Abstand zueinander lernen. Das Gehirn kann Informationen sonst nicht mehr klar trennen und verwechselt sie. Wissenschaftler nennen diese Erscheinung „Ähnlichkeitshemmung".

3. **Vorübergehend nicht erreichbar** Größter potenzieller Störfaktor beim Lernen: das Smartphone. Es blinkt, vibriert, klingelt – sprich: es braucht Aufmerksamkeit. Wer sich nicht in Versuchung führen lassen möchte, schaltet das Handy beim Lernen einfach aus.

4. **Angenehmes mit Nützlichem verbinden** Wer englische bzw. amerikanische Serien oder Filme im Original-Ton anschaut, trainiert sein Hörverstehen und erweitert gleichzeitig seinen Wortschatz. Zusatztipp: Englische Untertitel helfen beim Verstehen.

5. **In kleinen Portionen lernen** Die Konzentrationsfähigkeit des Gehirns ist begrenzt. Kürzere Lerneinheiten von max. 30 Minuten sind ideal. Nach jeder Portion ist eine kleine Verdauungspause sinnvoll.

6. **Fortschritte sichtbar machen** Ein Lernplan mit mehreren Etappenzielen hilft dabei, Fortschritte und Erfolge auch optisch sichtbar zu machen. Kleine Belohnungen beim Erreichen eines Ziels motivieren zusätzlich.

7. **Lernen ist Typsache** Die einen lernen eher durch Zuhören, die anderen visuell, motorisch oder kommunikativ. Wer seinen Lerntyp kennt, kann das Lernen daran anpassen und erzielt so bessere Ergebnisse.